Grundwissen Politische Kommunikation

Reihe herausgegeben von
Klaus Kamps, Stuttgart, Deutschland

Politische Kommunikation ist ein prominenter Gegenstand der Sozialwissenschaften, vor allem der Kommunikationswissenschaft, und entsprechend auch in der akademischen Lehre institutionalisiert. Die Reihe Grundwissen Politische Kommunikation vereint für das Studium und die Lehre einführende Texte, die erste strukturierte Einblicke in Objektbereiche der politischen Kommunikationsforschung bieten. Die einzelnen Bände widmen sich auf anschauliche und verständliche Weise intensiv jeweils einem Forschungsgebiet. Sie zeigen historische Entwicklungen auf, erläutern einschlägige Konzepte und gegebenenfalls Kontroversen und fassen empirische Befunde systematisch zusammen.

Weitere Bände in der Reihe http://www.springer.com/series/13373

Jürgen Maier · Thorsten Faas

TV-Duelle

Springer VS

Jürgen Maier
Universität Koblenz-Landau
Landau, Deutschland

Thorsten Faas
Otto-Suhr-Institut für Politikwissenschaft, Freie Universität Berlin
Berlin, Deutschland

ISSN 2524-308X   ISSN 2524-3098   (electronic)
Grundwissen Politische Kommunikation
ISBN 978-3-658-11776-4   ISBN 978-3-658-11777-1   (eBook)
https://doi.org/10.1007/978-3-658-11777-1

Die Deutsche Nationalbibliothek verzeichnet diese Publikation in der Deutschen Nationalbibliografie; detaillierte bibliografische Daten sind im Internet über http://dnb.d-nb.de abrufbar.

Springer VS
© Springer Fachmedien Wiesbaden GmbH, ein Teil von Springer Nature 2019
Das Werk einschließlich aller seiner Teile ist urheberrechtlich geschützt. Jede Verwertung, die nicht ausdrücklich vom Urheberrechtsgesetz zugelassen ist, bedarf der vorherigen Zustimmung des Verlags. Das gilt insbesondere für Vervielfältigungen, Bearbeitungen, Übersetzungen, Mikroverfilmungen und die Einspeicherung und Verarbeitung in elektronischen Systemen.
Die Wiedergabe von allgemein beschreibenden Bezeichnungen, Marken, Unternehmensnamen etc. in diesem Werk bedeutet nicht, dass diese frei durch jedermann benutzt werden dürfen. Die Berechtigung zur Benutzung unterliegt, auch ohne gesonderten Hinweis hierzu, den Regeln des Markenrechts. Die Rechte des jeweiligen Zeicheninhabers sind zu beachten.
Der Verlag, die Autoren und die Herausgeber gehen davon aus, dass die Angaben und Informationen in diesem Werk zum Zeitpunkt der Veröffentlichung vollständig und korrekt sind. Weder der Verlag, noch die Autoren oder die Herausgeber übernehmen, ausdrücklich oder implizit, Gewähr für den Inhalt des Werkes, etwaige Fehler oder Äußerungen. Der Verlag bleibt im Hinblick auf geografische Zuordnungen und Gebietsbezeichnungen in veröffentlichten Karten und Institutionsadressen neutral.

Springer VS ist ein Imprint der eingetragenen Gesellschaft Springer Fachmedien Wiesbaden GmbH und ist ein Teil von Springer Nature.
Die Anschrift der Gesellschaft ist: Abraham-Lincoln-Str. 46, 65189 Wiesbaden, Germany

Inhaltsverzeichnis

1 **TV-Duelle in modernen Wahlkämpfen** 1

2 **Debattenforschung, aber wie?** 15
   2.1 Methoden zur Messung von Debatteninhalten und
Kommunikation über Debatten 16
   2.2 Methoden zur Messung von Debattennutzung und -effekten 17
   2.3 Methoden zur Messung von Debattenwahrnehmung
und –verarbeitung 22
   2.4 Die Datengrundlage dieses Buchs 23

3 **Geschichte, Verbreitung und Varianten von TV-Duellen** 27

4 **Debatteninhalte und Debattenstrategien** 39
   4.1 Kandidaten 41
   4.2 Moderatoren 54

5 **Nutzung von TV-Duellen: Umfang, Rezipientenmerkmale
und -motive** 59

6 **Wahrnehmung von TV-Duellen und Wahrnehmung
des Debattensiegers** 71

7 **Wirkung von TV-Duellen** 87
   7.1 Effekte auf die kognitive, emotionale
und politische Involvierung 88
   7.2 Effekte auf politische Einstellungen 97
   7.3 Effekte auf Wahlbeteiligung und Wahlabsicht 118

**8 Kommunikation über TV-Duelle: Live-Kommentare,
   Medienberichte, persönliche Gespräche** 131
   8.1 Umfang und Inhalt der Kommunikation über TV-Duelle 132
   8.2 Wirkungen der Kommunikation über TV-Duelle 141

**9 Nach 60 Jahren Debattenforschung:
   Was gibt es da eigentlich noch zu untersuchen?** 157

Anhang A – Basisinformationen zu den verwendeten Datensätzen 165

**Anhang B – Liste aller TV-Duelle in Deutschland
(Stand: 30.06.2019)** 169

Literatur 177

TV-Duelle in modernen Wahlkämpfen 1

Eine halbe Million Bürger[1] sahen zu, als der Erste Bürgermeister Hamburgs, Henning Voscherau, und sein Herausforderer, Ole von Beust, am 17. September 1997 um 21 Uhr für 46 min vor die Kameras des Regionalsenders N3 traten, um vier Tage vor der Bürgerschaftswahl live über die aktuellen Themen in der Hansestadt zu diskutieren. Damit schrieben die beiden Politiker deutsche Wahlkampfgeschichte, denn erstmals fand hierzulande ein TV-Duell nach US-amerikanischem Muster statt. Fünf Jahre später, nämlich im Vorfeld der Bundestagswahl 2002, hielten solche Duelle auch auf Bundesebene Einzug: Gerhard Schröder und Edmund Stoiber trafen sich gleich zwei Mal, um sich vor laufenden Kameras auszutauschen; rund 15 Mio. Zuschauer waren jeweils zu Hause an den Bildschirmen dabei.

In den Wahlkämpfen zahlreicher anderer Demokratien gab es solche im Fernsehen übertragenen Aufeinandertreffen der aussichtsreichsten Kandidaten für das Amt des Regierungschefs bereits vor ihrer Einführung in Deutschland. Für

---

[1]In der vorliegenden Arbeit wird aus Gründen der besseren Lesbarkeit ausschließlich die männliche Form verwendet. Sie bezieht sich auf Personen jedweden Geschlechts.

Unser herzlicher Dank gilt Jette Bergen, Emma-Sophie Dehof, Gabriela Neuhoff, Elena Kalter, Mercedes Reichstein und Simon Richter, die uns bei der Finalisierung des Manuskripts unterstützt haben. Wir bedanken uns auch bei Giorgos Charalambous, Christophoros Christophorou, Danica Fink-Hafner, Ine Goovaerts, David Nicolas Hopmann, Jurate Kavaliauskaite, Sofie Marien, José Santana Pereira, Theresa Reidy, Lia-Paschalia Spyridou, Václav Štětka, Aneta Világi, Annemarie Walter und Caroline Zielbauer für ihre Recherchen zu TV-Duellen in für uns aufgrund von Sprachbarrieren unzugänglichen Ländern. Wir berichten die Ergebnisse in Kap. 3; für mögliche Fehler sind wir selbstverständlich ganz alleine verantwortlich.

© Springer Fachmedien Wiesbaden GmbH, ein Teil von Springer Nature 2019
J. Maier und T. Faas, *TV-Duelle*, Grundwissen Politische Kommunikation, https://doi.org/10.1007/978-3-658-11777-1_1

die Bundesrepublik war ein solches Format aber lange Zeit kein Modell; hier gab es sogenannte Elefantenrunden – also Diskussionen zwischen den Spitzenkandidaten aller in dem zu wählenden Parlament vertretenen Parteien. Bis sich Fernsehduelle nach amerikanischem Vorbild als fester Bestandteil in deutschen Wahlkämpfen etablierten, bedurfte es der beiden TV-Duelle zwischen Gerhard Schröder und Edmund Stoiber im Vorfeld der Bundestagswahl 2002. Sie lieferten den entscheidenden Impuls für den Durchbruch dieses Formats.

> **„TV-Duelle"**
> Im amerikanischen Kontext wird in der Regel der Begriff „debates" bzw. „presidential debates" verwendet, im deutschen Kontext hat sich der Begriff „TV-Duell" oder „Fernsehduell" etabliert, weniger der Begriff der „Debatte". Gemeint ist in allen Fällen (wie auch im Kontext dieses Buches) das Aufeinandertreffen der aussichtsreichsten Bewerber für das Amt des Regierungschefs vor laufenden Kameras. Solche Debatten werden live oder zumindest journalistisch unbearbeitet ausgestrahlt und sind im gesamten Gebiet, in dem gewählt wird, im Fernsehen zu empfangen.[2] Der Begriff der Debatte ist dabei einerseits neutraler, da ihm die dramatische Zuspitzung im Sinne eines „Duells" fehlt. Zugleich ist er offener, was die Zahl der beteiligten Akteure betrifft – schließlich sind bei einem Duell eigentlich nur zwei Kontrahenten unmittelbar beteiligt. Gerade letzteres bereitet im deutschen Kontext zuweilen Probleme, weil es schon Debatten mit drei Diskutanten gab, die sich allesamt Hoffnung machen konnten, nach

---

[2]Es gibt immer wieder Veranstaltungen, die Fernsehsender gerne als TV-Duell ankündigen oder über die im Rahmen der Medienberichterstattung unter dem Stichwort „Duell" berichtet wird, die aber den von uns genannten Kriterien nicht entsprechen. Vier Beispiele hierzu: Das Streitgespräch im Stuttgarter Theaterhaus zwischen Winfried Kretschmann (Bündnis 90/Die Grünen) und Guido Wolf (CDU) im baden-württembergischen Landtagswahlkampf 2016 wurde nur im Internet, nicht aber im TV ausgestrahlt. Vor der Europawahl 2019 gab es eine Reihe von „Duellen", an denen nur einige der Spitzenkandidaten teilnahmen, die aber vor allem nur in Deutschland (oder Deutschland und Österreich) ausgestrahlt wurden. Drittens: Das Aufeinandertreffen zwischen Carsten Sieling (SPD) und Carsten Meyer-Heder (CDU) im Vorfeld der Bremer Bürgerschaftswahl 2019 wurde aufgezeichnet und von RTL Nord nur in Auszügen am darauffolgenden Tag ausgestrahlt. Viertens: Im amerikanischen Kontext gibt es auch im Zuge der Vorwahlen der Parteien *debates*. Ergebnisse zu diesen *primary debates* (die sehr gut erforscht sind) lassen wir gleichwohl punktuell in dieses Buch einfließen.

> der Wahl das Amt des Regierungschefs zu übernehmen. Auch diese Aufeinandertreffen werden – eigentlich ein Widerspruch in sich – häufig als „TV-Duell" bezeichnet. Von TV-Duellen zu unterscheiden sind sogenannte Elefantenrunden, an denen die Spitzenkandidaten der Parteien teilnehmen, die entweder bereits im Parlament vertreten sind oder aber Chancen auf den Einzug ins Parlament haben.

Die Blaupause für die Hamburger Debatten zwischen Voscherau und von Beust, aber auch für spätere Debatten auf Bundes- und Landesebene in Deutschland lieferten die legendären Streitgespräche zwischen John F. Kennedy und Richard M. Nixon im Vorfeld der amerikanischen Präsidentschaftswahl 1960. Im Rahmen von insgesamt vier TV-Duellen gelang es dem weitgehend unbekannten Senator aus Massachusetts (Kennedy) den Vizepräsidenten der Vereinigten Staaten (Nixon) in seine Schranken zu weisen. Seither gelten Fernsehdebatten als Sendungen, die Wahlkämpfer faszinieren, die Medien elektrisieren und die Wähler in großen Massen anziehen und beeinflussen. Nicht zuletzt durch den knappen Wahlsieg Kennedys und seine Einschätzung „it was TV more than anything else that turned the tide" (White 1961, S. 294) stiegen das Fernsehen – und mit diesem auch TV-Duelle – zu einem zentralen Element moderner Wahlkämpfe auf.

Entstehungsbedingungen für TV-Duelle
Warum aber ist der Stellenwert von Fernsehdebatten in heutigen Wahlkämpfen so hoch? Eine Antwort auf diese Frage ist, dass sich die Wählerschaft in den vergangenen Jahrzehnten erheblich verändert hat (vgl. hierzu ausführlich z. B. Falter und Schoen 2014). Während noch vor fünfzig Jahren der größte Teil der Wähler politisch weitgehend festgelegt war und die Hauptaufgabe der Parteien in Wahlkampfzeiten darin bestand, ihr Klientel zum Wahltag möglichst vollständig zu mobilisieren, zeigt sich zunehmend, dass zentrale Größen, die das Wahlverhalten in westlichen Demokratien in der Vergangenheit zuverlässig bestimmt haben, an Bedeutung verlieren. Selbst eine hohe Wahlbeteiligung ist heute keine Selbstverständlichkeit mehr.

Worin äußert sich das? Erstens betrifft dies die feste Zuordnung von sozialstrukturell klar umrissenen Wählergruppen zu bestimmten politischen Parteien. So haben etwa in Deutschland – insbesondere gewerkschaftlich gebundene – Arbeiter in der Regel für die SPD gestimmt. Konfessionell gebundene Wähler – allen voran Katholiken mit einer starken Kirchenbindung – haben demgegenüber ihre Stimme für CDU oder CSU abgegeben. Der Zusammenhang zwischen

Berufsgruppen- bzw. Konfessionszugehörigkeit und Wahlverhalten wurzelt in tief greifenden gesellschaftlichen Konflikten, die im Rahmen der industriellen Revolution und der Nationalstaatenbildung entstanden sind und die bereits das Wahlverhalten der Bürger im Kaiserreich und der Weimarer Republik beeinflusst haben. Zwei miteinander verwobene Entwicklungen sind für die zunehmende Lockerung dieser ehemals festen Zuordnungen verantwortlich: Der Anteil beider Gruppen an der Gesamtwählerschaft ist in den vergangenen Jahrzehnten erheblich kleiner geworden. Die Stammwählerschaft der beiden Volksparteien schmilzt also. Darüber hinaus sind die Beziehungen zwischen Sozialprofil und Verhalten heute aber auch deutlich schwächer ausgeprägt als in der Vergangenheit. Selbst bei Wählern, die sich noch der klassischen Stammwählerschaft von Christ- und Sozialdemokraten zurechnen lassen, ist die Neigung, sich für „ihre" Partei zu entscheiden, geringer geworden.

Zweitens (und damit verbunden) sind Umfang und Stärke von psychologischen Bindungen an die politischen Parteien insgesamt rückläufig. Dieser Prozess wird in der Literatur als *dealignment* bezeichnet. Solche Parteiidentifikationen sind aber in einem noch viel stärkeren Maß als sozialstrukturelle Merkmale dafür verantwortlich, dass Wähler zur Wahl gehen und sich für „ihre" Partei entscheiden. Damit verstärkt der Rückgang von Parteiidentifikationen die Effekte, die von einer sich in ihrer sozialstrukturellen Zusammensetzung verändernden Gesellschaft und von sich abschwächenden Wähler-Parteien-Koalitionen ausgehen.

Die skizzierten Entwicklungen haben enorme praktische Konsequenzen und stellen die Parteien vor erhebliche strategische Herausforderungen, aber auch Chancen. Die praktischen Folgen, die sich aus der Auflösung sozialstruktureller und psychologischer Bindungen ergeben, lassen sich bei fast jeder Wahl eindrucksvoll studieren:

- *Die Wahlbeteiligung geht zurück:* Die Neigung, sich an Wahlen zu beteiligen, sinkt (Lamers und Roßteutscher 2014). Zwischenzeitlich liegt die Wahlbeteiligung bei Bundestagswahlen nur noch bei knapp über 70 %. Bei Landtagswahlen liegen die Beteiligungsraten nochmals rund zehn Prozentpunkte niedriger. Bei Europa- und Kommunalwahlen ist der Anteil derjenigen, die der Wahlurne fernbleiben, sogar regelmäßig größer als der Anteil derjenigen, die partizipieren. Auch wenn in den letzten Jahren wieder ansteigende Beteiligungsraten zu beobachten sind, haben die politischen Parteien insgesamt betrachtet ein Mobilisierungsproblem. Dringend gesucht werden deshalb Strategien, um Nichtwähler zur Wahlteilnahme zu motivieren.

1 TV-Duelle in modernen Wahlkämpfen

- *Die Zahl der Wechselwähler steigt:* Eine Dominanz voreingestellter Verhaltensmuster, wie sie in der Vergangenheit durch die starke Wirkung sozialstruktureller und psychologischer Bindungen typisch waren, gibt es nicht mehr. Stattdessen ist zu beobachten, dass Wähler ihre Wahlentscheidung nun häufiger auch kurzfristig an Personen oder Themen ausrichten. Und der Anteil derjenigen, die sich ausschließlich an solchen Kurzfristfaktoren orientieren, wächst. In der Summe führt das zu stark schwankenden Ergebnissen von einer Wahl zur nächsten (Blumenstiel 2014). Insgesamt zwingt die veränderte Urteilsbildung der Wähler die Parteien zu einer hochkomplexen Wahlkampfkommunikation: Es reicht nicht mehr, die eigene Stammwählerschaft anzusprechen. Um sich eine möglichst günstige Ausgangsposition im Kampf um die politische Macht zu verschaffen, ist es vielmehr notwendig, auch die wachsende Zahl der parteipolitisch Ungebundenen mit ihren heterogenen und oftmals flüchtigen Politikpräferenzen zu erreichen. Strategien, die sich heute als erfolgreich erweisen, können sich deshalb schon bei der nächsten Wahl als wirkungslos herausstellen.
- *Die Zahl der spätentschlossenen Wähler wächst:* Bei den zurückliegenden Bundestagswahlen haben sich rund vier von zehn Wählern erst in den letzten Wochen vor der Wahl final entschieden. Mitte der 1960er Jahre lag dieser Anteil noch bei unter fünf Prozent (Schmitt-Beck und Partheymüller 2012). Spätentscheider sind aber keine homogene Gruppe, sondern unterscheiden sich stark hinsichtlich ihres sozialen und politischen Profils (Zerback 2013). Es sind vor allem parteipolitisch Ungebundene und politisch Unzufriedene, die sich mit ihrer Wahlentscheidung Zeit lassen (Schmitt-Beck und Partheymüller 2012). Für die Strategie der politischen Parteien heißt dies, dass Wahlkämpfe bis zum Schluss zu großen Wählerverschiebungen führen können. Dass solche Wählerbewegungen bei einem Kopf-an-Kopf-Rennen den Wahlsieg kosten oder die Wahlniederlage abwenden können, haben die beiden Volksparteien zuletzt bei der Bundestagswahl 2005 zu spüren bekommen. Auch auf der Zielgeraden zur Bundestagswahl 2017 war noch einmal eine Bewegung zu verzeichnen – eine Bewegung, die von manchen Beobachtern direkt mit dem TV-Duell in Verbindung gebracht wurde.

Die Bereitschaft von *Spitzenkandidaten,* sich in Fernsehdebatten gegenüber zu treten, kann als Reaktion auf die Veränderungen des Wählermarkts und der Rahmenbedingungen des Parteienwettbewerbs gesehen werden. In Wahlkämpfen geht es immer weniger darum, das eigene Klientel zu mobilisieren, sondern sich Zugang zum immer größer werdenden Teil der Wählerschaft zu verschaffen, der politisch ungebunden ist und daher kurz vor der Wahl noch gewonnen werden kann. Allerdings ist es alles andere als leicht, diese Gruppe zu erreichen, denn sie zeichnet sich häufig durch ein eher mäßiges Interesse an Politik aus.

Fernsehdebatten bieten den Kandidaten hier ein ideales Forum. Anders als klassische Instrumente der Wahlkampfführung – z. B. Wahlwerbesendungen, Wahlplakate, Flyer, Kontaktaufnahmen an Wahlkampfständen oder Hausbesuche der Kandidaten – und Elemente, die das Repertoire der Wahlkämpfer in jüngster Zeit erweitert haben – beispielsweise E-Mails, Kurznachrichten oder Beiträge in sozialen Medien – sind TV-Duelle relativ erhaben über den Verdacht, reine Propagandaveranstaltungen zu sein; schließlich werden sie von den großen Fernsehsendern organisiert und ausgestrahlt. Durch ihren kompetitiven Charakter und ihre dramaturgische Inszenierung (als „Duelle") versprechen sie noch dazu, unterhaltsamer zu sein als sonstige Politdiskussionen. Wähler, die – freiwillig – eine TV-Debatte verfolgen, sind somit prinzipiell bereit, sich auch Argumente des politischen Gegners anzuhören, ohne diese gleich als unstatthaften Versuch der Beeinflussung zurückzuweisen. Da Fernsehdebatten sehr viele Menschen direkt oder indirekt (d. h. über die Nachberichterstattung der Massenmedien oder über Gespräche mit anderen) erreichen, eröffnen Debatten den teilnehmenden Kandidaten den Zugang zu erheblich mehr Wählern, als dies mit anderen Wahlkampfmitteln der Fall ist. Der Anreiz für Kandidaten, sich über die Teilnahme an einer Fernsehdebatte einen Vorteil im Wahlkampf zu verschaffen, ist also sehr groß – in den meisten Fällen jedenfalls größer als die Angst vor den potenziellen Risiken eines fehlgeschlagenen Auftritts.

Die bereitwillige Teilnahme von Kandidaten an Fernsehdebatten dürfte auch damit zu erklären sein, dass sie dort unter weitgehender Umgehung journalistischer Selektionskriterien agieren und ihre Botschaften an ein Millionenpublikum richten können (Maier und Faas 2005; Maurer 2007). Solche Möglichkeiten der ungestörten Selbstpräsentation im Fernsehen sind rar. Natürlich sind Kandidaten auch in Fernsehdebatten vor den Eingriffen der Journalisten nicht vollständig gefeit – immerhin stellen diese die Fragen. Mitunter sind Journalisten auch für herausragende Momente in Duellen verantwortlich. Und dennoch: Da die Themenfelder vorher ausgehandelt werden, können die Inhalte eines Duells abgeschätzt, mögliche Fragen und Argumente antizipiert und im Vorfeld Strategien entwickelt (und – wie in den USA durchaus üblich – sogar eingeübt) werden, um den eigenen Standpunkt möglichst erfolgreich darzustellen (vgl. z. B. Friedenberg 1997; Levasseur und Dean 1996; Trent et al. 2011, S. 272). Erst recht gilt dies für die Eingangs- und Schlussstatements der Kandidaten, die sie in der Regel ganz nach eigenem Gusto gestalten. Mit anderen Worten: „In TV-Duellen haben die Kandidaten [...] fast vollständig die Kontrolle über das, was die Wähler erfahren" (Maurer 2007, S. 33). Zudem haben Politiker in Fernsehdebatten

1 TV-Duelle in modernen Wahlkämpfen

deutlich mehr Zeit, ihre Standpunkte in eigenen Worten zu präsentieren, als ihnen im Rahmen der ansonsten von den Medien zusammengestellten O-Töne zur Verfügung steht. TV-Duelle dürften deshalb aus Sicht von Politikern eine willkommene Möglichkeit sein, eine „meaningful political debate in the age of soundbite" (Coleman 2000) zu führen.

Aber es sind nicht nur die Kandidaten, die das Duellformat schätzen, sondern auch die *Medien*. Die gestiegene Popularität von Fernsehdebatten hängt auch mit Veränderungen der Medienlandschaft und dem zunehmenden Kampf der Massenmedien um Publikum zusammen. Vergleicht man die Situation heute mit der vor vierzig Jahren, ist eine erhebliche Vergrößerung des Medienangebots bei gleichzeitiger inhaltlicher Differenzierung und Hybridisierung zu konstatieren (vgl. z. B. Roßteutscher, Faas und Rosar 2016). So ist die Zahl der in Deutschland frei verfügbaren Fernsehsender durch die Einführung des dualen Rundfunks im Jahr 1984 schier explodiert. Massenmedien befinden sich in einem zunehmend an Schärfe gewinnenden Wettbewerb um einen fest umrissenen, mitunter gar schrumpfenden Markt von Nutzern. Zudem haben die klassischen Medien ihr Informationsmonopol durch die flächendeckende Verfügbarkeit und deutlich gestiegene Nutzung des Internets und sozialer Medien verloren; in Zeiten eines hybriden Mediensystems kann jeder nicht nur Empfänger, sondern auch Sender sein.

Politische Inhalte stehen dabei in der Regel nicht ganz oben auf der Publikumsagenda, was vor allem den öffentlich-rechtlichen Sendern zu schaffen macht. Ihr Auftrag ist es, den Rahmen für eine freie individuelle und öffentliche Meinungs- und Willensbildung zu schaffen und Rezipienten eine Grundversorgung mit hierfür relevanten Informationen anzubieten. Dabei müssen sie der Vielfalt der im Umlauf befindlichen Meinungen Rechnung tragen (vgl. Bundesverfassungsgericht 1981, 1986). Von dieser Verpflichtung ist der private Rundfunk befreit. Während Politik im Allgemeinen zu den weniger nachgefragten Inhalten zählt, sind speziell TV-Duelle für die öffentlich-rechtlichen Fernsehsender ein hochattraktives Format. Sie garantieren Einschaltquoten, die sich mit keiner anderen Politiksendung erzielen lassen und haben gleichzeitig die angenehme Eigenschaft, dass sich mit ihnen Teile des Verfassungsauftrags erfüllen lassen. Darüber hinaus dürften solche Sendungen ein vergleichsweise kostengünstiges Programm sein.

Zudem lassen sich TV-Debatten mit einer umfassenden Vor- und Nachberichterstattung mehrfach verwerten. Da die Berichterstattung rund um eine Debatte natürlich nicht nur dem übertragenden Fernsehsender vorbehalten ist, sondern allen offensteht, haben letztlich alle Medien etwas von diesem Ereignis. Vor diesem Hintergrund ist es höchst nachvollziehbar, dass die

Massenmedien – und allen voran das Fernsehen – ein vitales Interesse daran haben, dass sich die Spitzenkandidaten im Vorfeld einer Wahl auf eine Fernsehdebatte einlassen. Das zugespitzte, dramatische Format des „Duells", das unmittelbar Fragen nach Siegern und Verlierern aufwirft, fügt sich zudem perfekt in die vorherrschende Medienlogik und die allgemeine mediale Begleitung von Wahlkämpfen ein: Fernsehdebatten passen zur „Horse-Race"-Berichterstattung, bei der Wahlkämpfe wie ein sportlicher Wettbewerb präsentiert werden. Und sie passen vermeintlich auch zum vielfach behaupteten „Muster der zunehmenden Personalisierung, Emotionalisierung und Dramatisierung der Politikberichterstattung" (Donsbach und Jainsch 2011, S. 197).

Bleibt die Frage, warum neben den Kandidaten und den Medien auch die *Zuschauer* das Duellformat schätzen und millionenfach einschalten. Angesichts des oben skizzierten *dealignment*-Prozesses ergibt sich für eine wachsende Zahl von Wählern die Herausforderung, eine Wahlentscheidung ohne die Einbindung in sozialstrukturelle Kontexte mit klar definierten Verhaltenserwartungen und ohne eine Parteiidentifikation fällen zu müssen. Um dennoch eine gute Wahlentscheidung treffen zu können, müssen deshalb – anders als in der Vergangenheit – aktuelle Informationen über die Kandidaten und ihre politischen Positionen eingeholt, bewertet und miteinander verglichen werden. Dies ist meistens zeitaufwendig. Vor diesem Hintergrund sind TV-Duelle eine willkommene Hilfe: Mit einem übersichtlichen Aufwand – in der Regel 60 bis 90 min fernsehen – können Wähler die aussichtsreichsten Bewerber für das Amt des Regierungschefs in ihren Aussagen zu den wichtigsten Themen des Wahlkampfs und ihrem Auftreten direkt miteinander vergleichen. Einschlägige Studien zeigen dabei, dass es in solchen Sendungen sogar mehr als bei anderen in sachlicher Weise um Inhalte und deren Begründung geht (Ellsworth 1965; Hart und Jarvis 1997). Fernsehdebatten haben deshalb im Vergleich zu anderen Formaten auch einen Glaubwürdigkeitsvorsprung; sie stehen weniger im Verdacht, reine Parteipropaganda zu sein. Noch dazu versprechen die Debatten Unterhaltung, gar Spannung: „Modern debates are the political version of the Indianapolis Speedway […] What we're all there for – the journalists, the political pundits, the public – is to see somebody crack up in flames" (Church, zitiert nach Schroeder 2008, S. 10). Auf leichtere Art als mit einer solchen, prinzipiell eher kurzweiligen „Kompaktversion des Wahlkampfs" (Faas und Maier 2011a, S. 101) lassen sich relevante Informationen für eine fundierte Wahlentscheidung kaum sammeln. So überrascht es nicht, dass selbst in Ländern wie Großbritannien, in denen TV-Duelle keine besondere Tradition haben, die Mehrheit der Wähler für die Ausstrahlung solcher Sendungen ist (BMG Research 2017a, b).

Insgesamt zeigt sich, dass der Erfolg von TV-Duellen in Deutschland – aber auch andernorts – das Ergebnis einer „win-win-win"-Situation (Maier und Faas 2011a, S. 76) ist: Alle beteiligten Akteure – Wähler, (Kanzler-)Kandidaten und Medien – verknüpfen positive Erwartungen mit einem solchen Format. Nachdem sich die skizzierten Entwicklungen eher noch verstärken dürften, ist auf absehbare Zeit auch nicht damit zu rechnen, dass das gemeinsame Interesse der verschiedenen Gruppen verschwindet. Vielmehr ist davon auszugehen, dass Fernsehdebatten bis auf Weiteres ein fester Bestandteil von Wahlkämpfen bleiben werden. Eine Unwägbarkeit stellt allerdings die Ausdifferenzierung der politischen Landschaft dar. Wenn diese sich in einem Maße ausdifferenziert und verkompliziert, dass kaum mehr klar erkennbare Kanzlerkandidaten großer Parteien übrig bleiben, wirft dies natürlich auch Fragen an das Duellformat auf. Insgesamt jedenfalls scheint es unabdingbar, Inhalte und Wirkungen dieses Formats zu erforschen.

Kritik an TV-Duellen
Trotz der großen Popularität von Fernsehdebatten sind diese nicht unumstritten. In den USA wurden zumindest die ersten Duelle als „counterfeit" (Auer 1962; Bitzer und Rueter 1980), „double public press conference for simultaneous interviewing" (Auer 1962, S. 147) oder „joint press conference" (Jamieson und Birdsell 1988, S. 6; Lanoue und Schrott 1991) kritisiert. Vermisst wurden zentrale Elemente einer Debatte wie der konfrontative Charakter zwischen den Kandidaten, eine Redezeit, in der Argumente auch angemessen entwickelt werden können, ein enger thematischer Rahmen und das Ziel, Wähler so mit Informationen zu versorgen, dass diese ihre Wahlentscheidungen auf der Basis von Fakten und nicht von Eindrücken treffen können (Auer 1962; Zarefsky 1992). Als leuchtendes Beispiel einer idealen Debatte werden immer wieder die insgesamt sieben Streitgespräche zwischen Abraham Lincoln und Stephen A. Douglas im Jahr 1858 genannt, in der ausführlich die unterschiedlichen Standpunkte zur Sklavenfrage erörtert wurden (vgl. z. B. Kraus 2000, S. 151–160) – allerdings noch ohne Fernsehen.

In Deutschland wurde die Übernahme des US-Formats zugunsten der bis dahin vorherrschenden Elefantenrunden teils scharf kritisiert (vgl. z. B. Donsbach 2002). Im Gegensatz zum US-amerikanischen präsidentiellen System seien sie für ein parlamentarisches System ungeeignet (siehe hierzu auch Anstead 2016). Spezifischer wurde argumentiert, dass TV-Duelle nicht kompatibel mit dem deutschen Mehrparteiensystem seien, in dem nicht nur CDU/CSU und SPD, sondern eben auch kleinere Parteien eine wichtige Rolle einnehmen. Weiterhin wurde beklagt, dass die Fokussierung auf die Spitzenkandidaten der beiden Volksparteien zu einer Entwertung des Parlaments und einem allgemeinen Bedeutungsverlust politischer Parteien führe. Befürchtet wurde zudem eine Personalisierung der Politik. TV-Duelle würden dazu beitragen, dass sowohl beim Wähler als auch bei den Parteien weniger solche Kandidaten als besonders geeignet gelten, die sich durch ihre Fachkompetenz und Führungsstärke hervortun. Vielmehr würden Politiker den Vorzug erhalten, die durch ihr Auftreten in den Medien bestechen.

Die Kritik an TV-Duellen ist in Deutschland weitgehend verstummt. Nur noch selten wird das Format als solches moniert – zuletzt war dies der Fall, als Peer Steinbrück, der im Bundestagswahlkampf 2013 zunächst ausschloss an einer Fernsehdebatte teilzunehmen, in der Stefan Raab, ein prominenter und vor allem bei jungen Menschen populärer Moderator und Entertainer beim Privatsender ProSieben, auf der Seite der Fragesteller auftaucht: „Politik ist keine Unterhaltungssendung, sondern ein ernstes Geschäft" (Passauer Neue Presse 2013). Trotz aller Bedenken nahm Steinbrück doch an der Debatte teil – ebenso wie Stefan Raab, der im Nachgang zum Duell sogar für seine unkonventionelle Art des Fragestellens gelobt wurde. Über die Person Raabs hinaus ist aber wiederholt kritisiert worden, dass das deutsche Format auf Bundesebene – vier Journalisten befragen im Zuge eines einzigen Duells zwei Kandidaten – zu starr sei und keinen Raum für lebhafte Debatten lasse, weil immer schon der nächste Moderator mit seiner nächsten Frage warte.

Zudem wirft die komplexere Parteienlandschaft gerade auf der Ebene der Bundesländer immer wieder die Frage auf, wer eigentlich an solchen Debatten teilnehmen darf und wer nicht. Während in den USA die *Commission on Presidential Debates* über die Besetzung von Debatten zwischen den Präsidentschaftskandidaten entscheidet,[3] treffen hierzulande die Fernsehsender die Auswahl. Typischerweise fällt ihre Wahl auf die Spitzenkandidaten der beiden Volksparteien, CDU bzw. CSU und SPD, da diese traditionell die besten Chancen haben, nach der Wahl den Regierungschef zu stellen. Allerdings gibt es – bedingt durch die starken Veränderungen des politischen Systems – immer häufiger Abweichungen von diesem Muster. So gab es in den neuen Bundesländern mehrfach TV-Debatten mit drei Kandidaten, um der Popularität der Linken Rechnung zu tragen. Bei der bayerischen Landtagswahl 2018 entschied sich der BR, den Spitzenkandidaten von Bündnis 90/Die Grünen anstelle der SPD-Vertreterin ein-

---

[3]In Vorwahlkämpfen legen die jeweiligen Parteien die Kriterien fest, die zur Einladung von Kandidaten führen (Washington Post 2019).

zuladen. Begründet wurde dies mit dem Vorsprung von sechs Prozentpunkten, den die Grünen zwei Wochen vor dem Sendetermin vor den Sozialdemokraten in Meinungsumfragen aufwiesen. Diese Entscheidung dürfte auch unter Rückbesinnung auf die baden-württembergische Landtagswahl 2011 gefallen sein, in der sich der SWR trotz hervorragender Umfrageergebnisse von Bündnis 90/Die Grünen nicht dazu durchringen konnte, deren Spitzenkandidat Winfried Kretschmann einzuladen (Vögele 2013). Nachdem Kretschmann aber nach der Wahl zum Ministerpräsidenten gewählt wurde, erschien das ausgestrahlte Duell zwischen dem CDU- und dem SPD-Spitzenkandidaten im Rückblick eher grotesk. Insgesamt darf man gespannt sein, welche Duell-Konstellationen sich mittel- und langfristig aus der Dynamik des politischen Wettbewerbs und den damit verbundenen Herausforderungen für TV-Duelle ergeben. Jedenfalls werden bereits erste Forderungen nach einer Überarbeitung des klassischen TV-Duell-Formats laut (Höll 2018). Einfache Lösungen sind allerdings nicht in Aussicht. Dies zeigt auch das Format „Elefantenrunde", bei dem regelmäßig Diskussionen darüber entbrennen, ob man hier guten Gewissens Parteien außen vor lassen kann, die zwar aktuell nicht im Parlament vertreten sind, denen aber große Chancen eingeräumt werden, dass ihnen das in der Zukunft vielleicht gelingt.

Empirische Forschung zu TV-Duellen
Insbesondere die Kritik in Deutschland wurde mit starken Annahmen über die Wirkung solcher Wahlkampfformate auf die Wähler, aber auch auf die politischen Akteure verknüpft. Solche Spekulationen gab es natürlich schon seit den Kennedy-Nixon-Debatten 1960, die der Startschuss für eine umfassende Untersuchung von Inhalt, Wahrnehmung, Wirkung und medialer Rezeption von TV-Duellen vor allem in der Kommunikations- und der Politikwissenschaft waren (The Racine Group 2002). Angesichts der hohen Reichweite von Fernsehdebatten und der massiv gewachsenen Bereitschaft der Wähler, sich noch bis spät in den Wahlkampf hinein ggf. umzuorientieren, ist der Umfang der Forschungsanstrengungen nachvollziehbar.

Hinzu kommen strukturelle Eigenschaften von TV-Duellen, die diese auch für die einschlägigen Wissenschaften zu besonders interessanten Forschungsobjekten machen. Wahlkämpfe sind ein zunehmend vielschichtiges Zusammenspiel von unterschiedlichsten Akteuren (Parteien, Kandidaten, Medien, Wählern, nicht wahlberechtigten Bürgern, Kirchen, Gewerkschaften, Verbänden, Initiativen, Meinungsforschungsinstituten etc.), die ihre Themen mit den ihnen zur Verfügung stehenden Instrumenten (Wahlwerbesendungen, Wahlplakaten, Flyern, kleinen und großen Wahlkampfveranstaltungen, Rundfunksendungen, Medienberichten, Webseiten, Auftritten in sozialen Medien, E-Mails, Gesprächen etc.) und

Kanälen (v. a. Zeitung, Radio, Fernsehen, Internet) auf den verschiedenen politischen und organisationalen Ebenen präsentieren. Kakofonie prägt moderne Wahlkämpfe; Wahlkampfkommunikation ist dabei selten direkt aufeinander bezogen und findet eher simultan als sequenziell statt (Maier 2007a; Schoen 2005). Aussagen über *die* Inhalte eines Wahlkampfs und *die* Wirkungen von Wahlkämpfen zu treffen, ist schon allein deshalb praktisch unmöglich, weil weder die Kommunikatoren noch ihre Inhalte und deren Effekte als Gesamtheit erfasst werden können. Wahlkämpfe sind nur dann für die empirische Forschung zugänglich, wenn man sie als ein Puzzle begreift.

In der Wahlkampfforschung gibt es – um im Bild zu bleiben – größere und kleinere, wichtigere und unwichtigere Puzzleteile. Ein Puzzleteil mit ganz besonderen Eigenschaften sind Fernsehdebatten. Aufgrund ihrer großen Bedeutung dienen sie als „points of common ground" oder „point of reference" (Benoit 2014, S. 4) in personell, inhaltlich und regional fragmentierten Wahlkämpfen. Die zentralen Akteure des Wahlkampfs diskutieren hier in einem klar abgrenzbaren Rahmen unter Beobachtung eines erheblichen Teils der Wahlberechtigten die zentralen Themen des Wahlkampfes. Wie unter einem „Brennglas" (Schoen 2004a, S. 29) lassen sich hier Inhalte, Strategien und Wirkungen des Wahlkampfs im „Miniaturformat" (Faas und Maier 2004a, S. 56) studieren. Und gerade weil sie eben – im Gegensatz zu anderen Formaten oder gar dem Wahlkampf insgesamt – klar abgrenzbar und damit isolierbar sind, lassen sich auch Effekte dieser Miniaturwahlkämpfe sehr gut analysieren. So lassen sich am Beispiel von Fernsehdebatten deutlich besser als bei anderen Wahlkampfereignissen Erkenntnisse sammeln, Hypothesen testen, Theorien überprüfen. Fernsehdebatten liefern also ein einmaliges Umfeld für die sozialwissenschaftliche, kommunikationswissenschaftliche und psychologische Grundlagenforschung. Auch das ist ein Grund, warum auf diesem Feld so viel Forschung getrieben wird. TV-Duelle schaffen eine „win-win-win-win"-Situation – für Spitzenkandidaten, Medien, Wähler und eben auch die Wissenschaft, was die Menge an vorliegenden Forschungsarbeiten belegt.

Die Befunde der vorliegenden Studien lassen sich ob ihrer schieren Menge nicht mit wenigen Worten zusammenfassen – wir werden es trotzdem mit dem vorliegenden Buch in Ansätzen versuchen. Bereits Anfang der 1980er Jahre wurden mehrere hundert Studien zu TV-Duellen gezählt (Kraus und Dennis 1981, S. 280); zwanzig Jahre später identifizieren McKinney und Carlin (2004, S. 204) mehr als 800 Untersuchungen. Der Löwenanteil dieser Studien widmet sich dabei US-amerikanischen Fernsehdebatten. Angesichts der langen Tradition von TV-Duellen in den USA ist dies plausibel. Allerdings gibt es auch in anderen Ländern zum Teil schon seit langem Fernsehdiskussionen im Vorfeld von

Wahlen. Die Zahl der verfügbaren Untersuchungen hier ist allerdings vergleichsweise gering. Die deutsche Debattenforschung im engeren Sinne setzte mit den Schröder-Stoiber-Debatten des Jahres 2002 ein – obwohl es auch zuvor schon solche Live-Konfrontationen zwischen Spitzenkandidaten im Rahmen von Landtagswahlkämpfen gab. Zudem gibt es Forschung zu den im Vorfeld der Bundestagswahlen 1969 bis 1987 durchgeführten Elefantenrunden; die Anzahl der verfügbaren Studien ist aber sehr klein.

Klar zu erkennen ist sowohl dies- als auch jenseits des Atlantiks, dass Wirkungen von TV-Duellen die Wissenschaft mit Abstand am meisten beschäftigen. Im deutschen Kontext spielt dabei gerade auch die Frage, wie die Inhalte von Fernsehdebatten überhaupt wahrgenommen und verarbeitet werden, eine zentrale Rolle – einschließlich methodischer Implikationen und Innovationen, etwa dem verstärkten Einsatz von Echtzeitmessungen von Zuschauerreaktionen *während* solcher Duelle. Die vorliegende Forschung zeigt insgesamt, dass die Wirkungen von TV-Duellen hoch kontingent und komplex sind: Format und Verlauf von Duellen spielen ebenso eine Rolle wie Voreinstellungen und Vorwissen von Zuschauern. Was die Wirkungsforschung betrifft, spielen auch die eingesetzten Methoden eine wichtige Rolle. Diese Komplexität aufzulösen, ist zweifellos ein Antrieb für die umfassende Forschung auf diesem Gebiet. Sie ansatzweise darzustellen ist unser Antrieb für dieses Buch.

Das vorliegende Buch
Das vorliegende Buch verfolgt zwei Ziele: Es fasst erstens die Forschung zu Fernsehdebatten zusammen, liefert zweitens aber auch ergänzende empirische Ergebnisse und Einblicke, gerade in einer längsschnittlich-vergleichenden Perspektive über einzelne Duelle hinweg. Für beide Anliegen gilt dabei: Besonderes Augenmerk liegt auf deutschen TV-Duellen. Dass wir angesichts der großen Anzahl empirischer Untersuchungen auf diesem Feld, die vor allem für die USA kaum noch zu überblicken sind, nicht jede Studie mit der ihr gebührenden Aufmerksamkeit vorstellen können, versteht sich von selbst. Der von uns vorgelegte Forschungsüberblick ist deshalb notgedrungen selektiv und stellt die aus unserer Sicht wichtigsten Forschungsstränge und -ergebnisse vor.

Im nächsten Kapitel werfen wir zunächst einen Blick auf die Frage, wie sich Debatten in all ihrer Vielschichtigkeit eigentlich erforschen lassen. Wir werden in diesem Kap. 2 auch aufzeigen, wie wir unsere eigenen empirischen Analysen angelegt haben. Die inhaltliche Auseinandersetzung mit Duellen beginnt dann mit einem Blick auf die Geschichte von Fernsehdebatten, ihrer Verbreitung und ihren Varianten (Kap. 3). In Kap. 4 rücken wir die Angebotsseite von TV-Duellen in den Fokus. Wir werfen die Frage auf, um welche Inhalte es geht und welche Debattenstrategien die Kandidaten verfolgen. Anschließend richten wir den Fokus auf die Nachfrageseite: Wie stark werden TV-Duelle nachgefragt, wer nutzt diese Sendungen und warum (Kap. 5)? Danach beschäftigen wir uns mit der Wahrnehmung von Fernsehdebatten und der Frage, wie Debattenrezipienten zu einem Urteil über den Debattensieger kommen (Kap. 6). Die Wirkungen von TV-Duellen werden in zwei Kapiteln untersucht. In Kap. 7 geht es um Effekte, die unmittelbar durch die Rezeption eines Duells ausgelöst werden („direkte Effekte"). In Kap. 8 geht es hingegen um die Frage, wie vor, während und nach einer Debatte über solche Sendungen kommuniziert wird und welche Wirkungen dies nach sich zieht („indirekte Effekte"). Abschließend skizzieren wir mögliche Entwicklungslinien für die zukünftige Debattenforschung (Kap. 9).

> **Zusammenfassung**
> Fernsehdebatten sind bedeutsame Elemente moderner Wahlkämpfe. Sie bieten Spitzenkandidaten, Medien und Wählern ein Format, mit dem sie unter jeweils verschiedenen Gesichtspunkten positive Erwartungen verknüpfen können. TV-Duelle stehen nicht zuletzt aufgrund ihrer großen Reichweite, aber auch aufgrund der erheblichen Veränderungen der Wählerstruktur im Verdacht, große Wirkungen auf die Einstellungen und das Verhalten von Wählern auszuüben. Dies erklärt die massive, kaum noch zu überblickende Forschung auf diesem Gebiet. Allerdings werden TV-Duelle durchaus auch kritisch beäugt; dies gilt insbesondere für parlamentarische Demokratien wie Deutschland, wenn sie das eigentlich für US-Präsidentschaftswahlkämpfe entwickelte Format übernehmen – und damit ganz bewusst bestimmte Eigenschaften des hiesigen politischen Wettbewerbs zumindest für die Dauer eines Duells ausblenden. Das vorliegende Buch systematisiert die umfangreiche Forschung zu Inhalten, Nutzung, Wahrnehmung und Wirkung von TV-Duellen und ergänzt diese um Analysen eigener Daten, vorwiegend für die Kanzlerdebatten 2002 bis 2017.

Debattenforschung, aber wie? 2

Wenn sich Sozialwissenschaftler mit gesellschaftlich relevanten Themen beschäftigen, haben sie das Ziel, Phänomene, die sie in diesem Zusammenhang beobachten, zu beschreiben und zu erklären. Um dieses Ziel zu realisieren, müssen sie in der Lage sein, die sie interessierenden Phänomene auch zu messen. Dies gilt auch mit Blick auf TV-Duelle. Angesichts der enormen Breite der Debattenforschung, die sich mit so verschiedenen Facetten wie den Inhalten, der Nutzung, der Wahrnehmung, den Wirkungen und der Anschlusskommunikation von Duellen beschäftigt, stellt sich unmittelbar die Frage, wie dies gelingen kann. Mehr noch: Wie kann man Fernsehdebatten so untersuchen, dass eines der wichtigsten Anliegen von Forschung – nämlich die Kumulation von Erkenntnissen, um auf dieser Basis belastbare, generalisierbare Aussagen über den in den Fokus genommenen Untersuchungsgegenstand treffen zu können – bedient wird?

Die Antwort, die die Debattenforschung auf diese Frage gefunden hat, lautet: *mixed methods*. Viele verschiedene Methoden sind notwendig, um die auf der Agenda befindlichen Themen zu untersuchen. Insbesondere gilt es dabei, diese Methoden so zu kombinieren, dass Debatteninhalte und Reaktionen des Debattenpublikums systematisch miteinander in Beziehung gesetzt werden können. Der in der Debattenforschung gepflegte Methodenmix reflektiert nicht zuletzt auch die hohe Interdisziplinarität des Feldes, für das sich neben Politik- und Kommunikationswissenschaftlern auch Psychologen und neuerdings auch Informatiker interessieren.

Wenn man die verschiedenen zum Einsatz kommenden Methoden inhaltlichen Feldern zuordnen möchte, kann man drei Komplexe voneinander unterscheiden: Erstens Studien, die sich mit den Inhalten von und der Kommunikation über

TV-Debatten beschäftigen. Zweitens Untersuchungen, die der Nutzung und den Wirkungen von Fernsehdebatten auf der Spur sind. Drittens Analysen, die sich für die (unmittelbare) Wahrnehmung und Verarbeitung von TV-Duellen interessieren.

2.1 Methoden zur Messung von Debatteninhalten und Kommunikation über Debatten

Die Inhalte von TV-Duellen werden ebenso wie die Kommunikation, die sich im Vorfeld, während oder im Anschluss an eine Debatte in den Medien entfaltet, mit Inhaltsanalysen untersucht. Unter Inhaltsanalysen versteht man die „empirische Methode zur systematischen, intersubjektiv nachvollziehbaren Beschreibung inhaltlicher und formaler Merkmale von Mitteilungen" (Früh 2004, S. 119). Es geht also darum, das, was in einer TV-Debatte oder über eine TV-Debatte gesagt wird, nach vorab festgelegten und für Dritte nachprüfbaren und nachvollziehbaren Regeln zu erfassen (vgl. ausführlich hierzu z. B. Maurer und Reinemann 2006b). Welche Aspekte eines TV-Duells dabei genau in den Blick genommen werden – ob also der Fokus auf die verbalen Ausführungen der Teilnehmer gerichtet wird (vgl. z. B. die Analysen in Benoit 2014) oder auch ihre nonverbale Kommunikation interessiert (vgl. z. B. Nagel 2012) – richtet sich nach dem jeweiligen Forschungsinteresse.

Während sich Inhaltsanalysen zur Kommunikation über TV-Duelle aus methodischer Sicht nicht prinzipiell von anderen Medieninhaltsanalysen unterscheiden, birgt die inhaltsanalytische Erfassung des Debatteninhalts selbst gewisse Herausforderungen. Es ist wenig sinnvoll, eine Debatte als Ganzes zu klassifizieren. TV-Debatten widmen sich nicht durchgängig einem bestimmten Thema. Vielmehr werden ganz unterschiedliche Themen diskutiert – und zwar selbst dann, wenn es (wie etwa in den USA) mehrere Duelle gibt, die jeweils bestimmte thematische Schwerpunkte (z. B. Außenpolitik) haben. So betrachtet ähneln Debatten damit stärker Wahlprogrammen als etwa einzelnen Wahlplakaten oder Wahlwerbespots.

Darüber hinaus variieren Kandidaten anders als bei anderen Wahlkampfinstrumenten ihre Strategie innerhalb eines TV-Duells und setzen beispielsweise nicht nur auf Angriff, populistische Rhetorik oder Humor. Vielmehr haben in einem TV-Duell sowohl Angriffe auf den Gegner als auch die Betonung eigener Leistungen ihren Platz. Selbst Populisten werden nicht ständig Elitenkritik äußern, den Willen des einfachen Volkes betonen oder bestimmte Gruppen und Nationen ausgrenzen. Und auch die humorvollsten Kandidaten können nicht jedes Thema mit einer witzigen, unterhaltsamen Note schmücken, wenn ihre Bewerbung um das Amt des Präsidenten oder des Regierungschefs ernst genommen werden soll. Und schließlich tritt eben nicht nur ein Politiker auf, sondern mehrere, die miteinander, aber eben auch mit den Moderatoren interagieren. Es sind eben „Wahlkämpfe im Miniaturformat" (Maier und Faas 2011a).

Die Heterogenität der Inhalte von TV-Debatten macht es deshalb erforderlich, dass diese auf der Basis einzelner Aussagen oder zumindest Sinneinheiten untersucht werden, wie es auch bei Wahlprogrammen üblich ist. Nur so ist es möglich, Vergleiche zwischen dem, was die verschiedenen Teilnehmer einer Debatte äußern (oder wie sie nonverbal agieren), zu ziehen. Dies wiederum eröffnet erst die Möglichkeit, auf der Ebene einer Debatte Zusammenhänge zwischen den im Rahmen einer Inhaltsanalyse erfassten Merkmalen zu untersuchen. Und nur so werden Gemeinsamkeiten und Unterschiede zwischen verschiedenen Debatten und – mit Blick auf eine longitudinale oder international vergleichende Perspektive – Debattenkulturen und ihre Veränderung sichtbar. Die aussagenbasierte Analyse des Debatteninhalts eröffnet schließlich auch die Option, Inhalte systematisch mit Publikumsreaktionen – z. B. spontanen Bewertungen des Debattenauftritts der Kandidaten – in Verbindung zu setzen.

Welche Aspekte der identifizierten Aussagen bzw. Sinneinheiten im Rahmen einer Inhaltsanalyse erfasst werden, hängt vom jeweiligen Forschungsinteresse ab. Von der Codierung von Themen, über Strategien bis hin zu Verwendung rhetorischer Figuren oder gar nonverbaler Kommunikation ist vieles denkbar. Da in TV-Duellen aber auch viel gesagt wird, was nicht zum Thema gehört („Guten Abend!") oder – weil undeutlich gesprochen wird – unverständlich ist, muss für jede Codiereinheit entschieden werden, ob es sich um eine funktionale oder nicht-funktionale Aussage handelt. Bei Bedarf können letztgenannte Aussagen von der Analyse ausgeschlossen und diese somit auf eine sinnvolle Basis gestellt werden.

2.2 Methoden zur Messung von Debattennutzung und -effekten

Um Aussagen über die *Nutzung* von Fernsehdebatten und vor allem die Struktur des Debattenpublikums treffen zu können, sind bevölkerungsrepräsentative Daten erforderlich. Untersuchungen zu diesem Themenfeld basieren deshalb einerseits auf den Angaben zu Einschaltquoten, die vor allem im Auftrag von Fernsehsendern erhoben werden, andererseits auf Umfragen. Allerdings weichen die Angaben zur Nutzungshäufigkeit von TV-Debatten je nach verwendeter

Tab. 2.1 Methoden zur Messung von Debatteneffekten

	Daten	Aussage	Effektmessung
Fokusgruppeninterview	Qualitativ	Kausal (eingeschränkt)	Direkt
Querschnittsbefragung	Quantitativ	Korrelativ	Indirekt
Panelbefragung	Quantitativ	Korrelativ	Indirekt
Rolling-Cross-Section	Quantitativ	Korrelativ	Indirekt
Experiment	Quantitativ (in der Regel)	Kausal	Direkt

Datenquelle mitunter stark voneinander ab. In Umfragen geben viel mehr Befragte an, eine TV-Debatte gesehen zu haben, als dies aufgrund der Messungen von Einschaltquoten zu erwarten wäre (Prior 2012). Dennoch sind solche Umfragedaten wertvoll, um Aufschluss über die Struktur des Debattenpublikums zu erhalten (vgl. z. B. Faas und Maier 2011a; Kenski und Jamieson 2011).

Debatteneffekte können auf sehr unterschiedliche Weise gemessen werden. Da die verschiedenen *mixed methods* spezifische Vor- und Nachteile haben, hat sich bislang kein allgemein akzeptiertes Verfahren zur Wirkungsmessung durchgesetzt. Im Kern gibt es fünf Möglichkeiten: Fokusgruppeninterviews, Querschnittbefragungen (mit *Rolling-Cross-Sections* als Spezialfall davon), Panelbefragungen und (quasi-)experimentelle Laborstudien. Gemeinsam ist den Verfahren, dass sie durch Vergleiche (zwischen Sehern und Nichtsehern eines Duells, zwischen verschiedenen sozialen und politischen Gruppen unter den Debattenrezipienten oder zwischen Messungen, die vor und nach einer Debatte vorgenommen wurden) den Einfluss von TV-Duellen zu ermitteln versuchen.[1] Unterschiede bestehen vor allem hinsichtlich der Eigenschaften der gewonnenen Daten, dem belastbaren Nachweis von Kausalbeziehungen und der Art der messbaren Debatteneffekte (vgl. Tab. 2.1):

---

[1]Untersuchungen, die sich auf die Selbsteinschätzung von Debattenrezipienten stützen, wie stark sie von einem Duell beeinflusst wurden, gibt es hingegen selten. Studien, die solche Fragen beinhalten, dokumentieren recht deutlich, dass Wirkungen auf die *eigenen* Einstellungen und Verhaltensabsichten in aller Regel verneint werden (vgl. z. B. Dehm 2009; Plasser und Lengauer 2010; Rössler 2009; Skoko 2005). Debatteneffekte würden auf der Basis solcher Daten zweifellos unterschätzt werden. Interessanterweise gehen Wähler aber davon aus, dass TV-Duelle größere Effekte als andere Kanäle der Wahlkampfkommunikation auf *Dritte* haben (Rössler 2009).

2.2 Methoden zur Messung von Debattennutzung und -effekten

- *Dateneigenschaften:* Querschnittbefragungen, Panelbefragungen, *Rolling-Cross-Sections* und im Regelfall auch Experimente produzieren quantitative – also numerisch verschlüsselte, unmittelbar miteinander vergleichbare und mit statistischen Verfahren auswertbare – Daten. Demgegenüber werden mithilfe von Fokusgruppeninterviews qualitative Daten produziert. Diese geben zwar detailliert Aufschluss über die individuellen, mit der Rezeption einer TV-Debatte in Zusammenhang stehenden Erfahrungen, Eindrücke, Überlegungen, Begründungen usw., lassen sich angesichts des großen Aufwands, der geringen Vergleichbarkeit und der nur eingeschränkten Analysemöglichkeiten nur für sehr kleine Stichproben anwenden.
- *Nachweis von Kausalbeziehungen:* Mit einigen der eingesetzten Datenerhebungsmethoden lassen sich nur korrelative Aussagen über den Zusammenhang zwischen Debattenrezeption und anderen Merkmalen treffen. Grund hierfür ist, dass nicht sichergestellt werden kann, dass die untersuchten Individuen auch tatsächlich eine Debatte rezipiert haben. Dass dieses Problem nicht von der Hand zu weisen ist, zeigt Prior (2012), der belegt, dass Angaben zur Debattenrezeption fehlerbehaftet sind. Zudem können Unterschiede zwischen Personen, die eine Debatte gesehen haben, und Personen, die eine Debatte nicht gesehen haben, bereits *vor* einem Duell bestanden haben. Diese Unterschiede sind also keinesfalls durch *Effekte* des Duells zu erklären, sondern durch systematisch unterschiedliche Zuwendungsmuster. Kausale Interpretationen wären aber eben nur dann zulässig, wenn die Unterschiede wirklich auf den Konsum eines Duells zurückzuführen sind. Um diese Annahme zu stützen, werden die Analysen häufig durch statistische Kontrollen abgesichert. Trotz allem gibt es letztlich keine Gewähr dafür, dass die angenommenen Kausalbeziehungen auch tatsächlich existieren. Gewissheit liefern nur laborgestützte Methoden – also Fokusgruppeninterviews und Experimente. Allerdings sind trotz sichergestellter Debattenrezeption Fokusgruppeninterviews nur begrenzt brauchbar, um Kausalbeziehungen nachzuweisen. Letztlich ist nicht auszuschließen, dass (nicht) berichtete Debattenwirkungen das Ergebnis von Rationalisierungsprozessen oder die Folge wahrgenommener sozialer Erwünschtheit sind. Eine elegante Möglichkeit bieten *Rolling-Cross-Section*-Studien, gerade wenn sie mit einer Panelbefragung (typischerweise nach der Wahl) kombiniert werden. Mithilfe dieser Daten kann man nämlich den Wahlkampf und seine Effekte zurückblickend betrachten („going back in time"). Wenn in der Nachwahlwelle einer RCS-Studie danach gefragt wird, ob ein Proband ein TV-Duell vor der Wahl gesehen hat oder nicht, dann lassen sich dadurch Effekte selektiver Zuwendung von echten Duell-induzierten Effekten unterscheiden. Über die in

der Nachwahlwelle erhobenen Information lassen sich Zuschauer des Duells von Nicht-Zuschauern für den gesamten Vorwahlzeitraum – also sowohl für die Zeit *vor* als auch für die Zeit *nach* dem Duell – voneinander trennen. Und so lässt sich prüfen, welche Unterschiede zwischen diesen beiden Gruppen bereits vor dem Duell bestanden haben (was dann eher ein Hinweis auf selektive Zuwendung wäre) und welche sich danach erst ergeben oder vergrößert haben (was ein echter Duelleffekt wäre; siehe hierzu etwa Johnston et al. 1992).

- *Effektmessung:* In der Debattenforschung wird zwischen direkten und indirekten Debatteneffekten unterschieden (vgl. z. B. Lang und Lang 1978a, 1978b). Direkte Debatteneffekte sind Effekte, die unmittelbar aus der Rezeption eines TV-Duells folgen. Indirekte Effekte sind dagegen Wirkungen, die sich aus der Verarbeitung von Informationen ergeben, die über die Rezeption einer Debatte hinausgehen. Diese Informationen erreichen den Rezipienten typischerweise nach einem Duell über die Massenmedien und via interpersonaler Kommunikation. Um direkte von indirekten Debatteneffekten zuverlässig trennen zu können, muss die Datenerhebung der zu untersuchenden Variablen *unmittelbar* vor und *unmittelbar* nach einem Duell erfolgen. Diese Möglichkeit bieten letztlich nur Fokusgruppeninterviews und Experimente. Bei allen anderen Verfahren liegt mehr oder weniger viel Zeit zwischen Datenerhebung und Debattenrezeption. Deshalb kann hier nicht sichergestellt werden, dass die gemessenen Debatteneffekte ausschließlich auf die Rezeption eines Duells zurückzuführen sind (interne Validität). Vielmehr besteht die Gefahr, dass direkte Debatteneffekte z. B. durch Anschlusskommunikation über das Duell angepasst werden – wir greifen diesen Unterschied in den Kap. 7 und 8 dieses Buchs auf.

Wenig verbreitet sind Fokusgruppeninterviews (vgl. z. B. Carlin und McKinney 1994; McKinney und Lamoureux 1999), Panelbefragungen (vgl. z. B. Donsbach und Jandura 2005) und *Rolling-Cross-Section*-Designs (vgl. z. B. Blais und Boyer 1996; Faas et al. 2010; Schmitt-Beck et al. 2006) zur Untersuchung von Debattenwirkungen. Während Fokusgruppeninterviews vor allem wegen der geringen Fallzahlen und der engen Grenzen, die dem Verfahren mit Blick auf die Datenanalyse gesetzt sind, kaum Beachtung finden, sind Wiederholungsbefragungen und *Rolling-Cross-Sections* aufgrund ihrer hohen Feldkosten rar. Dominiert wird die Debattenforschung von Querschnittbefragungen (vgl. z. B. Drew und Weaver 2006; Holbrook 2002; Kenski und Stroud 2005; Maier und Faas 2011a). Da sich – analog zu Panel- und *Rolling-Cross-Section*-Designs (vgl. z. B. Brady und Johnston 2006; Hillygus und Jackman 2003) – mithilfe dieser

2.2 Methoden zur Messung von Debattennutzung und -effekten

Daten letztlich nicht aufklären lässt, ob festgestellte Zusammenhänge eher als direkte oder indirekte Debatteneffekte einzustufen sind, werden deshalb – dem allgemeinen Trend in den Sozialwissenschaften folgend (vgl. für die Politikwissenschaft z. B. Morton und Williams 2010) – zunehmend auch Experimente zur Erforschung von Debattenwirkungen eingesetzt (vgl. z. B. Druckman 2003; Maier und Faas 2003; Maurer et al. 2007).

Auch wenn mit Experimenten vor allem mit Blick auf die Generalisierbarkeit von Befunden (externe Validität) Probleme verbunden sind, sind sie für die Debattenforschung aufgrund der Lösung des Kausalitätsproblems, der Möglichkeit der Trennung von direkten und indirekten Debatteneffekten sowie der häufig recht günstigen Erhebungskosten sehr geeignet. Zudem gibt es zahlreiche Möglichkeiten, experimentelle Designs gezielt zu erweitern: Erstens können spezifische Annahmen zur Wirkung von TV-Duellen durch die gezielte Manipulation von Rezeptionsbedingungen überprüft werden. Zweitens können mit der Erweiterung eines Experimentaldesigns um zusätzliche Panelwellen und ggf. Inhaltsanalysen der Medienberichterstattung Wirkungen der Anschlusskommunikation genauer untersucht werden. Drittens können Experimente relativ leicht mit Verfahren zur Messung von Debattenwahrnehmungen (z. B. *Real-Time-Response*-Messungen, RTR) kombiniert werden. Viertens können solche Daten zur Debattenwahrnehmung systematisch mit Inhaltsanalysen von TV-Duellen verknüpft werden. Damit können sehr feinkörnige Informationen zur Wirkung spezifischer Debatteninhalte gewonnen werden. Durch Rückgriff auf Experimente, die sich Echtzeitmessungen bedienen, lassen sich also – im Unterschied zu allen anderen Varianten, die zur Messung von Debatteneffekten zur Verfügung stehen – komplexe Untersuchungsdesigns realisieren, die ein umfassendes Bild über ein Duell vermitteln. Dieses erstreckt sich über deren Inhalt und die Debattenstrategie von Kandidaten über die unmittelbare Wahrnehmung und Bewertung einer Debatte bis hin zu ihrer direkten und indirekten Wirkung und dem damit in Zusammenhang stehenden kommunikativen Kontext, in den ein Duell eingebettet ist. Mit anderen Worten: Experimente bieten ein hohes Maß an interner Validität, sie lassen also sehr belastbare Einblicke in Debatten und ihre Wirkungsweise zu.

Und selbst mit Blick auf die externe Validität von Experimenten, also die Fragen der Generalisierbarkeit, gibt es nicht zwingend Grund zur Skepsis. Erstens ist trotz der Künstlichkeit der Rezeptionssituation nicht davon auszugehen, dass Teilnehmer von Experimentalstudien TV-Debatten anders verarbeiten bzw. andere Reaktionen zeigen als Rezipienten, die an solchen Untersuchungen nicht teilnehmen (Maier et al. 2016; Maurer und Reinemann 2003, S. 61). Sollte dies doch der Fall sein, ist es wahrscheinlich, dass Debatteneffekte mit solchen

Designs eher unter- als überschätzt werden. Dies gilt insbesondere bei Experimenten, die breite Bevölkerungsgruppen untersuchen. Da die Teilnehmer solcher Untersuchungen sich – anders als beispielsweise Teilnehmer von Repräsentativbefragungen, die per Zufall ausgewählt werden – selbst rekrutieren, sind politisch stark interessierte Bürger mit nur schwer zu erschütternden Einstellungen hier typischerweise überrepräsentiert. Der Nachweis von Debatteneffekten ist deshalb besonders schwierig. Zweitens besteht die Möglichkeit, Experimente zu replizieren und damit Bedenken hinsichtlich einer zu geringen externen Validität zu zerstreuen. Wenn man nämlich nicht nur eine einzige Duellstudie realisiert, sondern viele Studien zu unterschiedlichen Duellen zu unterschiedlichen Zeitpunkten mit unterschiedlichen Versuchspersonen (und Kandidaten) mit unterschiedlichen Spezifikationen der Versuchsbedingungen, dann sind sehr wohl auch Einschätzungen zur Generalisierbarkeit von Befunden möglich. King (1995) hat dies unter der Überschrift „Replication, Replication" eindrücklich gefordert. Replikation und Adaption bestehender Forschung eröffnet die Möglichkeit eines kumulativen Fortschritts und gerade experimentelle Forschung bietet sich hierfür in idealtypischer Weise an.

2.3 Methoden zur Messung von Debattenwahrnehmung und -verarbeitung

Im Rahmen der zweiten Carter-Ford-Debatte im US-Präsidentschaftswahlkampf 1976 setzte Steeper (1978) eine *Real-Time-Response*-Messung ein, um spontane Reaktionen von Debattenrezipienten zu erheben. Damit wurde erstmals versucht, (vor allem kognitive) Prozesse der Wahrnehmung und Verarbeitung von Debatteninhalten nachzuzeichnen. In der Folgezeit wurde dieser Ansatz, der sich insbesondere in Deutschland einer gewissen Popularität erfreut (vgl. z. B. Bachl et al. 2013; Faas und Maier 2004a; Faas et al. 2017; Maurer und Reinemann 2003; Maurer et al. 2007), verschiedentlich aufgegriffen (vgl. z. B. Jarman 2005).

Im Zuge von RTR-Messungen werden Debattenrezipienten mit einer Technik ausgestattet, die es ihnen erlaubt, zu jedem beliebigen Zeitpunkt eines Duells Aussagen und Auftreten der Kandidaten zu bewerten. Am weitesten verbreitet sind Drehreglersysteme *(dials)*, die die Abgabe von Daten auf einer mehrstufigen Skala erlauben. Ebenfalls bedeutsam sind Druckknopfsysteme *(push buttons)*, die eine getrennte Erfassung positiver und negativer Eindrücke gestatten. Neuerdings sind auch Systeme im Einsatz, mit denen reliable und valide Echtzeitmessungen von TV-Debatten außerhalb des Labors durchgeführt werden können (Boydstun et al. 2014; Maier 2017b; Maier et al. 2016; Resnick et al. 2017). Im Rahmen der US-Präsidentschaftsdebatten 2016 wurde erstmals ein Instrument zur automatischen Erfassung von emotionalen Gesichtsausdrücken von Rezipienten eingesetzt (Fridkin et al. 2019).

Wenngleich RTR-Messungen nur in Verbindung mit einer auf Sekundenbasis durchgeführten Inhaltsanalyse sowie Befragungsdaten, in denen Informationen zum sozialen und politischen Profil der an einer RTR-Studie teilnehmenden Debattenrezipienten erfasst werden, sinnvoll analysiert werden können, bieten sie die bislang beste Möglichkeit, Wahrnehmung und Verarbeitung von Fernsehdebatten zu untersuchen. Die Optionen reichen bis hin zu Reaktionen auf einzelne Aussagen (vgl. z. B. Maurer und Reinemann 2009) oder Aussagentypen (vgl. z. B. Maier und Faas 2015). Damit werden experimentell angelegte Untersuchungen um die Möglichkeit bereichert, die Konsequenzen der Debattenrezeption wie unter einem Mikroskop zu analysieren. Aus Mikroanalysen werden Mikro-Mikro-Analysen.

2.4 Die Datengrundlage dieses Buchs

Das vorliegende Buch setzt sich nicht nur zum Ziel, die bisherige Debattenforschung zu umreißen. Unser Anspruch ist es auch, die für Deutschland zur Verfügung stehenden Daten für ausgewählte Aspekte so aufzubereiten, dass Inhalte, Nutzung, Wahrnehmung und Wirkung in längsschnittlicher Perspektive miteinander verglichen werden können. Zugleich können wir so auch der Forderung nach Replikation (King 1995) gerecht werden. Dies erscheint sinnvoll, da es – insbesondere für die Bundesrepublik – nur wenige Untersuchungen gibt, die eine Debatten vergleichende Perspektive einnehmen.

Um diesen Anspruch einzulösen, greifen wir auf verschiedene Datenquellen zurück: Einerseits verwenden wir Inhaltsanalysedaten aller in Deutschland zwischen 1997 und 2017 ausgestrahlten TV-Duelle, die im Rahmen des Projekts „Kandidatenstrategien in Fernsehdebatten" an der Universität Koblenz-Landau zusammengestellt wurden. Andererseits verwenden wir bei GESIS archivierte Umfragedaten. Vor allem aber greifen wir auf von den Autoren des vorliegenden Buchs (mit)erhobene (Quasi-)Experimentaldaten zurück, die die Fernsehdebatten der Bundestagswahlkämpfe 2002 bis 2017 abdecken. Basisinformationen zu allen verwendeten Daten finden sich im Anhang zu diesem Buch (Anhang A). Detaillierte Informationen zu den Inhaltsanalysen bieten Maier und Jansen (2017). Eine ausführliche Darstellung des Designs der TV-Duell-Studien 2002, 2005 und 2013 finden sich z. B. bei Faas und Maier (2004a), Reinemann und Maurer (2007a) sowie Barkela und Maier (2017). Die Daten der Jahre 2009, 2013 und 2017 wurden im Rahmen der German Longitudinal Election Study (GLES) gesammelt und können samt Dokumentation kostenlos von GESIS bezogen werden (die Archivnummern der verwendeten Datensätze finden sich in Anhang A).

Im Unterschied zu Umfragedaten sind die hier präsentierten, im Labor erhobenen Daten nicht repräsentativ für die Wahlberechtigten in Deutschland oder die Rezipienten einer Fernsehdebatte. Allerdings geht es uns beim Rückgriff auf diese Daten auch nicht primär darum, repräsentative Aussagen zu treffen. Vielmehr dienen sie dazu, unmittelbare Wirkungen von TV-Duellen zweifelsfrei nachzuweisen. Damit erhalten wir wertvolle Einblicke in die Wirkungsmechanismen von Fernsehdebatten, die repräsentativen Umfragedaten üblicherweise verschlossen bleiben. Alle Untersuchungen versuchen, durch den Einsatz einer Quotenstichprobe das Debattenpublikum breit abzubilden und mögliche Störfaktoren wie z. B. die Parteibindung zu kontrollieren. Dass auf der Basis von Experimentaldaten trotz eingeschränkter Repräsentativität dennoch allgemeinere Rückschlüsse auf die Wahrnehmung und Verarbeitung von Debattenrezipienten getroffen werden können, liegt nahe, da kaum anzunehmen ist, dass die Untersuchungsteilnehmer völlig andere Reaktionen zeigen als die übrigen Zuschauer eines TV-Duells (vgl. hierzu auch Maurer und Reinemann 2003, S. 61). Dies lässt sich auch empirisch zeigen (Maier et al. 2016). Zudem ist ein über mehrere Duelle hinweg reproduzierbares Reaktionsmuster ein starker Hinweis darauf, dass es sich bei dem gefundenen Effekt um eine verallgemeinerbare Debattenwirkung – und nicht um einen einmaligen, zufällig auftretenden Befund – handelt.

Mit letztgenanntem Punkt möchten wir nochmals eines der Grundanliegen des Buchs hervorheben, da dieses in der bisherigen Debattenforschung kaum berücksichtigt wurde: Analysen zu TV-Debatten sind in aller Regel Fallstudien; dies halten wir angesichts von mehr als 50 Jahren Debattenforschung für nicht mehr zeitgemäß. In solchen Fallstudien wird üblicherweise der Inhalt, die Nutzung, die Wahrnehmung, die Wirkung oder die Berichterstattung *eines* Duells im Vorfeld *einer* bestimmten Wahl in *einem* Land untersucht. Vergleiche zu anderen TV-Duellen sind schwierig, weil bei festgestellten Unterschieden unklar ist, ob möglicherweise veränderte Kontextbedingungen oder nicht miteinander vergleichbare Methoden hierfür als Ursache in Betracht kommen. Ziel zukünftiger Debattenforschung muss es deshalb sein, ein im Mittelpunkt des Interesses stehendes Duell gemeinsam mit mehreren Debatten, die mit vergleichbaren Methoden untersucht wurden, zu analysieren. Als Erklärung für mögliche Unterschiede zwischen den untersuchten Debatten scheiden so Methodenartefakte aus; als verbleibende Erklärungsgröße rücken automatisch Kontexteffekte in den Blick. Ein solche gepoolte Analyse von TV-Duellen ermöglicht es wiederum erst, die

2.4 Die Datengrundlage dieses Buchs

Rolle von Kontexten, in denen sich die Kandidaten, aber auch die Wähler selbst befinden, zu untersuchen.

Auch wenn die erforderlichen Rahmenbedingungen, die Rolle von Kontexten mit dem hier verfügbaren Satz an TV-Duellen statistisch angemessen zu untersuchen, nur punktuell gegeben sind, wollen wir die vergleichende Analyse von Fernsehdebatten über die verschiedenen Kapitel dieses Buchs hinweg systematisch betreiben, um den Mehrwert eines solchen Ansatzes zu demonstrieren. Diesen hat bereits Curtice (2002, S. 166; vgl. auch Erikson 2002; Stokes 1966) für die Wahlforschung beschrieben: "It is only when a number of elections have been studied, some of them taking on one character, some another, that we can begin to assess whether any general statements can be made about the relationship between context and voting behavior". Ziel des Buchs ist es aufbauend auf dieser Überlegung also auch, stärker generalisierbare Aussagen im Bereich der Debattenforschung zu gewinnen.

> **Zusammenfassung**
> Je nach untersuchter Fragestellung kommen in der Debattenforschung sehr unterschiedliche Methoden und Daten zum Einsatz. Studien, die sich mit den Inhalten von und der Kommunikation über TV-Debatten beschäftigen, verwenden Inhaltsanalysen. Untersuchungen, die auf die Nutzung und die Wirkungen von Fernsehdebatten fokussieren, greifen auf Befragungen und Experimente, seltener auf Fokusgruppeninterviews zurück. Analysen, die sich für die (unmittelbare) Wahrnehmung und Verarbeitung von TV-Duellen interessieren, arbeiten mit Experimenten und *Real-Time-Response*-Messungen. Jede dieser Herangehensweisen hat ihre spezifischen Vor- und Nachteile; deshalb gibt es nicht *die* Methode in der Debattenforschung. Eine wesentliche Schwäche der bisherigen Forschung ist, dass TV-Duelle typischerweise als Fallstudien untersucht werden. Vergleiche zu anderen TV-Duellen sind schwierig; bei festgestellten Unterschieden zwischen Debatten ist oft schwer zu beurteilen, ob diese auf die Variation von Kontextbedingungen oder auf nicht miteinander vergleichbare Methoden zurückgehen.

Geschichte, Verbreitung und Varianten von TV-Duellen 3

Obwohl die Rededuelle zwischen John F. Kennedy und Richard M. Nixon im Vorfeld der US-Präsidentschaftswahl 1960 historisch nicht die ersten live in Massenmedien übertragenen Debatten waren – bei der Präsidentschaftswahl 1948 gab es eine Radiodebatte zwischen zwei republikanischen Kandidaten, 1956 gab es eine TV-Diskussion im Vorwahlkampf der Demokraten – werden diese häufig als Geburtsstunde von TV-Duellen in modernen Wahlkämpfen angesehen. Erstmals trafen hier die zwei Hauptkontrahenten im Kampf um das Amt des amerikanischen Präsidenten im Fernsehen vor den Augen der ganzen Nation direkt aufeinander. Diese Erfahrung war neu, konnten die Wähler bis zu diesem Zeitpunkt doch nur dann Vergleiche zwischen den Kandidaten ziehen, wenn sie ihre Reden und die Berichterstattung über sie in den Medien selbst miteinander in Beziehung setzten. Zudem zeigte sich, dass die Debatten eine Reihe von für Wahlkämpfer interessanten Wirkungen entfaltet haben (vgl. hierzu Kraus 1962). Buchstäblich über Nacht wurden „televised encounters between candidates the hottest thing in electioneering since the campaign button" (Mitchell 1979, S. 33).

Es überrascht daher nicht, dass Fernsehdebatten auch in Wahlkämpfe anderer Länder Einzug hielten (für eine Übersicht vgl. z. B. LeDuc et al. 1996; Norris 2000, S. 153, 2002). Nach Daten des ACE Electoral Knowledge Network (2019) gibt es mindestens in 56 % aller Länder, in denen demokratische Wahlen durchgeführt werden, TV-Debatten auf der nationalen Ebene – entweder im Rahmen von Präsidentschaftswahlen und/oder im Rahmen von Parlamentswahlen (Stand 03.06.2019).[1] Während die Ausstrahlung von TV-Duellen in den meisten Ländern

---

[1]In 12 % aller Staaten gibt es keine TV-Duelle; für rund ein Drittel aller Länder liegen keine Information vor, ob Fernsehdebatten im Vorfeld von Wahlen durchgeführt werden.

das Ergebnis von Verhandlungen zwischen den Kandidaten und den Fernsehsendern ist, ist die Durchführung von Debatten andernorts gesetzlich geregelt. So wird in Artikel 62 (2) des „Gesetz[es] zur Wahl des Präsidenten der Ukraine" festgelegt, dass Präsidentschaftskandidaten persönlich an einer am letzten Freitag vor dem zweiten Wahlgang im öffentlich-rechtlichen Rundfunk während der *prime time* ausgestrahlten, mindestens 60 min und nicht durch Werbung o. ä. zu unterbrechenden Debatte (die im Übrigen vom Staat bezahlt wird) teilnehmen müssen.[2]

Auch in den Ländern der Europäischen Union werden vor nationalen Wahlen Fernsehduelle nach US-amerikanischem Muster ausgestrahlt; einzige Ausnahme davon ist Belgien.[3] In Finnland (1962) und den Niederlanden (1963) wurde dieses Format schon kurz nach den Kennedy-Nixon-Debatten eingeführt (vgl. Abb. 3.1). Frankreich, Österreich und Portugal zogen in den 1970er Jahren nach. Irland und Zypern strahlten solche Sendungen erstmals in den 1980er Jahren aus. Die größte Welle hin zu live im Fernsehen übertragenen, direkten Aufeinandertreffen der aussichtsreichsten Bewerber für das Amt des Regierungschefs gab es in den 1990er Jahren. Gleich zwölf Staaten – Bulgarien, Dänemark, Estland, Griechenland, Litauen, Polen, Rumänien, Schweden, die Slowakei, Spanien, die Tschechische Republik und Ungarn – entdeckten das Format für sich. Vergleichsweise jung sind solchen Sendungen hingegen in Deutschland, Kroatien und Italien. Das Schlusslicht bildet Großbritannien. Hier wurden erstmals 2010 TV-Duelle zwischen den Spitzenkandidaten für das Amt des Premierministers im Fernsehen übertragen – damals mit drei Kontrahenten.[4]

In vielen Ländern, z. B. Dänemark, Österreich oder Schweden, gibt es neben solchen Duellen auch Diskussionsrunden, an denen Kandidaten beteiligt sind, die praktisch keine Chance haben, nach der Wahl das Amt des Regierungschefs zu übernehmen. Zwei Varianten gibt es dafür: Entweder sind Vertreter *aller* Parteien, die entweder bereits im Parlament vertreten sind oder aber Chancen auf den Einzug ins Parlament haben, in diesen Runden vertreten oder aber nur jene,

---

[2]Vgl. https://zakon4.rada.gov.ua/laws/show/474-14. Zugriff: 4. Apr. 2019.

[3]In Belgien gibt es selbst bei nationalen Wahlen nur auf der Ebene der beiden Regionen Flandern und Wallonien TV-Duelle. Diese Praxis reflektiert die starke Spaltung des Landes entlang der Sprach- und Kulturgrenze, die sich u. a. in voneinander völlig getrennten Parteiensystemen widerspiegelt.

[4]Trotz intensiver Recherchen konnten die ersten Ausstrahlungstermine von TV-Duellen für Lettland, Luxemburg, Malta und Slowenien nicht in Erfahrung gebracht werden. Bekannt ist nur, dass es dort solche Sendungen gibt.

3   Geschichte, Verbreitung und Varianten von TV-Duellen

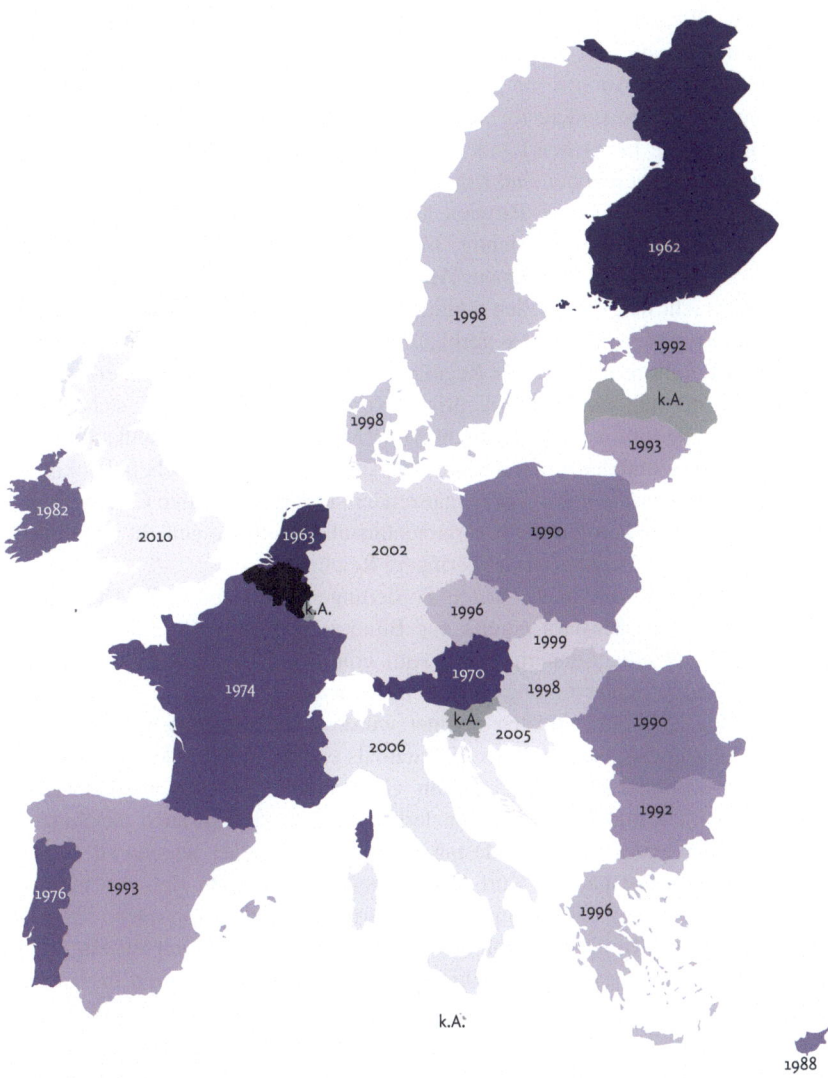

Abb. 3.1 Fernsehdebatten in den Mitgliedsstaaten der Europäischen Union. (Quelle: eigene Recherche. Je dunkler die Färbung, desto früher wurde erstmals ein TV-Duell ausgestrahlt, das den in Kap. 1 dargestellten Kriterien entspricht. Die Jahreszahl gibt an, in welchem Wahlkampf dies der Fall war. Länder, für die das Jahr der Ausstrahlung des ersten TV-Duells nicht bekannt ist, wurden mit kA gekennzeichnet. Länder ohne Färbung gehören nicht der EU an [Ausnahme Belgien, das – aufgrund fehlender TV-Duelle auf nationaler Ebene – schwarz eingefärbt ist])

die am eigentlichen TV-Duell nicht teilnehmen durften. Diese größeren Runden können zum Teil auf eine erheblich längere Tradition zurückblicken als Debatten mit Duellcharakter. Auch wenn solche Sendungen nicht im Fokus dieses Buchs stehen, sind sie insbesondere für Wähler in parlamentarischen Demokratien von großer Bedeutung: In solchen Ländern kommt es nur selten zu Alleinregierungen. Wesentlich wahrscheinlicher sind Koalitionsregierungen, die aus mindestens zwei Parteien bestehen. Da kleine Parteien hier oftmals das Zünglein an der Waage sind, ist es für Wähler sehr wichtig, Informationen über deren politisches und personelles Angebot zu bekommen. Allerdings sind diese Sendungen in vielerlei Hinsicht nicht mit TV-Duellen vergleichbar. So etwa sind die Redezeiten kürzer, der konfrontative Charakter geringer und die strategischen Konstellationen andere. Auch kommt ihnen in der Regel eine geringere mediale Aufmerksamkeit zu und die Einschaltquoten sind niedriger. Kurz: „Elefantenrunden" stehen dort, wo es TV-Duelle gibt, bei weitem nicht so im Mittelpunkt eines Wahlkampfs wie die direkten Aufeinandertreffen der um das Amt des Regierungschefs konkurrierenden Kandidaten. Sie haben eher ergänzenden, komplettierenden Charakter, um auch dem systemischen Umstand parlamentarischer Systeme gerecht zu werden, erzielen aber in der Regel eine viel geringere Reichweite.

In Deutschland wurden die ersten Forderungen nach einem TV-Duell nach US-amerikanischen Musters bereits zur Bundestagswahl 1961 laut (Rosumek 2007, S. 115). Dennoch dauerte es bis zum Jahr 1969, bis auch in Deutschland die Wahlkampfberichterstattung des Fernsehens durch eine Live-Diskussion zwischen den Spitzenkandidaten ergänzt wurde (vgl. ausführlich Klein 1990, S. 12 f.). Allerdings gelang es dem ZDF damals erst in letzter Sekunde, eine solche Runde zusammenzustellen, der im Unterschied zum US-amerikanischen Modell aber nicht nur die beiden Kanzlerkandidaten, sondern auch die Spitzenkandidaten der anderen im Bundestag vertretenen Parteien angehören sollten. Der damalige Bundeskanzler Kurt Georg Kiesinger weigerte sich zunächst, an einer solchen Sendung teilzunehmen. Als Begründung ließ er mitteilen: „Es steht einem Kanzler der Bundesrepublik Deutschland nicht gut an, sich auf ein Stühlchen zu setzen und zu warten, bis ihm das Wort erteilt wird" (zitiert nach Klein 1990, S. 13). Angesichts der harschen öffentlichen Kritik nahm er letztlich dann doch neben Willy Brandt, Walter Scheel und Franz-Josef Strauß Platz.

Solche „Elefantenrunden" wurden auch im Vorfeld der Bundestagswahlen 1972, 1976, 1980, 1983 und 1987 ausgestrahlt. Allerdings änderte sich das Format deutlich. Anders als 1969 wurden die Spitzenpolitiker nicht mehr mit im Detail abgesprochenen Fragen konfrontiert. Zudem war nun eine Diskussion zwischen den beteiligten Politikern gewünscht. Der Charakter der Sendung, der anfänglich berechtigterweise als „joint press conference" (Jamieson und Birdsell

1988, S. 6; Lanoue und Schrott 1991) beschrieben werden konnte, wandelte sich zunehmend zu einer Sendung, in der sich die Akteure intensiv und über mehrere Stunden miteinander auseinandersetzten und versuchten, Einfluss auf den Ausgang der Bundestagswahl zu nehmen (Klein 1990, S. 10 f.; Schrott 1990). Ab 1990 fanden auf der Bundesebene keine Elefantenrunden mehr statt – Bundeskanzler Helmut Kohl weigerte sich, an solchen Sendungen teilzunehmen. Offiziell wurde argumentiert, dass das bisherige Format durch die Ausdifferenzierung des Parteiensystems – 1983 zogen die Grünen in den Bundestag ein und das Ergebnis der Volkskammerwahl 1990 verdeutlichte, dass man die PDS im Vorfeld der ersten gesamtdeutschen Wahl von einer solchen Sendung nicht guten Gewissens fernhalten konnte – zu unübersichtlich und der Informationswert für den Wähler zu gering sei. Der eigentliche Grund war aber wohl, dass „das Risiko für den ohnehin fernsehunsicheren Kanzler größer [wurde] als die Chance zu positiver Selbstdarstellung" (Rosumek 2007, S. 176).

Die unterbrochene Tradition der Fernsehdebatten wurde erst im Jahr 2002 wiederaufgenommen. Allerdings wurde im Unterschied zu den bisherigen Elefantenrunden nun auf das amerikanische Format gesetzt. Am 25. August 2002 – also vier Wochen vor der Bundestagswahl 2002 – verfolgten mehr als 15 Mio. Zuschauer den 75 min Schlagabtausch zwischen Bundeskanzler Gerhard Schröder und seinem Herausforderer, dem bayerischen Ministerpräsidenten Edmund Stoiber, bei den beiden Privatsendern RTL und SAT.1. Zwei Wochen später kam es dann zu einem erneuten Aufeinandertreffen der beiden Kontrahenten bei ARD und ZDF. Seither wurde im Vorfeld jeder Bundestagswahl ein TV-Duell zwischen den Kanzlerkandidaten von Union und SPD ausgestrahlt.

Die Schröder-Stoiber-Debatten machten aber nicht nur die Bundestagswahl 2002 zu einer außergewöhnlichen Wahl. Die beiden TV-Duelle veränderten auch die Wahlkampfkultur in Deutschland. So gab es zwar im Rahmen von Landtagswahlen schon seit 1997 Fernsehdebatten nach US-amerikanischem Muster. Allerdings waren diese Sendungen kaum nachgefragt; vor 2002 kamen sie nur in etwa einem Achtel aller Wahlkämpfe zum Einsatz (vgl. Abb. 3.2). Dies änderte sich drastisch mit den Kanzlerduellen 2002. Seither stieg der Anteil der Bundes- und Landtagswahlkämpfe, in denen mindestens ein Fernsehduell im US-Format ausgestrahlt wurde, kontinuierlich an. In der letzten Wahlperiode des Deutschen Bundestags wurde dieses Format vor elf der 15 Wahlen (d. h. in 73,3 % aller Bundes- und Landtagswahlkämpfe) eingesetzt. In der vorangegangenen Wahlperiode wurde der bisherige Höchstwert – 93,3 % – erreicht. Auch wenn TV-Duelle nicht immer zum festen Bestandteil von Wahlkämpfen gehören und auch wenn die Ausstrahlung einer Fernsehdebatte bei einer Wahl keine Garantie dafür ist, dass dieses Format dann auch bei der nächsten Wahl zum Einsatz kommt, zeigen diese

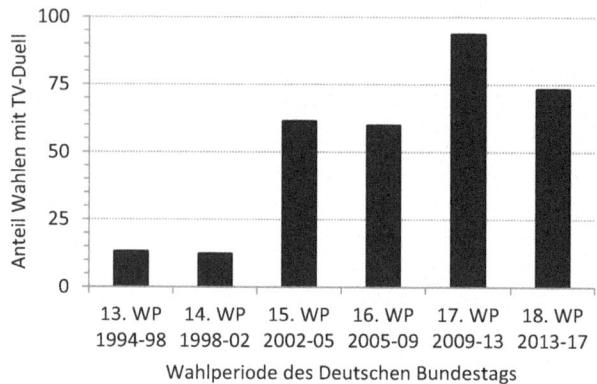

Abb. 3.2 Institutionalisierung von Fernsehdebatten in deutschen Wahlkämpfen. Ausgewiesen ist der Anteil der Wahlen, in denen mindestens ein TV-Duell im Wahlkampf ausgestrahlt wurde, an allen Wahlen, die innerhalb der jeweiligen Legislaturperiode des Deutschen Bundestags stattfanden

Werte, dass der Verzicht auf ein TV-Duell zwischenzeitlich eher die Ausnahme als die Regel ist. Man kann also mit Fug und Recht behaupten, dass Fernsehdebatten mittlerweile ein institutionalisierter Bestandteil deutscher Wahlkämpfe sind (Maier und Faas 2011a; Maier et al. 2014). Eine Liste aller in Deutschland bislang ausgestrahlten TV-Duelle findet sich in Anhang B.

Trotz dieses offenkundigen weltweiten Bedeutungsgewinns von Fernsehdebatten war auch in den USA bis in die späten 1980er Jahre die Ausstrahlung von TV-Duellen kein Automatismus. Dies änderte sich erst mit der Einrichtung der parteipolitisch unabhängigen *Commission on Presidential Debates* im Jahr 1987, die dafür Sorge trug, dass TV-Duelle sich als permanenter Bestandteil von Präsidentschaftswahlkämpfen etablierten. Zudem sorgte sie für eine gewisse Standardisierung des Formats mit Blick auf Anzahl, Art und Umfang von Duellen. Dennoch gilt nach wie vor, dass es zwischen TV-Duellen große Unterschiede in der Ausgestaltung gibt (vgl. auch Annenberg Working Group on Presidential Campaign Debate Reform 2015; McKinney und Carlin 2004; The Racine Group 2002). Im US-Präsidentschaftswahlkampf 1980 wurde sogar während der Debatte zwischen Jimmy Carter und Ronald Reagan das Format partiell geändert (Rowland 1986). In der ersten Hälfte der Debatte stellten die Moderatoren den Kandidaten die jeweils gleiche Frage. Mithilfe jeweils einer Nachfrage forderten sie die Kandidaten auf, ihre Ausführungen weiter zu präzisieren. Danach konnte der politische Gegner kurz Stellung zu den Ausführungen seines Kontrahenten nehmen. In der zweiten Hälfte des Duells wurde auf Nachfragen der Moderatoren verzichtet. Gleichzeitig wurde die Redezeit der Kandidaten für Entgegnungen erhöht – vermutlich um den konfrontativen Charakter der Sendung zu stärken.

Ihre Ursache dürften diese Unterschiede in der Ausgestaltung in vermuteten Wirkungen von Duellen haben. Dafür sprechen zumindest auch die teils extrem detaillierten Vereinbarungen und Regeln zwischen den Kandidaten rund um Duelle. So etwa umfasste das Vertragswerk zwischen Barack Obama und John McCain für die Präsidentschafts- und Vizepräsidentschaftsdebatten des Jahres 2012 insgesamt 21 Seiten (Open Debates 2012, siehe auch z. B. Carlin 1999; Kraus 2000, Kap. 3). Die Regelungsdichte für deutsche Debatten, die von den ausstrahlenden Sendern organisiert werden, ist dagegen deutlich moderater. Das legen zumindest die Informationen nahe, die vor solchen TV-Duellen an die Öffentlichkeit dringen. Für die TV-Duelle 2002 wurde beispielsweise in elf knappen Punkten geregelt, welcher Kandidat in der Debatte das erste und das letzte Wort hat, wo die Kandidaten im Studio stehen, wo die Moderatoren sitzen, wie die zur Verfügung stehende Redezeit auf die Kandidaten verteilt wird und wie sich Unterbrechungen auf die Redezeit auswirken. Auch wurde fixiert, wie die Medienarbeit der Kandidaten nach dem Duell aussieht und dass es den Kandidaten „freigestellt [ist], ob sie sich im Anschluss an die Sendung die Hand geben" (Spreng 2009). Daran, dass solche Vereinbarungen in Deutschland relativ schlank gehalten werden, hat sich wenig geändert. So umfassten die Regelungen für das Aufeinandertreffen von Angela Merkel und Peer Steinbrück 2013 ganze zweieinhalb Seiten (Clauß und Gradl 2013; Ehrenberg und Sagatz 2013). Im Kern wurden dabei ganz ähnliche Themen wie 2002 behandelt.

Einfache Analysen zu Anzahl, Format und Akteurskonstellationen der 57 zwischen 1997 und 2018 (Stand: 31.12.2018) auf Bundes- und Landesebene ausgestrahlten Fernsehdebatten machen deutlich, wie groß die Unterschiede sind:

- *Anzahl der TV-Duelle.* Wenn es im Vorfeld einer Wahl zu einem TV-Duell kommt, wird in aller Regel (89,5 %) nur eine Sendung ausgestrahlt. Zwei Debatten sind selten (10,5 %); mehr als zwei Duelle in einem Wahlkampf gab es bisher nicht. Die in den USA nicht unübliche Ausstrahlung von drei oder gar vier Debatten zwischen den Präsidentschaftskandidaten kommt in Deutschland überhaupt nicht vor. Besonderen Geschmack an Debattenserien haben offenbar die Hamburger gefunden. Sowohl 2011 als auch 2015 trafen die Spitzenkandidaten von CDU und SPD hier jeweils zweimal aufeinander.
- *Länge der TV-Duelle.* Fernsehdebatten in Deutschland dauern zwischen 40 und 98 min. Die durchschnittliche Länge liegt bei 62 min. Für im Vorfeld von

Bundestagswahlen ausgestrahlte Debatten reservieren die Fernsehsender deutlich mehr Zeit als für TV-Duelle auf Landesebene (90 vs. 58 min).

- *Townhall meetings und Zuschauerfragen.* Im Unterschied zu den USA wurden in Deutschland sogenannte *townhall meetings,* also TV-Duelle, in denen mehrere Kandidaten gleichzeitig vor einem im Fernsehstudio anwesenden Publikum miteinander diskutieren, erst in den letzten Jahren entdeckt. Die erste Debatte dieser Art fand 2009 in Thüringen statt. Seither gab es insgesamt acht Duelle – ausschließlich auf Landesebene –, die vor Publikum ausgetragen wurden (14,5 %). Die Option, dass die Zuschauer die Kandidaten direkt befragen durften, gab es bislang fünfmal (9,1 %). Allerdings werden auch dann, wenn ein Duell nicht vor einem Publikum ausgetragen wird, hin und wieder Stimmen von Bürgern in Einspielern gezeigt oder vom Moderator verlesen (7,2 %). Die Einbindung von Tweets oder sonstigen Reaktionen aus sozialen Netzwerken wurde bei der auch in Deutschland ausgestrahlten *Eurovision Debate* im Vorfeld der Europawahl 2014 realisiert.[5] Damit verbunden unterscheiden sich auch die Austragungsorte: In der Regel finden solche Duelle in Fernsehstudios statt, zuweilen aber auch in exponierteren Räumlichkeiten. Ein TV-Duell in Nordrhein-Westfalen etwa fand einmal in der Jahrhunderthalle in Bochum statt. Verglichen mit der ukrainischen Präsidentschaftsdebatte 2019, die im 70.000 Zuschauer fassenden Olympiastadion in Kiew durchgeführt wurde (Spiegel 2019a), erscheint selbst dieser Veranstaltungsort geradezu bescheiden.[6]
- *Abstand zwischen TV-Duell und Wahl.* Der zeitliche Abstand zwischen Debatte und Wahltag variiert erheblich. Im Durchschnitt finden TV-Duelle 14 Tage vor

---

[5] Auch wenn diese Sendung gerne als Debatte zwischen den Kandidaten der wichtigsten im Europäischen Parlament vertretenen Fraktionen gesehen wird, die um die Position des Präsidenten der Europäischen Kommission konkurrieren, ist sie gemäß unserer Definition von TV-Duellen streng genommen nicht als solche zu klassifizieren. Denn erstens verfügt die Europäische Union über keine klassische Regierung – und damit auch nicht über einen Regierungschef. Zweitens erfolgt die Wahl des Kommissionspräsidenten auf Vorschlag des Europäischen Rats durch das Europaparlament. Der Europäische Rat – also die Vertretung der nationalen Staats- und Regierungschefs der EU-Mitgliedsstaaten – soll dabei das Ergebnis der Europawahlen „berücksichtigen", ist aber nicht daran gebunden. Dieses Verfahren widerspricht ein Stück weit der TV-Debatten zugrunde liegenden Idee, dass die Wähler größtmöglichen, im Idealfall unmittelbaren Einfluss auf die Bestellung der Spitze der Exekutive haben und sich die Kandidaten im Rahmen solcher Sendungen dem Wähler präsentieren.

[6] Rund 22.000 Zuschauer verfolgten das Duell der Präsidentschaftskandidaten Petro Poroschenko und Wolodymyr Selensky live im Stadion (Spiegel 2019b).

einer Wahl statt. Der bislang geringste Abstand zwischen einer Fernsehdebatte und der Wahl betrug nur drei Tage (Brandenburg 2009). Mit 129 Tagen am weitesten entfernt vom Wahltag war bislang das TV-Duell vor der baden-württembergischen Landtagswahl 2000 – wobei man berechtigterweise die Frage stellen kann, ob es sich dabei überhaupt um ein Duell im laufenden Wahlkampf gehandelt hat. Medial präsentiert wurde es allerdings als solches.

- *Anzahl der Kandidaten.* In den weitaus meisten Debatten (87,7 %) treffen nur die beiden aussichtsreichsten Kandidaten aufeinander.[7] In den weiteren Aufeinandertreffen (12,3 %) diskutierten drei Kontrahenten miteinander. Diese Drei-Kandidaten-Duelle haben allesamt in den neuen Bundesländern stattgefunden und reflektieren die oftmals starke Stellung der Linken, die zwischenzeitlich nicht nur als Juniorpartner in Regierungskoalitionen fungieren, sondern – wie das Beispiel Thüringen zeigt – auch stark genug sind, um den Ministerpräsidenten zu stellen. Wer als aussichtsreich gilt, nach einer Wahl auch das Amt des Regierungschefs zu übernehmen, legen die Fernsehsender in Eigenregie fest, was noch einmal deren starke Stellung bei der Organisation in Deutschland unterstreicht. Dies zeigt etwa das Beispiel der FDP, die 2002 erfolglos versucht hat, mittels einer Klage vor dem Bundesverfassungsgericht ihrem selbst ernannten damaligen Kanzlerkandidaten Guido Westerwelle einen Platz im TV-Duell zwischen Schröder und Stoiber zu sichern (Bundesverfassungsgericht 2002). Dass die Vorhersage der politischen Kräfteverhältnisse nach einer Wahl nicht immer gelingt, zeigt das Beispiel der baden-württembergischen Landtagswahl 2011. Dort wurde der mit exzellenten Umfrageergebnissen begründete Wunsch des Spitzenkandidaten von Bündnis 90/Die Grünen, Winfried Kretschmann, an der Fernsehdebatte zwischen Ministerpräsident Stefan Mappus und seinem sozialdemokratischen Herausforderer Nils Schmid teilzunehmen, vom SWR mit dem Hinweis auf die Unzulänglichkeit von Meinungsumfragen zur Abschätzung von Wahlergebnissen sowie den starken inhaltlichen Überlappungen zur SPD zurückgewiesen (Bachl et al. 2013, Online-Anhang). Kretschmann wurde nach der Wahl zum Ministerpräsidenten gewählt. Bei der bayerischen Landtagswahl 2018 wurde dagegen die Kandidatin der SPD in Reaktion auf aktuelle Umfragewerte nicht berücksichtigt, stattdessen waren die Spitzenkandidaten von CSU und Grünen vertreten.

---

[7]In Berlin gab es 2011 die Konstellation, dass sich der damalige Regierende Bürgermeister Klaus Wowereit einmal mit seinem Herausforderer von der CDU, einmal mit seiner Herausforderin von Bündnis 90/Die Grünen in separaten Aufeinandertreffen „duellierte".

Mit der Frage nach der Anzahl der Kandidaten haben wir bereits Format- und Organisationsfragen im engeren Sinne verlassen. Natürlich spielen auch politische Kontextfaktoren eine wichtige Rolle, wenn es im konkreten Fall darum geht, wie ein TV-Duell ausgestaltet wird. Die eher von journalistischen Kriterien geleiteten Überlegungen der Fernsehsender zum Format von TV-Duellen führen im Kombination mit den von den Parteien getroffenen Entscheidungen, welche Kandidaten sie im Kampf um das Amt des Regierungschefs ins Rennen schicken, dazu, dass es in Fernsehdebatten letztlich sehr unterschiedliche personelle und parteipolitische Konstellationen gibt.

- *Open seat contests.* Mit dem Begriff des TV-Duells verbindet man implizit, dass sich der Amtsinhaber dem Herausforderer stellt. Diese Konstellation ist auch in fast allen deutschen Debatten (96,5 %) gegeben. In zwei Fällen (3,5 %) – Sachsen-Anhalt 2011 und Schleswig-Holstein 2012 – trat der Ministerpräsident allerdings nicht mehr zur Wiederwahl an, sodass jeweils sein designierter Nachfolger an der TV-Debatte teilgenommen hat. Was hierzulande die Ausnahme ist, ergibt sich in Staaten, in denen Amtsinhaber in der Ausübung der Regierungsgewalt zeitlich begrenzt werden (z. B. in den USA), in regelmäßigen Abständen zwangsläufig („open seat contest").
- *Duelle zwischen Vertretern von Koalitionspartnern.* Während in präsidentiellen Systemen Duelle, an denen Vertreter einer gemeinsamen Regierungskoalition teilnehmen, per definitionem nicht auftreten können, gibt es genau diese Konstellation in Deutschland häufiger – bislang in 8,8 % aller Duelle. In manchen Fällen, etwa bei der Bundestagswahl 2009 und bei der Landtagswahl in Mecklenburg-Vorpommern 2011, standen sich sogar ausschließlich Regierungsmitglieder in einer Fernsehdebatte gegenüber.[8] Gerade dieser strukturelle Aspekt hat wichtige Implikationen: Dass die Rolle des Herausforderers und die des Regierungsmitglieds in Mehrparteiensystemen zusammenfallen können, schränkt die Übertragung von Ergebnissen der Debattenforschung aus dem Kontext etwa des präsidentiellen Systems der USA auf andere politische Systeme ein (vgl. hierzu auch Maier und Jansen 2017).
- *Parteipolitische Konstellationen.* Das typische TV-Duell in Deutschland sieht (bislang) ein Aufeinandertreffen der Spitzenkandidaten von CDU bzw. CSU und SPD vor (82,5 %). Nur dreimal (5,3 %) – Berlin 2011, Baden-Württemberg 2016 und Bayern 2018 – kam es zu einem Aufeinandertreffen in anderen

---

[8]Auch auf die Bundestagswahl 2017 trifft dies strukturell zu, allerdings war Martin Schulz kein Mitglied der Regierung.

Konstellationen, nämlich unter Mitwirkung der Grünen. In 12,3 % aller Debatten trafen die Vertreter von drei Parteien – CDU, SPD und Die Linke (bzw. die PDS) – aufeinander. Diese Konstellation hat sich bislang ausschließlich in den neuen Bundesländern ergeben.
- *Geschlechterkonstellationen.* Die generelle Dominanz von Männern in politischen Spitzenpositionen schlägt sich auch in Fernsehdebatten nieder. In zwei Drittel (66,7 %) aller Duelle diskutierten ausschließlich Männer miteinander. Eine nur von Frauen bestrittene Debatte gab es bislang nur zweimal – 2016 in Rheinland-Pfalz und 2017 im Saarland (3,5 %). In allen anderen Duellen (29,8 %) begegneten sich männliche und weibliche Kandidaten.

Schließlich gibt es auch mit Blick auf die Fernsehsender, die eine Debatte ausstrahlen, und die Moderatoren, die diese leiten, große Differenzen:

- *Sender.* Der weitaus überwiegende Teil der TV-Duelle wird allein von öffentlich-rechtlichen Sendern ausgestrahlt (82,5 %). In vier Fällen – allesamt bei Bundestagswahlen – haben öffentlich-rechtliche und private Sender gleichzeitig gemeinsam übertragen (7,0 %). In sechs Fällen wurde ein TV-Duell ausschließlich im Privatfernsehen angeboten (10,5 %). Die insgesamt hohe Präsenz öffentlich-rechtlicher Sender ergibt sich aus ihrem Programmauftrag. Dass auch private Sender hin und wieder TV-Duelle übertragen, dürfte einerseits an den in der Regel hohen Einschaltquoten bei gleichzeitig geringen Produktionskosten, andererseits an der für ein Politikformat vergleichsweise hohen Unterhaltungskomponente liegen, die zur Grundphilosophie des Privatfernsehens passt.
- *Anzahl Moderatoren.* In der Hälfte aller TV-Duelle (50,9 %) bestritt ein Moderator alleine die Sendung. In weiteren 40,4 % aller Debatten wurde die Sendung von zwei Moderatoren geleitet. Drei (1,8 %) oder vier Moderatoren (7,0 %) sind eher die Ausnahme; solche Konstellationen, die vor allem bei den Kanzlerduellen auftreten, sind zumeist dem Ziel geschuldet, dass jeder Sender personell repräsentiert werden möchte.
- *Geschlechterkonstellationen.* Männer moderieren TV-Duelle häufiger als Frauen (70,2 % vs. 29,8 %). In 61,4 % der Debatten treten nur männliche Moderatoren auf, ausschließlich weibliche Moderatoren gab es in 12,3 % aller Duelle. Im Rest der Sendungen (26,3 %) treten männliche und weibliche Moderatoren gemeinsam auf.
- *Häufigkeit der Moderation.* Die Mehrzahl der Moderatoren (54,5 %) haben nur eine TV-Debatte geleitet. 17,5 % der Moderatoren standen zwei Duellen, 8,8 % drei Sendungen vor. Die Moderation von mehr als drei Duellen

ist die Ausnahme (8,8 %). Spitzenreiter ist hier Andreas Cichowicz, der bislang zwölf Debatten – allesamt im Sendegebiet des NDR – moderiert hat. Am erfahrensten mit Blick auf Kanzlerduelle ist Maybrit Illner. Sie hat mit Ausnahme des ersten TV-Duells 2002, das nur von Privatsendern ausgestrahlt wurde, an allen Sendungen als Moderatorin teilgenommen.

> **Zusammenfassung**
> Fernsehdebatten sind ein überaus erfolgreiches Wahlkampfformat, das weit über die Grenzen der USA hinaus verbreitet ist. Solche Sendungen können mit Blick auf ihr Format und die in einem TV-Duell abgebildeten Konstellationen sehr unterschiedlich aussehen. Dies hat vor allem Konsequenzen für den direkten Vergleich von Debatteninhalten und ihren Wirkungen. Denn sowohl mit Blick auf das Format als auch hinsichtlich des sozialen und politischen Profils der Kandidaten ist bekannt, dass diese Einfluss auf den Inhalt von Duellen und ihre Effekte nehmen können. Möglicherweise – hier gibt es allerdings nur sehr wenig Forschung – gilt dies auch für die Moderatoren, die solche Sendungen in hohem Maße prägen. Deshalb ist die häufig zu beobachtende Praxis, nach der solche Sendungen unmittelbar miteinander verglichen werden, durchaus problematisch. Umgekehrt könnte man aber auch sagen: Wenn sich trotz dieser Unterschiede über verschiedene Formate hinweg ähnliche Befunde zu und Effekte von Duellen ergeben, spricht dies für die Robustheit der Ergebnisse. Zu bedenken ist dabei, dass diese Vielfalt erhebliche Spielräume für Fernsehsender und Spitzenkandidaten schafft, um bereits bei der Planung einer Debatte Einfluss auf ihren Charakter zu nehmen. Welche Stellschrauben hierfür in Betracht kommen, ist auch Gegenstand der nachfolgenden Kapitel.

Debatteninhalte und Debattenstrategien

4

In Fernsehdebatten diskutieren die aussichtsreichsten Kandidaten für das Amt des Regierungschefs die zentralen Themen des Wahlkampfs. Sie bieten den Zuschauern solcher Sendungen Informationen über ihre politischen Positionen und ihre eigene Person an. Ziel eines jeden Kandidaten ist es dabei, die zahlreichen Wähler, die einer Fernsehdebatte beiwohnen, von den eigenen Standpunkten und der eigenen Person zu überzeugen und die eigene Position im Wahlkampf zu sichern bzw. zu stärken. Analytisch betrachtet zerfällt dieses Vorhaben in zwei Stufen (vgl. Benoit 2014, S. 11–13). Erstens muss ein Kandidat dem Wähler verdeutlichen, dass er sich zumindest in mancherlei Hinsicht vom politischen Gegner unterscheidet. Dies kann sich auf sehr verschiedene Dinge beziehen, etwa seinen Erfahrungsschatz, seine Innovationskraft oder seine inhaltlichen Positionen. Scheitert diese Abgrenzung gänzlich, können Wähler keine sinnvolle Auswahl zwischen den politischen Angeboten treffen. Zweitens muss ein Kandidat zeigen, dass er im Vergleich zum politischen Gegner die bessere Wahl ist. Dies kann mit Blick auf inhaltliche Positionen gelingen, aber auch für „weichere" Aspekte, etwa die Frage, wer der bessere, weil glaubwürdigere oder sympathischere Kandidat ist. Gelingt es einem Kandidaten aber in keiner Art und Weise zu verdeutlichen, warum er besser ist, dann haben Wähler keinen Anreiz, diesen Kandidaten zu unterstützen.

Auf den ersten Blick erscheint dies aufgrund der oft starren Regeln (z. B. festgelegte Redezeiten) und des thematischen Korsetts von TV-Duellen als ein beinahe aussichtsloses Unterfangen. Bei genauer Betrachtung wird allerdings deutlich, dass die Kandidaten sehr wohl über große Spielräume verfügen, um diese beiden Voraussetzungen zu erfüllen. Sie können auf die gestellten Fragen antworten oder versuchen – abseits vom eigentlichen Thema – andere Inhalte auf der Debattenagenda zu platzieren. In der Wahl ihrer strategischen und rhetorischen

Mittel sind sie dabei frei. So können sich Kandidaten z. B. auf das Hervorheben eigener Verdienste und Ziele konzentrieren oder aber versuchen, den politischen Gegner durch Angriffe in die Enge zu treiben. Sie können in ihren Ausführungen präzise sein oder sich eher bedeckt halten und vage bleiben. Sie können ihre Argumente einfach halten oder mit rhetorischen Mitteln – etwa der Präsentation von Fakten, dem Anführen von Zitaten oder dem Einsatz von Humor – ausschmücken.

Darüber hinaus senden die Kandidaten aber nicht nur verbale, sondern auch nonverbale Signale. Einerseits können sie ihre inhaltlichen Ausführungen durch Mimik und Gestik unterstreichen. Vielfach geschieht dies unterbewusst, denn Körpersprache und Emotionen lassen sich nur schwer dauerhaft kontrollieren. Allerdings kann nonverbale Kommunikation auch bewusst eingesetzt werden. Edmund Stoiber lächelte beim ersten TV-Duell 2002 permanent – wohl um einen möglichst freundlichen Eindruck zu hinterlassen (Faas und Maier 2004c). Andererseits können Kandidaten auch dann, wenn sie kein Rederecht haben, Botschaften senden: Sind beide Kandidaten im Bild, können sie die Ausführungen des politischen Gegners nonverbal kommentieren und beispielsweise durch Kopfschütteln Dissens signalisieren (Maurer 2007). Ein ähnlich strategischer Einsatz nonverbaler Kommunikation wird auch von amerikanischen Präsidentschaftsdebatten berichtet (vgl. z. B. Goodman et al. 2006). Da die Körpersprache von Zuschauern registriert wird (Hughes und Bucy 2017), erscheint ihr gezielter Einsatz durchaus sinnvoll.

Obwohl die Kandidaten natürlich die Hauptpersonen in einem TV-Duell sind, spielen die Moderatoren ebenfalls eine wichtige Rolle.[1] Einerseits beanspruchen sie einen bedeutsamen Anteil der zur Verfügung stehenden Sendezeit. Beim Kanzlerduell 2005 lag dieser bei 17 % (Maurer 2007, S. 40), bei der TV-Debatte 2013 reservierten sie mehr als 30 % der Redezeit für sich (Jansen und Glogger 2017). Andererseits strukturieren sie die Diskussion, stellen die Fragen, können nachhaken, wenn die Ausführungen der Kandidaten unbefriedigend erscheinen – oder eben auch nicht (vgl. ausführlicher Posselt und Rieglhofer 1996). Sie können sich entscheiden, eine Debatte nur zu leiten oder sie auch mitzugestalten. Gleich einem Schiedsrichter in einem Fußballspiel können sie durch die strikte Auslegung der vorab vereinbarten Regeln einen ordnungsgemäßen Ablauf und einen kultivierten Meinungsaustausch sicherstellen oder aber die Kontrahenten

---

[1]Debatten ohne Moderatoren sind die absolute Ausnahme. Nach unserem Kenntnisstand fand bislang nur in Österreich im Vorfeld der Direktwahl des Bundespräsidenten 2016 ein Duell statt, in dem die Kandidaten ohne journalistische Rahmung miteinander diskutiert haben.

an der langen Leine führen, eine Debatte „laufen lassen", aufkommende Diskussionen nicht unterbinden und unangemessene Äußerungen dulden. Dabei unterscheiden sich die Moderatoren durchaus in ihrem Stil, wie sie eine Debatte leiten (Posselt und Rieglhofer 1996, S. 90, 112). Wenngleich es insgesamt nur wenig Forschung zur Rolle der Moderatoren gibt, scheinen die Kandidaten ihre Wichtigkeit erkannt zu haben. Dies zeigte sich zuletzt an der Kritik Peer Steinbrücks am Moderator Stefan Raab im Vorfeld des Kanzlerduells 2013.

Dieser Logik folgend wollen wir zunächst detaillierter auf die Hauptkontrahenten in den Duellen eingehen: Über welche Themen sprechen die Kandidaten in welcher Art und Weise? Anschließend gehen wir noch auf die Moderatoren und ihre Herangehensweise an Duelle ein.

4.1 Kandidaten

Themenfelder
Worüber sprechen die Kandidaten eigentlich in Fernsehduellen? Obwohl man angesichts der exponierten Stellung der Kandidaten in Fernsehdebatten erwarten könnte, dass ihre Person, ihre Fähigkeiten und ihr sozialer Hintergrund eine zentrale Rolle einnehmen, zeigt sich in solchen Sendungen durchweg, dass vor allem Sachthemen im Vordergrund stehen. So belegen Untersuchungen für die USA, dass – unabhängig davon, ob es sich um Vorwahldebatten, Präsidentschaftsdebatten oder Debatten zwischen den Kandidaten für das Amt des Vizepräsidenten handelt – 70 % aller Aussagen themenbezogen und 30 % personenbezogen sind (Benoit 2014, S. 40). In anderen Ländern sind teilweise etwas andere Proportionen zu beobachten (Benoit 2014, S. 55). In Deutschland sind die Gewichte noch asymmetrischer als in den USA verteilt: In den Debatten des Jahres 2002 lag der Anteil ausschließlich personenbezogener Aussagen bei 16 (Stoiber) bzw. rund 19 % (Schröder; vgl. Müller 2003). Bei der Schröder-Merkel-Debatte des Jahres 2005 nahmen solche personenbezogenen Aussagen nur 15 % der Redezeit in Anspruch (Maurer 2007).

Diese Ergebnisse werden durch eine Analyse der Kandidatenaussagen aller 55 seit 1997 auf Bundes- und Landesebene ausgestrahlten TV-Duelle bestätigt (Tab. 4.1): Knapp vier von fünf Aussagen sind auf Themen bezogen, knapp ein Fünftel auf Personen. Diese Verteilung gilt sowohl für Fernsehdebatten im Vorfeld von Bundestagswahlen als auch auf Landesebene. Mit Blick auf die Themen heben die Kandidaten bei drei von vier Aussagen auf politikfeldbezogene Fragen ab („policy"), etwa Fragen der Außen- und Sicherheitspolitik oder Fragen rund um den Arbeitsmarkt. Fast ein Fünftel aller Aussagen bezieht sich auf politische

Tab. 4.1 Themen- vs. personenbezogene Kandidatenaussagen in deutschen TV-Duellen auf Bundes- und Landesebene, 1997–2017 (in Prozent)

	Gesamt	Bundesebene	Landesebene
Themenbezogene Aussagen	78	76	78
Policy	73	80	71
Polity	10	3	10
Politics	18	16	18
Personenbezogene Aussagen	19	18	19
Sachkompetenz	17	24	16
Führungsqualität	18	17	18
Integrität	16	22	15
Persönliches	8	11	8
Anderer/unklarer Bezug	40	25	43
Sonstige Aussagen	3	6	3
N	18.018	2505	15.513

Quelle: Projekt „Kandidatenstrategien in Fernsehdebatten" der Universität Koblenz-Landau. Ausgewiesen ist der Anteil der funktionalen themen-, personenbezogenen bzw. sonstigen Kandidatenaussagen. Mehrfachnennungen sind ausgeschlossen.

Prozesse („politics"), etwa Fragen zu Koalitionen. Ein Zehntel der Äußerungen verwenden die Kandidaten auf institutionelle Fragen („polity"). Letztere spielen vor allem auf Landesebene eine größere Rolle, weil hier regelmäßig auch die politischen Verflechtungen zwischen Bund und Ländern Berücksichtigung finden, aber mitunter auch Fragen rund um das Wahlalter oder direktdemokratische Elemente diskutiert werden. Bei den personenbezogenen Aussagen dreht es sich vor allem um die Sachkompetenz, die Führungsqualität und die Integrität der Kandidaten. Persönliches spielt hingegen eine deutlich geringere Rolle.

Unter den themenbezogenen Aussagen dominieren wirtschaftspolitische Fragen. Wenngleich die konkreten Themenschwerpunkte in TV-Duellen ebenso wie die zentralen Themen eines Wahlkampfs von der jeweiligen politischen Ereignislage abhängen – ein gutes Beispiel ist hier die Merkel-Schulz-Debatte 2017, die stark von der Diskussion der Migrationspolitik geprägt wurde (Liesching und Hooffacker 2019; Tapper und Quandt 2019) –, sind Themen rund um Steuern und Finanzen, Wirtschaftswachstum und Arbeitsmarkt eine der wichtigsten inhaltlichen Konstanten dieses Formats. Dies gilt sowohl für die Vereinigten Staaten (vgl. z. B. Benoit et al. 1998, S. 185; Benoit et al. 2003, S. 187; Jackson-Beeck

4.1 Kandidaten

und Meadow 1979b; Meadow und Jackson-Beeck 1978) als auch für Deutschland (vgl. z. B. Faas und Maier 2015; Jansen und Glogger 2017; Liesching und Hooffacker 2019; Maier 2009; Maier und Strömbäck 2009; Maurer 2007; Maurer und Reinemann 2003, S. 67; Schrott 1990; Tapper und Quandt 2003, 2006, 2010, 2015, 2019), aber auch für andere Länder wie z. B. Schweden (Maier und Strömbäck 2009). Man kann daher davon ausgehen, dass es sich um ein robustes Muster in Duellen handelt, das sich in verschiedenen Kontexten findet.

Trotz der thematischen Vorstrukturierung von Fernsehdebatten ist zu erkennen, dass Kandidaten versuchen, bestimmte Themen zu setzen oder zu vermeiden. Zu diesem Zweck kommt es durchaus vor, dass Fragen nicht oder nur teilweise beantwortet werden (Rowland 1986) und stattdessen Themen zur Sprache gebracht werden, nach denen die Moderatoren überhaupt nicht gefragt haben (Decker 1994; Friedenberg 1997; Jackson-Beeck und Meadow 1979b; Maurer 2007). Müller (2003) beziffert den Anteil an Antworten, die an der eigentlich gestellten Frage vorbeigehen, für die TV-Duelle im Vorfeld der Bundestagswahl 2002 auf 25 bis 35 %. Dieses normativ nicht erwünschte Kandidatenverhalten hat mindestens drei Ursachen: Erstens bemühen sich die Kandidaten, für sie unangenehme Themen zu ignorieren und für sie vorteilhafte Themen anzusprechen (vgl. z. B. Maurer und Reinemann 2003, S. 67; Maurer 2007; Maier 2009; Milic 1979; Tapper und Quandt 2015). Zweitens versuchen Kandidaten – ganz im Sinne der *issue ownership*-Theorie (Petrocik 1996) – den Fokus auf die Themen ihrer Partei zu richten. Es geht ihnen also darum, Sachfragen, die der Partei besonders wichtig sind oder bei denen diese als besonders kompetent wahrgenommen wird, in den Mittelpunkt der Diskussion zu rücken (Benoit 2014, S. 92, 2018; Benoit und Hansen 2004a; Müller 2003). Drittens gestattet das Debattenformat den Kandidaten nicht immer, eine angemessene Argumentation zu entwickeln – etwa wenn die Redezeiten zu knapp bemessen sind (Rowland 1986). Dies ist insbesondere dann problematisch, wenn es um komplexe oder kontroverse Themen geht. Dass Kandidaten in einer solchen Situation beschließen, eine Frage nicht oder nur teilweise zu beantworten und stattdessen auf vermeintlich leichter zu vermittelnde Inhalte einzugehen, erscheint aus Sicht der Kontrahenten nachvollziehbar.

Dass in Fernsehdebatten vor allem die Themen besprochen werden, für die sich die Wähler auch interessieren, kann die einschlägige Forschungsliteratur nicht bestätigen. Vielmehr zeigt sich, dass Kandidaten, Moderatoren und Wähler eigene Themenagenden haben, die in der Regel deutlich voneinander abweichen (vgl. Benoit und Hansen 2001; Eveland et al. 1994; Jackson-Beeck und Meadow 1979a, 1979b; Jansen 2018; Maier und Maier 2013; McKinney 2005b; Siune und Borre 1975; Swanson und Swanson 1978). So ist für Deutschland zu erkennen, dass sich Wähler vor allem für Problemlösungen auf konkreten Politikfeldern

(z. B. der Wirtschaft, der inneren Sicherheit, der Sozialpolitik oder der Außen- und Sicherheitspolitik) interessieren (Jansen 2018, S. 190; Maier und Maier 2013). Zudem gibt es – ein weitaus geringeres – Interesse an institutionellen Fragen (etwa Kompetenzverteilungen zwischen Bund und Ländern). Die Themenagenda von TV-Duellen spiegelt dieses Interesse nur begrenzt wider. Zwar wird auch dort mehrheitlich über politikfeldbezogene Themen gesprochen. Formale Fragen der staatlichen Ordnung spielen aber auf Bundesebene fast keine, auf Landesebene nur eine untergeordnete Rolle. Demgegenüber wird in erheblichem Maße über *politics* diskutiert: Wahlkampf, Koalitionen, Regierungsbildung. Für letzteres begeistern sich insbesondere die Moderatoren, die bei der Merkel-Steinmeier-Debatte 2009 fast die Hälfte ihrer Redezeit hierauf verwendet haben. Während es Politikern offenbar noch stärker „um die Sache" geht, rücken Moderatoren also vor allem „Unpolitisches und Wahlkampfgeplänkel in den Vordergrund" (Maurer 2007, S. 39), was auf eine mitunter sehr unterschiedliche Motivlage zwischen Journalisten und Kandidaten hinweist. Daraus ergibt sich ein strukturelles Dilemma (Maier und Maier 2013): Je mehr Kandidaten auf die Fragen der Moderatoren eingehen, desto weiter entfernen sie sich von dem, was Wähler wissen wollen.

Debattenstrategien
Neben der Entscheidung, eher themen- oder eher personenbezogene Aussagen zu treffen, müssen die Kandidaten eine Strategie entwickeln, auf welche Art und Weise sie diese Themen ansprechen wollen. Gemäß der *Theory of Political Campaign Discourse* (vgl. z. B. Benoit 2007a, Kap. 2) stehen Kandidaten grundsätzlich drei strategische Varianten zur Verfügung, um sich vom politischen Gegner positiv abzuheben.

- Kandidaten können auf Selbstpräsentationen („acclaims") setzen. Diese Strategie baut darauf, „a candidate's advantages or benefits" (Benoit 2014, S. 13) hervorzuheben – etwa durch den Verweis auf eigene politische Erfolge oder auf im politischen Geschäft nützliche Persönlichkeitseigenschaften wie z. B. Führungsstärke.
- Kandidaten können den politischen Gegner angreifen („attacks"). Hier geht es darum, „undesirable attributes or policy missteps" (Benoit 2014, S. 13) des Gegners zu benennen, um dessen Reputation zu schmälern und damit relativ die eigene Position zu verbessern.
- Kandidaten können sich gegen Angriffe verteidigen („defenses"). Sich gegen Angriffe zur Wehr zu setzen, kann sinnvoll sein „to prevent further damage from an attack and restore some or all of a candidate's damaged preferability" (Benoit 2014, S. 15).

4.1 Kandidaten

Tab. 4.2 Strategien in deutschen TV-Duellen auf Bundes- und Landesebene, 1997–2017 (in Prozent)

	Gesamt	Bund	Landesebene
Selbstpräsentationen *(acclaims)*	39	44	38
Angriffe *(attacks)*	25	24	25
Verteidigungen *(defenses)*	13	13	13
Keine/andere Strategie	23	19	23
N	18.883	2626	16.257

Quelle: Projekt „Kandidatenstrategien in Fernsehdebatten" der Universität Koblenz-Landau. Ausgewiesen ist der Anteil der spezifischen Debattenstrategien an allen Kandidatenaussagen.

Die verschiedenen Strategien haben mit Blick auf ihre möglichen Wirkungen jeweils Stärken und Schwächen. Während insbesondere der Effekt von Angriffen kontrovers diskutiert wird (vgl. zusammenfassend z. B. Fridkin und Kenney 2012; Nai und Walter 2015b), werden Verteidigungen als *ultima ratio* in der Kommunikation mit dem Gegner gesehen (Benoit 2007b). Dies erklärt den Befund, dass Kandidatenbotschaften am häufigsten Selbstpräsentationen sind, gefolgt von Angriffen und Verteidigungen. Diese Reihenfolge ist auch für die deutschen TV-Duelle zu beobachten (Tab. 4.2).

Allerdings gibt es in der Wahl der verschiedenen Strategien zwischen Ländern, Debatten, Kandidaten und den in einer Debatte behandelten Themen teilweise große Unterschiede (vgl. z. B. Benoit 2014, S. 38, 54; Jansen und Glogger 2017; Maier und Jansen 2017; Maier und Renner 2018; Nai und Walter 2015a). Dies wirft die Frage auf, warum das so ist.

In diesem Zusammenhang am besten erforscht sind Angriffsstrategien. Allerdings sind die meisten vorliegenden Untersuchungen Fallstudien, die den Fokus nur auf einzelne Duelle richten. Längsschnittlich angelegte Analysen finden sich vor allem für die USA (vgl. z. B. Benoit 2014); für europäische TV-Duelle sind solche Studien rar (vgl. z. B. Elmelund-Præstekær 2010; Elmelund-Præstekær und Mølgaard-Svensson 2014a, b; Maier und Jansen 2017; Walter 2014b). International vergleichende Untersuchungen sind die absolute Ausnahme (vgl. z. B. Benoit 2014; Walter 2014b).

Mit Blick auf die Determinanten von Attacken sind die meisten Studien deskriptiv und bivariat angelegt. Eine umfassende wechselseitige Kontrolle der Effekte der verschiedenen Einflussfaktoren bieten nur wenige Studien (vgl. z. B. Elmelund-Præstekær 2010; Elmelund-Præstekær und Mølgaard-Svensson 2014a;

Maier und Jansen 2017). Die in der Literatur bislang untersuchten Determinanten von Angriffen können zu vier großen Blöcken zusammenfasst werden:

- *Soziales und politisches Profil der Kandidaten:* In der Literatur wird der Einfluss des Geschlechts, der (politischen) Rolle und der Parteizugehörigkeit der Kandidaten auf die Neigung, den politischen Gegner zu attackieren, diskutiert. Mit Blick auf das Geschlecht sind die Befunde heterogen (vgl. zusammenfassend Maier 2015c; Walter 2012, 2013). Während einige Untersuchungen zu dem Ergebnis kommen, dass Männer häufiger angreifen als Frauen, kommen andere Studien zum gegenteiligen Ergebnis bzw. finden keine Unterschiede. Relativ gut gesichert ist hingegen der Befund, dass Amtsinhaber seltener attackieren (und sich häufiger auf Selbstpräsentationen verlegen) als Herausforderer (vgl. z. B. Benoit 2014, S. 64, 2017). Der Grund hierfür ist, dass Herausforderer bereit sind, höhere Risiken einzugehen und mögliche sogenannte *backlash*-Effekte (also negative Folgen für den Angreifer) in Kauf zu nehmen – denn eigentlich haben sie nichts zu verlieren (Lau und Pomper 2004, S. 32). Dieser Zusammenhang ist auch in Deutschland zu beobachten (vgl. z. B. Maier und Jansen 2017; Maurer und Reinemann 2003, S. 70; Maurer 2007; zu anderen Ergebnissen kommt Nagel 2012, S. 133). Schließlich gibt es Hinweise, dass die Neigung, den politischen Gegner anzugreifen, auch mit der Parteizugehörigkeit der Kandidaten zu tun hat. Benoit (2007a, S. 119) zeigt, dass in den USA Demokraten häufiger attackieren als Republikaner. Elmelund-Præstekær (2010) findet für Dänemark, dass Kandidaten linker Parteien häufiger attackieren als Vertreter konservativer Parteien. Gidentstam (2015) zeigt für Schweden, dass linke Parteien häufiger auf eine Angriffsstrategie setzen als Parteien der politischen Mitte. Dabei bedienen sie sich überdies stärker Angriffen, die den Charakter des politischen Gegners ins Visier nehmen. Für Deutschland finden sich solche Zusammenhänge aber nicht (Maier und Jansen 2017). Allerdings stellt sich genau bei diesen postulierten Zusammenhängen die Frage, wie robust sie sind. Würden sie so bestehen bleiben, wenn man gleichzeitig z. B. für Partei und Rolle (Amtsinhaber vs. Herausforderer) kontrolliert?
- *Debattenformat:* Einige Studien gehen der Frage nach, inwieweit die Präsenz eines Publikums, die Anzahl der an einer Debatte teilnehmenden Kandidaten oder der Zeitpunkt, zu dem eine Debatte ausgestrahlt wird, Folgen für die Inhalte einer Debatte haben. Eine Zusammenfassung des Forschungsstands zum Einfluss von anwesendem Debattenpublikum auf die Kandidaten

hat ergeben, dass sogenannte *townhall meetings* den Einsatz von Angriffen tendenziell reduzieren (McKinney 2005a). Möglicherweise tragen die Kandidaten hier in besonderer Weise der oftmals fehlenden Akzeptanz von Negativität Rechnung. Mit spieltheoretischen Argumenten wird die Beobachtung begründet, dass mit einer zunehmenden Anzahl von Kandidaten in einer TV-Debatte die Neigung abnimmt, einen politischen Gegner anzugreifen (Elmelund-Præstekær und Mølgaard-Svensson 2014a; Hansen und Pedersen 2008; Walter 2014a). Im Unterschied zu einem Zwei-Kandidaten-Duell steigt bei drei und mehr teilnehmenden Kandidaten das Risiko, dass potenziell positive Effekte eines Angriffs nicht dem Angreifer, sondern einem politischen Kontrahenten zugeschrieben werden. Zudem verleiht man dem Angegriffenen dadurch auch zusätzliche Aufmerksamkeit, die gerade bei Debatten mit mehr Personen ein knappes und daher umkämpftes Gut darstellt. Beide Effekte sind für Deutschland allerdings nicht zu beobachten (Maier und Jansen 2017).

- *(Strategischer) Kontext einer Debatte:* Mit Blick auf etwaige Kontextfaktoren wurden bislang die Wahlebene sowie Umfrageergebnisse zu einer Wahl auf ihre möglichen Folgen für Debattenstrategien untersucht. In den USA wurde beobachtet, dass der Anteil von Angriffen in TV-Duellen bei Vorwahlen, bei Wahlen zum Senat und zum Repräsentantenhaus, bei Gouverneurswahlen sowie bei Bürgermeisterwahlen geringer ausfällt als bei Präsidentschaftswahlen (vgl. z. B. Benoit 2014, S. 40, 48). Analog hierzu wird auch für deutsche Duelle berichtet, dass Angriffe auf Bundesebene populärer sind als auf Landesebene (Maier und Jansen 2017). Begründet wird dies damit, dass bei sogenannten Hauptwahlen mehr auf dem Spiel steht. Damit wächst die Bereitschaft, mehr zu riskieren. Weiterhin wird diskutiert, ob Kandidaten, die in Wahlumfragen zurückliegen, stärker auf Angriffe setzen als Kandidaten, die in Umfragen führen. Letztere sollten keinen Anreiz haben, die Risiken einer Negativstrategie in Kauf zu nehmen. Allerdings ist dieser für andere Kampagneninstrumente oft beobachtete Zusammenhang für Fernsehdebatten bisher nicht zuverlässig nachgewiesen. Während eine dänische Studie keinen entsprechenden Effekt findet (Elmelund-Præstekær 2010), ist dieser Zusammenhang für Deutschland durchaus vorhanden (Maier und Jansen 2017).
- *Eigenschaften des politischen Gegners:* Ob ein Kandidat seinen Gegner in einem TV-Duell attackiert, hängt auch vom sozialen Profil des Gegners und dessen Verhalten in einer Debatte ab. Maier und Renner (2018) konnten für Deutschland zeigen, dass männliche Kandidaten Angriffe zum Teil vom Geschlecht des Gegners abhängig machen: Männliche Kontrahenten werden

häufiger in unangemessener Weise attackiert als Frauen. Für in zivilisierter Form vorgetragene Angriffe macht es hingegen keinen Unterschied, ob der Gegner ein Mann oder eine Frau ist. Zudem spielt es für die Verwendung von *negative campaigning* keine Rolle, ob der Gegner auch zu diesem Mittel greift. Demgegenüber nimmt die Wahrscheinlichkeit unangemessener Attacken signifikant zu, wenn der Gegner ebenfalls unzivilisiert agiert.

In Anlehnung an die Untersuchung von Maier und Jansen (2017) untersuchen wir den Einfluss der verschiedenen Blöcke von Einflussfaktoren auf den Einsatz von Angriffen durch Kandidaten in TV-Duellen im Rahmen eines multivariaten Modells. Dafür ergänzen wir die Daten von Maier und Jansen (2017) um die Jahre 2016 und 2017. Der durchschnittliche Anteil an Negativität liegt in diesem Zeitraum bei 24,5 %. Allerdings variiert dieser Anteil zwischen den untersuchten Debatten erheblich (Minimum: 3,9 %; Maximum: 38,3 %). Auf Kandidatenebene ist die Streuung noch größer (Minimum: 2,0 %, Maximum: 54,7 %). Die Analyse zeigt analog zu Maier und Jansen (2017), dass nur einige der bivariat als bedeutsam identifizierten Variablen einen signifikanten Einfluss auf den Einsatz von Angriffen haben (vgl. Tab. 4.3): Weibliche Spitzenkandidaten greifen seltener an als Männer. Kandidaten, die der Regierung angehören, attackieren weniger als Kandidaten der Opposition. In *townhall meetings* attackieren die Kandidaten seltener. Kandidaten, die in den Umfragen zurückliegen, greifen häufiger an als Kandidaten, die in Umfragen einen Vorsprung haben.

In einer aus Sicht der Kontrahenten gut vorbereiteten Debatte sind der inhaltliche Fokus und die Debattenstrategie im Rahmen einer kohärenten Vorgehensweise miteinander verzahnt. Dabei geht es darum, Rezipienten eine Botschaft zu vermitteln, die über die in einem Duell diskutierten Einzelfragen hinausgeht. Solche verdichteten Botschaften, die im Idealfall zur Kampagne insgesamt passen, bleiben häufig auch noch Jahre nach einer Debatte im kollektiven Gedächtnis einer Nation – etwa die von Ronald Reagan verwendete „Are you better off?"-Rhetorik in den TV-Duellen gegen Walter Mondale 1984. Kandidaten versuchen typischerweise in ihren Eröffnungs- und ihren Schlussstatements – bei denen es weder dem politischen Gegner noch den Moderatoren erlaubt ist, zu unterbrechen – ein solch größeres Bild ihrer politischen Ideen zu zeichnen. Darüber hinaus versuchen sie auch bei der Beantwortung von Einzelfragen immer wieder auf ihre Leitlinien zu verweisen und deren Relevanz für die Lösung politischer Detailfragen aufzuzeigen (Friedenberg 1997).

Von solchen Globalstrategien zu unterscheiden sind prägnante Einzelaussagen oder Ereignisse, die – sofern als (potenziell) effektiv eingeschätzt – oftmals als entscheidende Momente einer Debatte, sogenannte *defining moments*, haften

4.1 Kandidaten

Tab. 4.3 Determinanten von Angriffen in deutschen TV-Duellen, 1997–2017

R^2	0,549	
Kandidatenprofil		
Geschlecht (0 = männlich, 1 = weiblich)	−6,23[c]	(1,65)
Regierungsmitglied (0 = nein, 1 = ja)	−15,54[c]	(2,16)
Mitglied von CDU/CSU (0 = nein, 1 = ja)	5,01	(4,88)
Mitglied der SPD (0 = nein, 1 = ja)	1,46	(4,88)
Debattenformat		
Anzahl Kandidaten	−2,49	(2,77)
Abstand zwischen TV-Duell und Wahltag in Tagen	0,05	(0,07)
Townhall meeting (0 = nein, 1 = ja)	−2,74[a]	(1,14)
Strategischer Kontext einer Debatte		
Wahlebene (0 = Land, 1 = Bund)	3,47	(2,98)
Vorsprung vor der Partei des Gegners in Umfragen in Prozentpunkten	−0,19[b]	(0,07)
Konstante	36,17[c]	(8,84)
N (= Anzahl Kandidaten)	115	

Quelle: Projekt „Kandidatenstrategien in Fernsehdebatten" der Universität Koblenz-Landau. Das baden-württembergische TV-Duell 2011 wurde – analog zu Maier und Jansen (2017) – von der Analyse ausgeschlossen, da es sehr weit entfernt von der Wahl (129 Tage vor der Wahl) durchgeführt wurde. Die Einbeziehung dieser Debatte hätte jedoch keine substanziellen Konsequenzen für die hier berichteten Ergebnisse. Ausgewiesen sind unstandardisierte Regressionskoeffizienten (in Klammern: geclusterte Standardfehler). Signifikanzniveaus: [a]$p < 0{,}05$, [b]$p < 0{,}01$, [c]$p < 0{,}001$.

bleiben (Clayman 1995; The Racine Group 2002). Von solchen Momenten wird in der Debattenforschung häufig berichtet: Fords Fauxpas hinsichtlich seiner Aussage zum – seiner Meinung nach nicht vorhandenen – sowjetischen Einfluss in Osteuropa (1976; vgl. auch Kap. 7.2), Reagans „there you go again" (1980), Bentsens „you're no Jack Kennedy" (1988), Bushs Blick auf die Armbanduhr (1992) oder Schröders Liebeserklärung an seine Frau (2005). Auch Stefan Raabs an Peer Steinbrück gerichteter Spruch vom „King of Kotelett" ließe sich dazu zählen. Mancher Kandidat schätzt die Wirkung gelungener Repliken, rhetorischer Fragen und eingängigen Aussagen so hoch ein, dass er nicht davor zurückschreckt, diese zu kopieren – beispielsweise Angela Merkel, die in ihrem Schlussstatement bei der Fernsehdebatte 2005 ungeniert Reagans oben erwähnte „are you better off?"-Rhetorik für sich übernahm und fragte, ob es den Menschen denn besser gehe als vier Jahre zuvor.

Rhetorische Stilmittel

Kandidaten können in ihren Aussagen verschiedenste rhetorische Stilmittel benutzen, um ihren Argumenten ein möglichst großes Gewicht zu verleihen. Die Rolle rhetorischer Stilmittel für die Überzeugungskraft politischer Reden wird schon seit der Antike hervorgehoben (vgl. z. B. Jackob 2007). Welche Rhetorik Kandidaten in Fernsehdebatten verwenden, ist jedoch nicht systematisch erforscht. In der Regel werden rhetorische Figuren nicht umfassend, sondern nur sehr selektiv und für einzelne Debatten untersucht. Sprachwissenschaftlich angelegte Studien zeigen, dass die Untersuchung rhetorischer Stilmittel sehr differenziert ausfallen kann (vgl. z. B. Alavi-Nia und Jalilifar 2013; Jalilifar und Alavi-Nia 2012). Sozialwissenschaftliche Untersuchungen bedienen sind üblicherweise eines wesentlich gröberen Rasters. So schlägt Maurer (2007) vor, Debattenrhetorik danach zu unterscheiden, ob sie eher einen rationalen, an Fakten orientierten Argumentationsstil unterstützt oder ob sie eher Argumente mit Emotionen verknüpft. In die erste Gruppe gehört die Präsentation von Statistiken, Zitaten oder historischen Belegen. In der zweiten Gruppe werden Bezüge zu emotional aufgeladenen Werten, Metaphern oder humorvolle Äußerungen zusammengefasst.

Die vorliegenden Studien zeigen zunächst einmal, dass die genannten rhetorischen Stilmittel häufig verwendet werden. Beispielsweise setzte Schröder bei der Debatte des Jahres 2005 in 38 % seiner Redezeit solche Elemente ein; Merkel kam auf 28 % (Maurer 2007, S. 47). Eine Studie zum TV-Duell 2013 zeigt, dass Merkel rhetorische Figuren sparsamer einsetzt als ihr politischer Gegner (Cordes et al. 2015). Andere Untersuchungen zeigen ebenfalls mehrheitlich, dass rhetorische Stilmittel für die Argumentation der Kandidaten grundsätzlich von Bedeutung sind (Alavi-Nia und Jalilifar 2013; Bryski 1978; Galli de' Paratesi und Giuliano 2009; Gordon und Miller 2004; Hellweg et al. 1992, S. 50–53; Hodgkinson und Leland 1999; Jackson-Beeck und Meadow 1979b; Jalilifar und Alavi-Nia 2012; Johnson 2005; Khang 2008; Levasseur und Dean 1996; Maricchiolo et al. 2013; Rhea 2012; Stewart 2012, 2015; eine Ausnahme mit gegenteiligen Befunden ist Cienki 2004). Allerdings hängt der Einsatz rhetorischer Stilmittel auch von Kandidatenmerkmalen ab. So zeigt Stewart (2012, 2015), dass Humor in US-Vorwahldebatten, die als *townhall meetings* durchgeführt werden, typischerweise von Kandidaten eingesetzt wird, die im Kampf um Delegiertenstimmen im Hintertreffen sind. Sie versuchen mittels humorvoller Äußerungen für alle sichtbare positive Reaktionen des Debattenpublikums zu bewirken.

Nur wenige Analysen sind so angelegt, dass sie die Bedeutung der beiden rhetorischen Kategorien – Ratio vs. Emotion – miteinander vergleichen. Eine Ausnahme sind die Untersuchungen von Maurer (2007) und Nagel (2012, S. 136), die zeigen, dass Elemente, die eine rationale Argumentation unterstützen, seltener eingesetzt werden als Figuren, die darauf ausgelegt sind, positive oder negative Gefühle zu stimulieren. Während in der ersten Kategorie Zahlenbelege dominieren, überwiegen in der letzten Kategorie Appelle, in denen negative Emotionen verwendet werden. Die Untersuchung von Khang (2008) kommt hingegen zu dem Ergebnis, dass emotionale Appelle sowohl in den USA als auch in Südkorea erheblich seltener verwendet werden als rationale Argumente.

Ebenfalls als rhetorisches Element wird der Einsatz sogenannter Gemeinplätze aufgefasst. Gemeinplätze sind Aussagen, „denen im Grunde niemand widersprechen kann, weil sie quasi selbstverständlich sind" (Maurer 2007, S. 47). Aussagen wie „Ich will, dass dieses Land noch attraktiver wird" (Harald Ringstorff, TV-Duell 2002 in Mecklenburg-Vorpommern) oder „Ich bin für Verlässlichkeit in der Außenpolitik" (Peer Steinbrück, zweites TV-Duell 2005 in Nordrhein-Westfalen) würde wohl kaum jemand ernsthaft etwas entgegensetzen. Gemeinplätze wurden von Schröder 2005 in 8 % seiner Redezeit eingesetzt. Merkel verwendete sie mehr als doppelt so häufig (19 %; Maurer 2007; Nagel 2012, S. 136). Gemeinplätze werden oft auch mit anderen rhetorischen Strategien verbunden. So etwa benutzte Merkel Gemeinplätze verstärkt in Kombination mit positiv aufgeladenen emotionalen Appellen (Maurer 2007).

Schließlich gibt es vereinzelte linguistische Studien, die sich mit der Verwendung bestimmter Adjektive, Pronomen, Modalverben usw. beschäftigen. Solche Untersuchungen informieren z. B. über die Kohärenz von Argumentationslinien, die sprachliche In- oder Exklusion bestimmter sozialer Gruppen, geben Hinweise, für wie dringlich die Kandidaten bestimmte politische Maßnahmen erachten, oder identifizieren, wie präsent geschlechterspezifische Kommunikationsstile in TV-Duellen sind (vgl. z. B. Doerfel und Connaughton 2009; Galli de' Paratesi und Giuliano 2009; Hinton und Budzyńska-Daca 2019; Jones 2016; Kropf und Grassett 2016; Schubert 2019).

Nonverbale Kommunikation
Kandidaten reden nicht nur in Fernsehdebatten, sie drücken sich auch mittels ihrer Mimik, ihren Gesten und ihrer Körperhaltung nonverbal aus. Inhaltsanalysen zeigen, dass Elemente nonverbaler Kommunikation sogar erheblich häufiger zum Einsatz kommen als rhetorische Finessen (Maricchiolo et al. 2013). Kandidaten unterstützen auf diesem Weg beispielsweise ihre Argumente, versuchen, durch den Blick in die Kamera Kontakt zum Zuschauer herzustellen, oder nutzen, wenn sie bei Rederecht des Gegners auch im Bild sind (was z. B. bei der Schröder-Merkel-Debatte 2005 in 14 % der Sendezeit der Fall war; vgl. Nagel 2012, S. 139; für die USA vgl. z. B. Tiemens 1978), die Gelegenheit, um

die Ausführungen des politischen Gegners nonverbal – also mit Gesten oder Mimik – zu kommentieren (Morello 1992). Martel (1983, S. 77) spricht in diesem Zusammenhang von *physical tactics*. Insgesamt ist das Repertoire der nonverbalen Kommunikationsmöglichkeiten, das den Kandidaten in Fernsehdebatten zur Verfügung steht, enorm (vgl. hierzu z. B. Ekman und Friesen 1969). Da nonverbale Kommunikation nicht immer zu kontrollieren ist, gehen Jamieson und Birdsell (1988, S. 144) davon aus, dass insbesondere die nonverbalen Signale, die Kandidaten in TV-Duellen senden, für die Wähler wertvolle, da „wahre" Hinweise auf deren Persönlichkeit liefern.

Die systematische Erfassung nonverbaler Kommunikation ist allerdings überaus komplex (vgl. z. B. Frey 1999). Quantitative Ergebnisse zum Einsatz nonverbaler Kommunikation in solchen Formaten sind deshalb sehr selten. Untersuchungen, die sich mit der Mimik, der Gestik, dem Blickverhalten und der nonverbalen Kommentierung in TV-Duellen beschäftigen, kommen zu folgenden Ergebnissen:

- *Mimik:* Obwohl nicht ganz einfach versuchen Kandidaten gleichwohl, ihre Mimik zu kontrollieren (Khang 2008; Nagel 2012). So etwa lächeln Kandidaten nur selten – bei der Schröder-Merkel-Debatte 2005 nur zwischen 5 und 8 % der Redezeit. Dabei handelt es sich in aller Regel um ein nur angedeutetes Lächeln (Nagel 2012, S. 138–139). Dass dies so ist, dürfte mit zwei Faktoren zu tun haben: Erstens wollen Kandidaten dem politischen Gegner ihren emotionalen Zustand verschleiern, den Menschen wiederum häufig am Gesichtsausdruck ablesen. Allerdings setzen Kandidaten ihre Mimik auch instrumentell ein – vermutlich um eine Korrektur ihres Images vorzunehmen. Ein solches Verhalten konnte besonders bei der ersten Schröder-Stoiber-Debatte des Jahres 2002 beobachtet werden, bei der Herausforderer Stoiber permanent lächelte. In der zweiten Debatte war dies nicht mehr der Fall (Faas und Maier 2004c). Zweitens erwarten die Wähler, dass sich Politiker, die sich um das Amt des Regierungschefs bewerben, rollenkonform verhalten. Dies schließt heftige emotionale Regungen eigentlich aus. Deshalb gilt: „candidates [...] preferring [...] to appear presidential" (Shaw 1999, S. 395). Nichtsdestotrotz zeigen Shah et al. (2016), dass – sowohl verbal als auch nonverbal geäußerte – Emotionen in US-Präsidentschaftsdebatten häufig zu beobachten sind.
- *Gestik:* Heftige Körperbewegungen der Kandidaten sind selten (Khang 2008; Nagel 2012). Dies liegt daran, dass häufig Kameraeinstellungen verwendet werden, in der nur der Kandidat zu sehen ist, der spricht. Dieser wird in der Regel in der Nahaufnahme – also Kopf einschließlich Brust – gezeigt. Bei der Kanzlerdebatte des Jahres 2005 konnten bei solchen Einstellungen nur in

4.1 Kandidaten

30 (Schröder) bzw. 45 % (Merkel) der Redezeit Gesten identifiziert werden (Nagel 2012, S. 138). Die für die USA berichteten Werte liegen hingegen noch deutlich unter den deutschen Werten (Shah et al. 2016). Wurde ein größerer Kameraausschnitt gewählt – etwa wenn beide Kandidaten im Bild zu sehen waren – lag der Anteil der erkennbaren Gesten im TV-Duell 2005 bei 65 bzw. 76 %. Die Kandidaten zeigten dabei überwiegend offene, d. h. die Rede begleitende und Offenheit signalisierende Gesten (Nagel 2012, S. 138). Dies deckt sich mit einer Analyse einer italienischen TV-Debatte, in der vor allem Gesten identifiziert wurden, die den Inhalt oder die Struktur der Rede unterstützten (Maricchiolo et al. 2013). Zahlreiche Gesten sind aber auch Automatismen und dienen dazu, den Gesprächspartner zu fokussieren – bevorzugt dann, wenn der Kandidat Rederecht hat, aber auch dann, wenn der Kandidat in der Rolle des Zuhörers ist (Navarretta und Paggio 2013).

- *Blickverhalten:* Die Untersuchung von Nagel (2012, S. 138) zeigt, dass sowohl Schröder als auch Merkel bei der TV-Debatte 2005 nur selten Blickkontakt mit den Zuschauern herstellten (in 4 bzw. 8 % ihrer Redezeit). Stattdessen sahen sie häufig knapp an der Kamera vorbei. Dies wird damit erklärt, dass sie bei der Beantwortung der Fragen die Moderatoren ansehen (Maurer 2007, S. 49), was gängiger Medienpraxis entspricht. Andere Ergebnisse liegen hingegen aus den USA und Südkorea vor. Die Kandidaten nehmen hier erheblich häufiger – bis zu etwa drei Viertel aller Fälle – Blickkontakt mit den Moderatoren oder dem Publikum auf (Khang 2008; vgl. auch Davis 1978; Tiemens 1978). Bei den ersten US-Präsidentschaftsdebatten haben die Wahlkampfteams sogar dafür Sorge getragen, dass die Kameras so positioniert waren, dass möglichst häufig der Eindruck eines Blickkontakts erzeugt wurde (Tiemens 1978). Gerade bei Schlussstatements findet sich dieser Versuch regelmäßig (Davis 1978). Der Gegner wird hingegen nur in Ausnahmefällen angesehen (Messaris et al. 1979). Nagel (2012, S. 138) berichtet für Deutschland, dass Kandidaten den politischen Gegner in 8 bis 10 % ihrer Redezeit fixieren. Geschieht dies, kann das als Versuch gedeutet werden, dominant zu wirken (Nagel 2012, S. 35) oder die Konfrontation zu suchen (Messaris et al. 1979). Einige wenige Studien untersuchen die Häufigkeit, mit der die Kandidaten blinzeln (Exline 1985; Patterson et al. 1992; Shah et al. 2016; Stewart und Mosely 2010). Blinzeln gilt als kaum kontrollierbarer Indikator für die Hirnaktivität (also: Stress) und die emotionale Befindlichkeit (vor allem mit Blick auf Angst und Ärger) einer Person, der von Dritten gut erkannt und eindeutig interpretiert werden kann. Während Menschen durchschnittlich zwölf- bis 18-mal pro Minute ihr Augenlid schließen, fällt dieser Wert bei Kandidaten, die an einem TV-Duell teilnehmen, bis zu viermal höher aus. Die Häufigkeit des Blinzelns hängt systematisch damit zusammen, ob ein Kandidat zuhört, auf die Frage eines Moderators antwortet oder auf die Ausführungen des politischen Gegners reagiert (Stewart und Mosely 2010).

- *Nonverbale Kommentierung:* Die Studie von Nagel (2012, S. 140; vgl. auch Maurer 2007, S. 50) zeigt, dass in der Schröder-Merkel-Debatte 2005 in 40 % der Situationen, in denen Redner und Zuhörer im Bild waren, eine nonverbale Kommentierung stattgefunden hat. Wenn die Ausführungen des Gegners durch Mimik und Gesten begleitet wurden, fielen diese vorwiegend negativ aus; Zustimmung wurde nur in 3 (Schröder) bzw. 7 % aller Fälle (Merkel) bekundet. Schröder agierte vorwiegend mit Signalen, die Nagel (2012, S. 325–326) als überheblich wirkend bezeichnet (z. B. das Hochziehen der Augenbrauen), seltener mit klar erkennbarer Missbilligung (z. B. Kopfschütteln; 26 vs. 18 %). Bei Merkel kamen missbilligende Reaktionen etwas häufiger vor als überheblich wirkende Mimik oder Gestik (18 vs. 15 %).

4.2 Moderatoren

Moderatoren in TV-Duellen sind typischerweise Top-Journalisten, die als Repräsentanten des oder der übertragenden Fernsehsender in der Regel deren politische Kompetenz betonen, zumindest aber – wie im Falle Stefan Raabs – das Senderimage bedienen sollen. Das Publikum richtet das Augenmerk deshalb vor allem auf die Stringenz, den Inhalt und den kritischen Gehalt ihrer Fragen, ihre professionelle Distanz zu den Kandidaten, und ihre Sachlichkeit. Bedeutsam sind aber auch ihr Moderationsstil, ihr Auftreten oder ihre Fairness (Dehm 2002, 2005, 2009).

Mit ihren Wortbeiträgen nehmen die Moderatoren viel Raum in einer Debatte ein. In den Niederlanden entfällt bis zu einem Drittel der Redezeit auf die Moderatoren (Walter und van Praag 2014). Für Deutschland beziffert Maurer (2007) den Gesprächsanteil der Moderatoren in der TV-Debatte 2005 auf rund 17 % der Gesamtsendezeit. Die Auswertung unserer Inhaltsanalysedaten aller 55 zwischen 1997 und 2017 ausgestrahlten Fernsehdebatten zeigt, dass im Mittel 27,6 % aller in TV-Duellen getroffenen Aussagen von den Moderatoren stammen.[2] Der Minimalwert beträgt 18,1 % (Hessen 2008). Der höchste bislang gemessene Wert stammt aus der TV-Debatte 2009 in Thüringen: Die Moderatoren

---

[2]Weiterhin entfallen 4,0 % aller Aussagen auf Sprecher aus dem off bzw. Einspieler.

4.2 Moderatoren

haben hier rund 40 % aller Aussagen formuliert. Neben dem verbalen Beitrag von Moderatoren weisen einzelne Studien auch auf die Bedeutung ihrer visuellen Präsenz hin. Je größer der Anteil der Moderatoren ist, desto bedeutsamer erscheint ihre Rolle – was implizit wiederum eine weniger bedeutsame Rolle der Kandidaten suggeriert (Morello 1988).

Aus einer niederländischen Studie ergeben sich Anhaltspunkte, dass sich das Selbstverständnis der an einer Debatte teilnehmenden Journalisten in den letzten Jahrzehnten geändert hat (Walter und van Praag 2014). Erheblich häufiger als in der Vergangenheit ist zu beobachten, dass die Moderatoren die Kandidaten unterbrechen und damit den Charakter eines Duells beeinflussen. Verstärkt wird die dominierende Rolle der Moderatoren durch den steigenden Anteil mediendramaturgischer Unterbrechungen – etwa thematische Einspieler. Parallel dazu ist der Anteil der kritischen Fragen und der Kommentare zu den Ausführungen der Kandidaten hoch. Dies gilt vor allem für die öffentlich-rechtlichen Fernsehsender.

Einige Studien haben nachgewiesen, dass sich die Themenschwerpunkte von Kandidaten und Moderatoren unterscheiden (vgl. z. B. Benoit und Hansen 2001; Jackson-Beeck und Meadow 1979a; Jansen 2018; Maier und Maier 2013; Maurer 2007). Es wurde gezeigt, dass sich Moderatoren mehr für die Persönlichkeit und das Privatleben der Kandidaten interessieren als für Sachthemen. Mit Blick auf die Sachthemen richten sie ihren Fokus besonders stark auf politische Prozesse – also beispielsweise den Verlauf des Wahlkampfs, Wahlkampfstrategien, Wahlchancen, aber auch Koalitionsoptionen oder die personelle Zusammensetzung einer möglichen Regierung. Dies geht zulasten möglicher Fragen, die sich um politische Inhalte aber auch institutionell-strukturelle Aspekte drehen. Die Moderatoren haben damit einen großen Anteil daran, dass sich die Themenagenda von Wählern und die Debattenagenda unterscheiden (Jansen 2018; Maier und Maier 2013).

Dass Kandidaten und Moderatoren in TV-Duellen unterschiedliche Agenden haben, zeigt auch die Auswertung aller in Deutschland ausgestrahlten Fernsehdebatten (Tab. 4.4). Kandidaten formulieren deutlich häufiger themenbezogene Aussagen und etwas häufiger personenbezogene Aussagen als Moderatoren. Allerdings formulieren Moderatoren auch zahlreiche Äußerungen (etwa ein Drittel aller Aussagen), die keiner der beiden Kategorien eindeutig zugeordnet werden können. Dies liegt daran, dass die Moderatoren viele Aussagen treffen, die das Duell strukturieren (z. B. Aufforderung an die Kandidaten, eine Frage zu beantworten, Erklären von Regeln, Präsentation von Zeitkonten). Mit Blick auf die thematischen Aussagen der Moderatoren ist zu erkennen, dass diese häufiger als die Kandidaten Fragen des politischen Prozesses und dafür seltener politikfeldbezogene Fragen oder Fragen zu politischen Strukturen in den Mittelpunkt

Tab. 4.4 Themen- vs. personenbezogene Kandidaten- und Moderatorenaussagen in deutschen TV-Duellen, 1997–2017 (in Prozent)

	Gesamt	Kandidaten	Moderatoren
Themenbezogene Aussagen	70	78	50
Policy	71	73	65
Polity	9	10	6
Politics	20	18	29
Personenbezogene Aussagen	18	19	17
Sachkompetenz	14	17	7
Führungsqualität	16	18	12
Integrität	15	16	10
Persönliches	9	8	11
Anderer/unklarer Bezug	45	40	60
Sonstige Aussagen	12	3	33
N	25.271	18.018	7253

Quelle: Projekt „Kandidatenstrategien in Fernsehdebatten" der Universität Koblenz-Landau. Ausgewiesen ist der Anteil der funktionalen themen-, personenbezogenen bzw. sonstigen Kandidaten- bzw. Moderatorenaussagen. Mehrfachnennungen sind ausgeschlossen.

ihrer Ausführungen rücken. Hinsichtlich der personenbezogenen Aussagen nehmen die Moderatoren etwas häufiger Bezug auf die Persönlichkeit der Kandidaten. Sachkompetenz, Führungsstärke und Integrität werden hingegen seltener als von den Kandidaten thematisiert.

> **Zusammenfassung**
> Die bisherige Forschung zeigt, dass Zuschauer von TV-Debatten umfassend über die relevanten Themen im Wahlkampf informiert werden. Dabei geht es insbesondere um *policy* – also die Ausleuchtung von spezifischen Politikfeldern. Innerhalb des gesteckten thematischen Rahmens gibt es zwischen den Kandidaten aber erhebliche Unterschiede, wie sie die Wähler von ihren Positionen überzeugen wollen. Die in diesem Zusammenhang eingesetzten Debattenstrategien werden aber nicht zufällig oder spontan gewählt, sondern hängen systematisch mit Kandidateneigenschaften und Kontextfaktoren zusammen. Die Zuschauer erfahren in

4.2 Moderatoren

TV-Duellen aber auch einiges über den Charakter der Spitzenkandidaten. Zum einen verwenden Kandidaten 20 bis 30 % aller Aussagen darauf, über die eigene Person oder die des Gegners zu sprechen. Zum anderen können Zuschauer durch die – häufig nur schwer kontrollierbare – nonverbale Kommunikation der Kandidaten Einblicke in deren Persönlichkeit erhalten. Aber auch die Moderatoren reklamieren einen erheblichen Teil der Redezeit für sich. Dabei setzen sie einen anderen Schwerpunkt als die Kandidaten: Sie interessieren sich deutlich stärker für *politics* – also für den Wahlkampf und mögliche politische Konstellationen, die sich aus der anstehenden Wahl ergeben. Moderatoren spielen deshalb für die Wahrnehmung der Debatte als Ganzes eine wichtige Rolle. Wer aber verfolgt eigentlich die Aussagen und das Auftreten der Kandidaten (und der Moderatoren)? Wer also ist eigentlich das Publikum, das die Kandidaten überzeugen wollen, und mit welchen Erwartungen schalten sie den Fernseher ein? Diesen Fragen wollen wir im nächsten Kapitel nachgehen.

Nutzung von TV-Duellen: Umfang, Rezipientenmerkmale und -motive

5

Im Vergleich zu anderen Wahlkampfinstrumenten und Politiksendungen vor Bundestags-, aber auch vor Landtagswahlen erreichen Fernsehdebatten extrem viele Menschen. So haben zwischen 14,2 Mio. (2009) und fast 21 Mio. Zuschauer (2005) die bislang auf Bundesebene ausgestrahlten TV-Duelle gesehen. Bei der jüngsten Auflage 2017 waren 16,3 Mio. live dabei. Dabei wurden Marktanteile zwischen 42,5 (2009) und 59,8 % (2005) erzielt (vgl. Dehm 2002, 2005; Geese et al. 2009; Gscheidle et al. 2017; Gscheidle und Gerhard 2013). Angesichts eines Elektorats von rund 62 Mio. Wahlberechtigten sind diese Werte überaus beachtlich. Keine der anderen von den Fernsehsendern im Wahlkampf angebotenen Politiksendungen übt auch nur eine annähernd starke Anziehungskraft auf die Wähler aus wie TV-Duelle (Gscheidle et al. 2017; Gscheidle und Gerhard 2013). Und selbst im Unterhaltungsbereich muss man lange suchen, um Sendungen zu finden, die eine mit den Fernsehdebatten der Kanzlerkandidaten vergleichbare Magnetwirkung haben. Und auch wenn man den Blick auf die TV-Duelle richtet, die auf Landesebene ausgetragen werden, ist zu erkennen, dass diese ein wichtiges Wahlkampfformat sind, das zahlreiche Wähler erreicht (vgl. Anhang B).

Diese Befunde decken sich mit den Erkenntnissen über die Resonanz von Fernsehdebatten im Ausland. So sitzen in den USA regelmäßig zwischen 50 und 80 Mio. Zuschauer vor den Fernsehschirmen, wenn die beiden Präsidentschaftskandidaten aufeinandertreffen – bei der ersten Clinton-Trump-Debatte im Wahlkampf 2016 waren es sogar 84 Mio., das größte Debattenpublikum in den USA aller Zeiten (McKinney und Spialek 2017). Und selbst bei den Duellen der Vizepräsidentschaftskandidaten ist der Zuschauerzuspruch kaum geringer (Benoit 2014, S. 111–112). Insbesondere dann, wenn der Wahlausgang – wie bei der US-Präsidentschaftswahl 2016 – knapp oder nicht abzusehen ist, locken TV-Duelle besonders viele Zuschauer vor den Bildschirm (Posselt und Rieglhofer 2000, S. 208).

Zu bedenken ist bei diesen Zahlen allerdings, dass nicht alle Zuschauer einer Fernsehdebatte diese auch in Gänze und bis zum Ende anschauen. Bis zu zwei Drittel der Zuschauer in den USA (Annenberg Working Group on Presidential Campaign Debate Reform 2015; Holz et al. 2016; Kenski und Stroud 2005) und rund ein Drittel der Rezipienten in Deutschland (Faas und Maier 2004b; Maier und Faas 2005) geben an, sich ein TV-Duell nur in Teilen angeschaut zu haben. Dabei scheint es weniger so zu sein, dass Personen, die sich entschieden haben, eine Debatte zu sehen, sich von dieser nach einer Weile abwenden. Vielmehr beschließen offenbar diejenigen, die ein anderes Programm als das TV-Duell ansehen, in den Werbepausen umzuschalten (Maurer und Reinemann 2003, S. 50). Da Duelle vor Bundestagswahlen auf vielen Kanälen laufen, ist die Wahrscheinlichkeit hoch, bei den Duellen zu landen (und ggf. auch zu bleiben).

Im Vergleich zu anderen Werbeinstrumenten schneiden Fernsehduelle ebenfalls außergewöhnlich gut ab. Obwohl die Straßen vor Wahlen mit Wahlplakaten schier gepflastert sind, gaben bei einer Umfrage zur Bundestagswahl 2013 nur rund 50 % an, Wahlplakate wahrgenommen zu haben. Nur knapp dahinter rangiert die Reichweite von Wahlwerbesendungen (ca. 45 %), gefolgt von Informationsmaterial, das Parteien versenden und verteilen (ca. 38 %), sowie Anzeigen von Parteien in Zeitungen und Zeitschriften (ca. 32 %). Eine erheblich geringere Reichweite haben Parteikundgebungen, Wahlkampfstände oder Hausbesuche der Kandidaten (jeweils ca. 4 bis 8 %, vgl. Schulz 2015, S. 46) – wenngleich Parteien gerade bei der jüngsten Bundestagswahl 2017 die persönliche Ansprache der Wähler an deren Haustüren wieder stärker genutzt haben als früher. Auch wenn in dieser Aufstellung Fernsehdebatten fehlen, ist aus einer Untersuchung zur Bundestagswahl 2002 bekannt, dass damals etwas mehr als die Hälfte der Befragten angaben, die Duelle zwischen Schröder und Stoiber ganz oder teilweise gesehen zu haben (Maier und Faas 2005). Obwohl solche Selbstauskünfte gerade auch mit Blick auf Fernsehdebatten mit Vorsicht zu genießen sind (Prior 2012) und Rezipienten vielfach nur Teile eines Duells verfolgen (Abramowitz 1978; Faas und Maier 2004b; Jamieson 2015; Kenski und Stroud 2005; Maier und Faas 2005), zeigen solche Vergleiche doch, dass TV-Duelle für Wähler eine der wichtigsten Informationsquellen sind (ähnliche Ergebnisse zeigen sich z. B. auch für Österreich; vgl. Plasser und Lengauer 2010, S. 208). Auch die oben berichteten Marktanteile zeugen davon.

Dies gilt erst recht vor dem Hintergrund, dass sich die Reichweite klassischer Wahlkampfinstrumente abzuschwächen scheint. So berichtet Holtz-Bacha (2000, S. 81–82), dass Wahlwerbesendungen in den 1980er Jahren bis zu 13 Mio.

Zuschauer erreichten. 1987 wurde ein Spitzenwert von 17,4 Mio. Zuschauern gemessen, 1990 lag dieser Wert bei 10,5 Mio. Zuschauern, 1994 bei 6,3 Mio. Zuschauern und 1998 nur noch bei 4 Mio. Zuschauern. Bei der Bundestagswahl 2009 betrug die maximale Reichweite 6,6 Mio. (Holtz-Bacha 2010, S. 185), 2013 über 4 Mio. Zuschauer (Holtz-Bacha und Lessinger 2015, S. 73). Solche herausragenden Reichweiten kommen aber nur dann zustande, wenn der Spot an einem attraktiven Sendeplatz – beispielsweise unmittelbar vor einer Hauptnachrichtensendung oder vor einer populären Unterhaltungssendung – ausgestrahlt wird. Da solche Sendeplätze rar gesät sind, haben die meisten Werbespots eine deutlich geringere Reichweite als die hier angeführten Maximalwerte (Holtz-Bacha 2000, S. 81, 2010, S. 185).

Nutzerstruktur
Mit Blick auf das Publikum ist aber keineswegs nur die globale Frage von Interesse, wie viele Menschen erreicht werden, sondern auch die Frage, welche Bevölkerungsgruppen besser erreicht werden als andere. Allerdings sind Studien zu dieser Frage selten. Die wenigen zur Nutzerstruktur vorliegenden Studien verdeutlichen, dass die Rezeption von TV-Duellen erstens deutlich mit sozio-demografischen Variablen zusammenhängt (vgl. Annenberg Working Group on Presidential Campaign Debate Reform 2015; Bachl 2016; Barrow 1961; Bishop et al. 1978; Cho und Choy 2011; Faas und Maier 2004b; Katz und Feldman 1962; Kenski und Jamieson 2011; Kenski und Stroud 2005; Lawes und Hawkins 2011; Maier und Faas 2011a; McLeod et al. 1979b; Prior 2012; Sears und Chaffee 1979). Relativ konsistent zeigt sich, dass die Rezeptionswahrscheinlichkeit mit dem Alter, dem Einkommen und dem Bildungsgrad ansteigt. Demgegenüber finden sich keine systematischen Zusammenhänge etwa mit dem Geschlecht. Vereinzelt finden sich Hinweise, dass spezifische Sozialstrukturmerkmale der Kandidaten (Geschlecht, Hautfarbe) Wähler mit ähnlichen Eigenschaften dazu bewegen, ein TV-Duell zu verfolgen. Dies gilt beispielsweise für die US-Präsidentschaftsdebatten 2008 zwischen Barack Obama und John McCain, die häufiger als sonst von Afro-Amerikanern verfolgt wurden (Kenski und Jamieson 2011).

Zweitens spielen motivationale Faktoren eine wichtige Rolle bei der Entscheidung, eine TV-Debatte zu verfolgen (vgl. Bachl 2016; Bishop et al. 1978; Faas 2006; Faas und Maier 2004b; Graber und Kim 1978; Katz und Feldman 1962; Kenski und Jamieson 2011; Kenski und Stroud 2005; Klein 2005b; LeDuc 1990; Maier und Faas 2005, 2011a; McLeod et al. 1979a; Sears und Chaffee 1979; für gegenteilige Ergebnisse vgl. Barrow 1961). Multivariate Analysen zeigen, dass die Bedeutung dieser Faktoren die Wichtigkeit aller anderen Einflussgrößen klar übersteigt (Holz et al. 2016). Der wichtigste Faktor ist dabei das allgemeine Politikinteresse bzw. das Interesse am Wahlkampf. Wer bereits entschieden hat, an der Wahl teilzunehmen, rezipiert ein TV-Duell mit größerer Wahrscheinlichkeit als Nicht- oder noch unentschiedene Wähler – in dieser Gruppe kann es folglich nicht um eine instrumentelle Hilfestellung für die Wahlentscheidung gehen, sondern um genuines Interesse an Politik. Ebenfalls positive Zusammenhänge bestehen zwischen Debattenrezeption und anderen Partizipationsindikatoren. Weiterhin spielt die Parteibindung eine bedeutsame Rolle. Insbesondere die Anhänger der an einem Duell beteiligten Kandidaten haben eine erhöhte Bereitschaft, sich die Debatte anzusehen. Weiterhin fällt die Debattenrezeption höher aus bei Wählern, die eine positive Einstellung zu den in einem Duell gegeneinander antretenden Kandidaten haben (Bachl 2016). Aber auch unabhängig von der Richtung der eigenen Parteiidentifikation steigt die Wahrscheinlichkeit einer Debattenrezeption mit der Stärke einer Parteibindung. Schließlich korrespondiert die Debattenrezeption auch mit dem Medienkonsum – es ist und bleibt ja auch ein Medienformat.

Die in Tab. 5.1 zusammengestellte Nutzerstruktur schreibt diese Zusammenhänge für Deutschland bis ins Jahr 2017 fort. Es zeigt sich, dass es zwischen Ost- und Westdeutschland praktisch keine systematischen Unterschiede gibt, über die Jahre hinweg schauen mal mehr Ost-, mal mehr Westdeutsche zu; 2017 gibt es keinen Unterschied. Männer sehen die Kanzlerduelle etwas häufiger an als Frauen. Recht stark und stabil ist der Zusammenhang mit dem Alter, hier zeigt sich: Die Debattenrezeption erhöht sich mit dem Alter, wobei die Unterschiede zwischen der jüngsten und ältesten Gruppe teilweise über 30 Prozentpunkte betragen. Auch mit Blick auf die Bildung gilt: Je höher die formale Bildung, desto höher auch die Wahrscheinlichkeit, beim Duell dabei zu sein – allerdings fallen die Unterschiede deutlich geringer aus als beim Alter.

Die deutlichsten Zusammenhänge zeigen sich mit dem politischen Interesse. Je höher das Interesse, desto eher wird die Debatte rezipiert, wobei die Lücke zwischen den Extremgruppen keineswegs konstant groß ist. 2009 schalteten nur 14 % der Uninteressierten ein – damals hatte gerade Pro7 mit dem Simpsons-Film auch ein attraktives Gegenangebot zum TV-Duell. Positiv auf die Wahrscheinlichkeit, mit einem TV-Duell direkt in Kontakt zu kommen, wirkt sich auch die Parteiidentifikation aus. Insbesondere die Bindung an eine der beiden Volksparteien (und damit eine Partei, die im Duell auch mit eigenem Kandidaten vertreten ist) bewirkt, dass Debatten angesehen werden. Je stärker eine solche Identifikation – ganz gleich für welche Partei sie besteht – ausfällt, desto eher finden sich Wähler am Abend eines TV-Duells vor dem Fernseher ein.

Es gibt also sehr wohl Zusammenhänge zwischen Merkmalen von Bürgern und der Wahrscheinlichkeit, ein TV-Duell zu schauen. Und dennoch bleibt es

Tab. 5.1 Nutzerstruktur bei den TV-Duellen der Bundestagswahlen 2002–2017

	2002–17	2002	2005	2009	2013	2017
Gesamt	58	53	71	53	59	55
Region						
Ost	59	54	75	50	63[b]	55
West	58	53	70	54	57	56
Geschlecht						
Männlich	60	56[c]	73	54	59	57
Weiblich	57	49	70	52	58	54
Alter						
18–29	47	46[c]	67[c]	32[c]	50[c]	38[c]
30–44	53	48	66	51	50	48
45–59	58	57	71	52	53	55
60+	69	58	79	68	73	68
Bildung						
Niedrig	56	51[a]	70	53[a]	55	53[b]
Mittel	57	52	71	50	58	54
Hoch	62	57	73	56	63	59
Politisches Interesse						
Überhaupt nicht	27	29[c]	44[c]	14[c]	20[c]	30[c]
Weniger stark	40	33	56	43	28	39
Mittelmäßig	58	55	70	61	58	48
Stark	69	63	77	73	68	63
Sehr stark	76	71	84	76	77	72
Parteiidentifikation						
CDU/CSU, SPD	66	60[c]	76[c]	69[c]	64[c]	61[c]
Andere Partei	56	51	66	56	55	50
Keine Parteiidentifikation	48	43	64	35	49	49
Stärke Parteiidentifikation						
Keine Parteiidentifikation	48	43[c]	64	35[c]	49[c]	49[c]
(Sehr) Schwach	53	44	69	39	48	63
Mittelmäßig	60	56	71	62	55	54
Stark	66	62	76	69	66	58

(Fortsetzung)

Tab. 5.1 (Fortsetzung)

	2002–17	2002	2005	2009	2013	2017
Sehr stark	73	68	79	80	68	68
N		2704	1364	2083	2231	2744

Quelle: Maier und Faas (2011a, S. 79), *Rolling-Cross-Section*-Wahlkampfstudie 2013 (ZA5703) und 2017 (ZA6803), jeweils nur Befragte, die nach dem Duell interviewt wurden, eigene Berechnungen. Ausgewiesen ist der Anteil derjenigen, die das jeweilige TV-Duell gesehen haben. Signifikanzniveaus: ^{a}p < 0,05, ^{b}p < 0,01, ^{c}p < 0,001. Die Gesamtspalte wurde als einfaches Mittel über die fünf Jahre hinweg berechnet.

bemerkenswert, dass Fernsehdebatten im Vergleich zu anderen Wahlkampfinstrumenten überdurchschnittlich viele Personen anziehen, die politikfernen Wählersegmenten zuzurechnen sind. Die schiere Reichweite der Duelle, aber auch ihr Format tragen dazu bei. Dies zeigt auch Tab. 5.1: Die Kanzlerduelle erreichen im Mittel mehr als ein Viertel derjenigen, die sich überhaupt nicht für Politik interessieren. Ähnliche Werte berichten auch andere Studien. Katz und Feldman (1962) taxieren die Reichweite der Kennedy-Nixon-Debatten unter den politikfernen Wählern auf etwa 50 %. In Deutschland liegt der Anteil zwischen 20 und 40 % (Faas 2006; Faas und Maier 2004b; Maier und Faas 2005). Da solche Wähler mit klassischen Mitteln der Wahlkampfkommunikation nur schwer zu erreichen sind, erweisen sich TV-Duelle für Parteien und Kandidaten nicht nur wegen ihrer hohen Reichweite, sondern auch aufgrund ihrer Nutzerstruktur als hoch interessant. Fernsehdebatten bieten Wahlkämpfern eine einzigartige Chance, schwer zugängliche Wählergruppen direkt anzusprechen. Bedenkt man, dass TV-Duelle für dieses Wählersegment durchaus der einzige Kontakt zum Wahlkampf sein können, eröffnet sich für die Kandidaten hier auch die Möglichkeit, nachhaltige Wirkungen zu erzeugen.

Rezeptionssituation

Die hohen Zuschauerzahlen haben auch damit zu tun, dass Debatten selten isoliert und allein verfolgt werden, sondern auch ein gemeinsames, mitunter gar geselliges Ereignis sind. Schon für die Kennedy-Nixon-Debatten wurde beobachtet, dass vier von fünf Rezipienten die Duelle nicht alleine gesehen haben, sondern – wie man heute sagen würde – „Co-Viewer" zugegen waren: „viewing of the debates was a group (or at least a household) affair" (Katz und Feldman 1962, S. 217). Dieser Befund kann auch mehr als 50 Jahre später für Deutschland bestätigt werden. Für die TV-Duelle 2005 bis 2013 gaben jeweils rund 55 % der Rezipienten an, die Debatte in Gesellschaft mit anderen gesehen zu haben (Leuchte 2017) – typischerweise mit einer ihnen nahestehenden Person, die in der Regel ähnliche politische Präferenzen aufwies wie sie selbst (Schulte et al. 2014). Knapp 40 % von ihnen gaben an, sich während der Debatte „(sehr) häufig" mit den anderen über das Auftreten und die Aussagen der Kandidaten unterhalten zu haben (Schulte et al. 2014).

Neben diesen realen interpersonalen Interaktionen während der Rezeption eines TV-Duells gewinnen zunehmend auch Kontakte in neuen sozialen Netzwerken – Facebook, Twitter – an Bedeutung. So sahen elf Prozent der Zuschauer die erste Debatte im US-Präsidentschaftswahlkampf 2012 im Fernsehen, während sie gleichzeitig am Computer, Tablet oder Handy Reaktionen auf das Duell verfolgten. Unter jüngeren Wähler war dieses Verhalten besonders ausgeprägt; fast ein Fünftel zählte hier zu den „dual screeners". Ein Drittel dieser Rezipienten speiste ihre eigenen Einschätzungen zur Debatte auf sozialen Netzwerken, Online-Blogs usw. ein (Pew Research Center 2012). Wir werden darauf im Kontext von Begleit- und Anschlusskommunikation in Kap. 8 nochmals eingehen.

Rezeptionsmotive
Obwohl Fernsehdebatten also mit Fug und Recht als „political ‚blockbusters'" (Maier und Faas 2011a, S. 78) bezeichnet werden können und den Vergleich mit anderen Wahlkampfformaten nicht scheuen müssen, gibt es bislang kaum Erkenntnisse über die Motive ihrer Nutzer. Explizite Verknüpfungen mit Mediennutzungstheorien – etwa dem *uses-and-gratifications*-Ansatz (vgl. z. B. Blumler und Katz 1974; Schweiger 2007) – sind selten (vgl. z. B. Lanoue und Schrott 1991). Eine amerikanische Untersuchung kommt zu dem Ergebnis, dass „according to the participants, debates should contain information – not entertainment" (Watts 2002, S. 44). Die Rezeption solcher Sendung erfolgt, weil davon ausgegangen wird, dass sie wahlrelevante Informationen enthalten, die nur schwer aus anderen Quellen zu beziehen sind (Holz et al. 2016; Watts 2002). Dies belegt auch eine Umfrage im Vorfeld der britischen Unterhauswahlen (BMG Research 2017b): 56 % der Befragten gaben an, Fernsehdebatten in diesem Zusammenhang für wichtig oder sehr wichtig zu erachten. Dies gilt in besonderem Maße für junge Wähler, von denen fast drei Viertel der Meinung sind, dass Debatten hier einen wichtigen Beitrag leisten. Rund zwei Drittel der Nutzer einer kroatischen TV-Debatte betonen ebenfalls, dass sie sich Informationen über Kandidaten und Programme erhoffen (Skoko 2005). Studien zur Merkel-Steinmeier-Debatte 2009 und zum Duell zwischen Merkel und Steinbrück 2013 zeigen, dass solche Sendungen vor allem wegen der Möglichkeit geschätzt wurden, die politischen

Ideen der Kandidaten miteinander vergleichen zu können und die Persönlichkeiten der Kandidaten kennenzulernen (Faas 2015; Faas und Maier 2011a; Range 2017). Dabei herrscht die Erwartung vor, dass diese Informationen in unterhaltsamer und spannender Form präsentiert werden. Dass die Fernsehdebatte dabei zu einer Show-Veranstaltung werden könnte, befürchtete etwa die Hälfte der Zuschauer. Eine Minderheit erwartete, dass das TV-Duell eine Hilfe bei der Wahlentscheidung bietet. Die Fernsehdebatte 2009 bediente auch eine soziale Funktion – man sah sie auch an, um „mitreden" zu können. Im Unterschied zu Befunden einer österreichischen Studie, nach der ein wesentliches Motiv für die Debattenrezeption die Sympathie gegenüber einem an einem TV-Duell beteiligten Kandidaten ist (Wagner 2016), spielten parasoziale Momente – die Freude, die beiden Kandidaten im Fernsehen zu sehen – in Deutschland keine Rolle. Gleiches gilt für mögliche erholsame Aspekte der Debattenrezeption. Einen Nutzen von der Debatte erwarteten vor allem politisch wenig Interessierte; ihnen kommt das zugespitzte Format dabei entgegen.

Fragt man Zuschauer nach der Rezeption einer TV-Debatte, wie sie diese wahrgenommen haben, bezeichnet die Mehrheit diese als „interessant", knapp die Hälfte findet, dass sie informativ gewesen sei und etwa 40 % kommen zu dem Ergebnis, die Debatten seien unterhaltsam gewesen (Dehm 2009). Letztgenannter Eindruck verstärkt sich mit dem Grad der in einer Debatte vorherrschenden Negativität (Mutz und Reeves 2005; Mutz 2015, S. 43). Nur etwa ein Fünftel alle Zuschauer bezeichnet TV-Duelle als langweilig (Dehm 2009). Im direkten Vergleich mit den direkt vor einer Debatte geäußerten Erwartungen zeigen Faas und Maier (2011a; vgl. auch Faas 2015), dass sich Erwartungen weitestgehend erfüllen. Insbesondere politisch weniger Interessierte geben an, dass Fernsehdebatten in der Tat hilfreich sind, um sich kompakt zu informieren und zu einer Wahlentscheidung zu kommen (z. B. Range 2017).

Die von Faas und Maier (2011a; vgl. auch Faas 2015) beobachteten Erwartungen und Wahrnehmungen gegenüber dem Duell 2009 bestätigen sich weitgehend, wenn man die Nutzungsmotive für die Debatten der Jahre 2005 bis 2017 miteinander vergleicht, aber auch in ihrer Gesamtheit betrachtet (vgl. Tab. 5.2). Relativ stabil wird die Einschätzung formuliert, dass die TV-Duelle über die Kandidaten – ihre Persönlichkeit, aber auch ihre inhaltlichen Positionen – informieren sollen; auch die Erwartung von Spannung und Unterhaltung gibt es durchaus, während Entspannung kaum mit dem Duell verbunden wird.

Bemerkenswert sind hier die Verschiebungen über die Wahlkämpfe hinweg. Sie belegen, dass die Rezipienten im Laufe der Zeit ein realistischeres Bild von diesem Format entwickelt haben und heute weniger Unterhaltung und Spannung erwarten als noch bei der Premiere 2002. Gleichzeitig hat sich aber auch

Tab. 5.2 Motive der Debattennutzung bei den TV-Duellen der Bundestagswahlen 2005–2017 (in Prozent)

	Erwartungen				Wahrnehmungen				Differenz			
	2005	2009	2013	2017	Ges.	2005	2009	2013	2017	Ges.	2005	2009	2013	2017	Ges.
Motiv: Information															
Vergleich politischer Ideen	74	71	65	61	68	74	59	66	50	62	0	-12[c]	+1	-11[b]	-6
Bild von Persönlichkeit der Kandidaten	69	72	62	66	67	70	61	65	65	65	+1	-11[c]	+3	-1	-2
Hilfe bei Wahlentscheidung	33	31	24	29	29	32	32	32	28	31	-1	+1	+8[a]	-1	+2
Motiv: Unterhaltung, Entspannung															
Unterhaltung	76	58	60	51	61	86	51	63	53	63	+10[a]	-7[a]	+3	+2	+2
Spannung	74	47	54	40	54	58	30	50	34	43	-16[b]	-17[c]	-4	-6	-11
Show-Veranstaltung	49	29	29	29	34	32	19	19	22	23	-17[b]	-10[c]	-10[b]	-7[a]	-11
Entspannung	21	15	15	18	17	23	19	19	20	20	+2	+4	+4	+2	+3
Motiv: soziale Integration															
Mitreden können	61	59	51	61	58	53	46	50	46	49	-8	-13[c]	-1	-15[c]	-9
Motiv: parasoziale Interaktion															
Freude, Schröder (2009: Steinmeier; 2013: Steinbrück; 2017: Schulz) zu sehen	28	23	49	48	37	28	22	42	38	33	0	-1	-7[a]	-10[b]	-5

(Fortsetzung)

Tab. 5.2 (Fortsetzung)

	Erwartungen				Wahrnehmungen				Differenz			
	2005	2009	2013	2017	Ges.	2005	2009	2013	2017	Ges.	2005	2009	2013	2017	Ges.
Freude, Merkel zu sehen	43	27	52	46	42	29	21	38	35	31	−14[b]	−6[a]	−14[c]	−11[c]	−11
N	127	398	246	174		127	398	246	174		127	398	246	174	

Quelle: Experimentaldaten TV-Duelle 2005, 2009 (ZA5309), 2013 (ZA5709) und 2017 (ZA6810), eigene Berechnungen. Ausgewiesen ist der Anteil derjenigen, die der jeweiligen Eigenschaft zustimmen. Signifikanzniveaus: [a]p < 0,05, [b]p < 0,01, [c]p < 0,001.

die Vermutung, bei den Live-Diskussionen handele es sich um reine Show-Veranstaltungen, deutlich zurückentwickelt. Der sozial-integrative Aspekt – nach dem Duell „mitreden können" – ist im Verlauf recht robust und spielt für etwas mehr als die Hälfte der Befragten eine wichtige Rolle. Der Wunsch nach parasozialer Interaktion variiert hingegen stark.

Ein Vergleich zwischen Erwartungen und Wahrnehmungen der Duelle zeigt, dass das Format den Ansprüchen der Zuschauer oft, aber keineswegs immer genügt. Über die Jahre hinweg zeigt sich in stabiler Art und Weise, dass die Duelle weniger spannend waren als erwartet, was allerdings auch eine positive Kehrseite hat: Dass sie eine „reine Showveranstaltung" waren, weisen nach dem Duell stets mehr Leute zurück als es vor dem Duell erwartet haben. Das sozial-integrative Moment bewerten die Leute weniger dringlich, nachdem sie das Duell gesehen haben. Und die Freude, die Kanzlerin zu sehen, wurde im betrachteten Zeitraum von 2005 bis 2017 ebenfalls systematisch enttäuscht. Auch die SPD-Kandidaten in diesem Zeitraum „ziehen" nicht unbedingt; gerade die höheren Erwartungen an Steinbrück 2013 und Schulz 2017 konnten nicht erfüllt werden. In besonderem Maße sticht hier das TV-Duell 2009 hervor, dass ja auch von den Medien hart kritisiert wurde (die BILD-Zeitung titelte z. B. am Tag nach dem Duell „Yes, we gähn"; Spiegel 2009).

Zusammenfassung
Fernsehduelle erfreuen sich auch nach ihrer Etablierung und Institutionalisierung großer Beliebtheit. In den USA wurde 2016 sogar ein neuer Zuschauerrekord erreicht; aber auch das Duell vor der Bundestagswahl 2017 hatte wieder einmal eine riesige Reichweite. Dabei schalten bestimmte Zuschauergruppen systematisch häufiger ein als andere – gerade auf politisch interessierte, aber auch ältere Menschen trifft dies zu. Das darf aber nicht darüber hinwegtäuschen, dass die Reichweite von Duellen auch in schwer erreichbare Gruppen hinein noch immer relativ hoch ist, was an der schieren Masse an Zuschauern liegt. Mit Blick auf die Motive der Zuschauer zeigt sich, dass sie sich vor allem Informationen über die Kandidaten erwarten (und auch bekommen); auch Spannung und Unterhaltung werden durchaus erwartet, aber in der konkreten Wahrnehmung nicht immer erfüllt. Aus alldem ergibt sich eine Ausgangslage, die für Effekte von Duellen sehr zuträglich sein sollte. Ehe wir uns diesen Effekten allerdings zuwenden können, müssen wir zunächst einen Blick auf die Wahrnehmung von Debatten werfen, insbesondere der Wahrnehmung eines potenziellen Siegers eines solchen Duells.

Wahrnehmung von TV-Duellen und Wahrnehmung des Debattensiegers

6

Bei der Rezeption von TV-Duellen kommen Fernsehzuschauer innerhalb eines vergleichsweise kurzen Zeitraums mit einer großen Menge hochkomplexer Informationen in Kontakt. In Themenblöcken, die jeweils nur wenige Minuten umfassen, werden komplizierte Probleme besprochen und Lösungsvorschläge skizziert. Kandidaten senden zusätzlich zum explizit Gesagten permanent nonverbale Signale, die Anhaltspunkte über ihren emotionalen Zustand geben oder – sofern sie bewusst etwa im Rahmen nonverbaler Kommentierungen eingesetzt werden – eine unmittelbare Reaktion auf die Aussagen des politischen Gegners erkennen lassen. Zusätzlich beteiligen sich auch die Moderatoren an der Diskussion, in *townhall meetings* sind Zuschauerreaktionen zu beobachten (Stewart et al. 2018). Hin und wieder werden Einspieler gezeigt, die Zuschauer zu den im Anschluss aufgegriffenen Themen führen sollen, und in regelmäßigen Abständen werden die für die Kandidaten geführten Zeitkonten eingeblendet. In Australien, Großbritannien, Neuseeland und den USA hat es in jüngster Zeit sogar Fernsehdebatten gegeben, bei denen Rezipienten in Echtzeit über die Meinung anderer Zuschauer informiert wurden (Davis et al. 2011; Schill und Kirk 2009; Wolf 2010, S. 101); immer mehr Menschen verfolgen parallel zu den Debatten begleitende Streams auf sozialen Netzwerkplattformen.

Fernsehdebatten können – wie viele andere mediale Angebote auch – aufgrund der begrenzten Informationsverarbeitungskapazität des menschlichen Gehirns (vgl. z. B. Donsbach 1991, S. 32) bei weitem nicht in Gänze verarbeitet werden. Hinzu kommt, dass Politik für viele Menschen nicht im Zentrum ihres Lebens steht (van Deth 2000). Oft fehlen Motivation (vgl. z. B. van Deth und Elff 2004) und/oder Kenntnisse (vgl. z. B. Delli Carpini und Keeter 1996), um die in einer Debatte besprochenen Themen im Detail verstehen und die Qualität der vorgeschlagenen Problemlösungen einschätzen zu können. Physiologische, kognitive und motivationale Grenzen zwingen Debattenrezipienten dazu, Entscheidungen zu treffen, welche Informationen verarbeitet und welche ignoriert werden. Angesichts des Live-Charakters von TV-Duellen und der dem Format eigenen Informationsdichte ist eine dauerhafte bewusste Selektion von Signalen jedoch eher unwahrscheinlich. Plausibler ist, dass die meisten Selektionsprozesse automatisch und unterhalb der Bewusstseinsschwelle ablaufen.

Ein wichtiger Ansatz, der den selektiven Umgang mit Informationen erklärt, ist die Theorie der kognitiven Dissonanz (Festinger 1957, siehe auch Zaller 1992). Informationen werden nach dieser Theorie dann aktiv aufgenommen, wenn sie zu bereits vorhandenen Orientierungen – Wissen, Einstellungen – und Verhaltensweisen passen („selektive Exposition"). Die Aufnahme konsonanter Informationen ist deshalb attraktiv, weil diese die eigene Position bestätigen, was wiederum als angenehm empfunden wird. Demgegenüber wird die Verarbeitung von Informationen unterbunden, wenn diese den eigenen Kenntnissen, Überzeugungen oder früheren Verhaltensweisen widersprechen. Die Abwehr dissonanter Informationen wird damit begründet, dass ihre Aufnahme als unangenehm empfunden wird. Lässt sich die Aufnahme dissonanter Botschaften nicht verhindern, können diese so editiert werden, dass sie das eigene Weltbild nicht beschädigen („selektive Wahrnehmung"). Wird dieses Gefühl zu stark, muss das Weltbild durch Einstellungs- oder Verhaltensänderungen angepasst werden – eine Maßnahme, die üblicherweise nur als allerletzte Option in Betracht kommt.

Um einschätzen zu können, ob eine Information eher einen konsonanten oder einen dissonanten Charakter hat, kommen oft Heuristiken zum Einsatz. Heuristiken sind „einfache und effiziente Entscheidungsregeln, die sowohl bei der Entscheidungsfindung als auch bei der Informationsverarbeitung" (Meffert 2015, S. 93) Anwendung finden. Heuristiken sind das Werkzeug „people use for judgments under uncertainty, shortcuts that reduce complex problem solving to simpler judgmental operations, to meet the pressing demands of the environment" (Fiske und Taylor 2013, S. 178). Als eine besonders wichtige Heuristik für den Umgang mit politischen Inhalten gilt die Parteiidentifikation (Rahn 1993).

Auf Fernsehduelle übertragen bedeuten die Annahmen zur selektiven und durch Heuristiken gesteuerten Informationsverarbeitung, dass Zuschauer danach streben sollten, nur solche Informationen aufzunehmen, die zu ihren eigenen politischen Überzeugungen und Einstellungen passen. Ob dies der Fall ist, kann ein Rezipient bis zu einem gewissen Grad aus der Parteizugehörigkeit der Kandidaten schließen. Stimmen Parteizugehörigkeit des Kandidaten und Parteiidentifikation des Rezipienten überein, ist die Informationsverarbeitung grundsätzlich einfach. Stehen eigene Parteiidentifikation und Parteizugehörigkeit eines Kandidaten dagegen im Konflikt zueinander, sollte die Informationsaufnahme unterbunden werden; ggf. sollten die Aussagen des „gegnerischen" Kandidaten in Richtung des eigenen Weltbilds angepasst werden. Ähnliche Überlegungen sollten nicht nur auf der Ebene einzelner Aussagen gelten, sondern auch mit Blick auf die Gesamtwahrnehmungen des Auftritts der Kandidaten im Rahmen eines Duells sowie für die ultimative Frage: Wer hat eigentlich „gewonnen"?

Wie TV-Duelle wahrgenommen werden und welche (parteipolitisch begründeten) Verzerrungen bei der Wahrnehmung auftreten – damit ist eine Reihe von Fragen verbunden: Inwieweit können Kandidaten überhaupt mit ihren Botschaften zu den Zuschauern durchdringen, gerade auch zu Zuschauern jenseits des eigenen Lagers? Gibt es bestimmte Aussagen oder eine bestimmte Art des Auftretens, die ein solches Durchdringen wahrscheinlicher machen? Oder sind und bleiben TV-Duelle doch nur ein Schaulaufen der Kandidaten vor einem Publikum, dessen Urteil bedingt durch entsprechende Voreinstellungen schon vorher feststeht? Von der Antwort auf diese Fragen hängt erstens ab, ob von Fernsehdebatten eigenständige Wirkungen (über prägende Voreinstellungen hinaus) zu erwarten sind und in welche Richtung diese Effekte gehen. Zweitens berührt die Antwort auch die Legitimationsgrundlage von TV-Duellen. Sollte sich herausstellen, dass Zuschauer die ihnen angebotenen Informationen nicht oder nur hochgradig selektiv verarbeiten, ist der Nutzen solcher Sendung sehr begrenzt.

Neben der Parteiidentifikation wird in der Literatur eine zweite Größe diskutiert, der eine potenziell bedeutsame Rolle für die Wahrnehmung eines Duells und vor allem die Bewertung des Ausgangs einer Debatte zugeschrieben wird, nämlich der im Vorfeld *erwartete* Ausgang eines Duells. Auch hier greift das Argument der selektiven Informationsverarbeitung: Wird erwartet, dass ein Kandidat erfolgreich ist, sollte dieser systematisch günstigere Beurteilungen hinsichtlich seiner Debattenleistung erhalten. Dieser Zusammenhang lässt sich empirisch durchaus nachweisen (Bachl 2013b; Maier 2007b).[1] Paradoxerweise lässt sich im Vorfeld von TV-Duellen aber immer wieder beobachten, dass Wahlkampfteams die Bedeutung von TV-Duellen relativieren und insbesondere die Erwartung an das Abschneiden des eigenen Kandidaten herunterzuspielen versuchen. Hintergrund

---

[1]Nicht untersucht wurde bislang, woraus sich die Erwartungen an den Ausgang einer Debatte speisen. Fest steht nur, dass der Einfluss der Parteiidentifikation (Maier 2007b; vgl. auch Abb. 6.1) oder der Kandidatenbewertung (Bachl 2013b) auf solche Urteile eher schwach ist. Plausibel wäre, dass die Medienberichterstattung im Vorfeld einer Debatte und die darin enthaltenen Darstellungen der Kandidaten die Einschätzungen zum Ausgang eines Duells stark beeinflussen, dass es aber auch bestimmte Stereotype (z. B. „Medienkanzler") gibt, die prägend wirken.

dieser Bemühungen ist vermutlich, dass die Erwartungen, die an einen Kandidaten mit Blick auf seine Debattenleistung gestellt werden, nicht nur erfüllt, sondern *übertroffen* werden sollen. Denn vor einem solchen Hintergrund lassen sich selbst durchschnittliche Debattenleistungen als herausragende Auftritte verkaufen. Dass diese Strategie sich auch tatsächlich auszahlt, lässt sich empirisch bislang nicht belegen; wichtiger ist, wie gut sich ein Kandidat im Vergleich zu seinem Gegner präsentiert hat (Maier 2017a).

Abb. 6.1 zeigt nochmals das einfache Grundmodell, das wir hier zur Diskussion und Prüfung von Debattenwahrnehmungen und ihren unmittelbaren Folgen (nämlich bezogen auf die Frage, wer im Nachgang zu einer Debatte als Sieger wahrgenommen wird) anlegen. Prägend wirken einerseits eine Parteiidentifikation, andererseits die Erwartungen im Vorfeld einer Debatte, wer als Sieger aus ihr hervorgehen wird. Im Kern des Modells steht die Frage, wie die Wahrnehmung einer Debatte verläuft. Dabei lassen sich aber nochmals zwei Perspektiven unterscheiden. Bezogen auf *einzelne Aussagen,* die Kandidaten in einer Debatte machen, stellt sich erstens die Frage: Wie werden diese eigentlich wahrgenommen und welche Rolle spielen dabei verschiedene Merkmale solcher Aussagen? Darüber hinaus lässt sich zweitens fragen, wie ein Kandidat *insgesamt* (über die komplette Debatte und damit quasi über alle Aussagen hinweg)

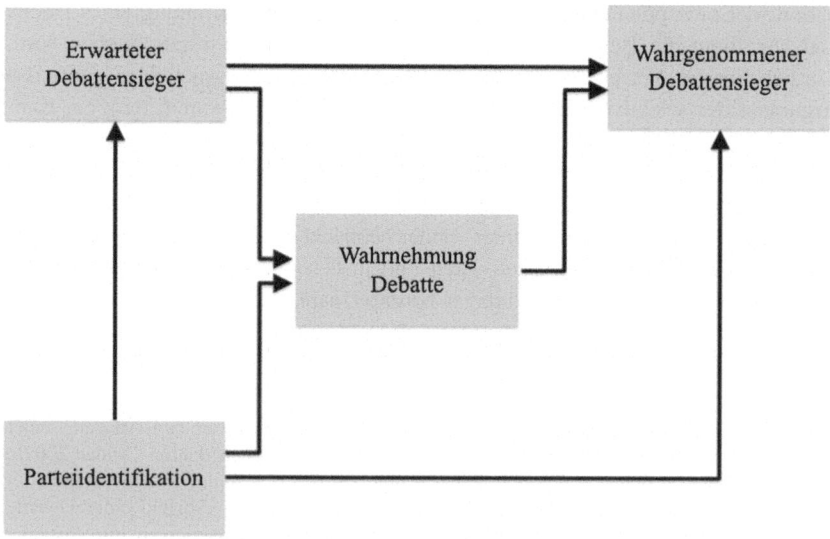

Abb. 6.1 Determinanten des wahrgenommenen Debattensiegers

bewertet wird. Dafür sollten dann weniger Merkmale einzelner Aussagen, sondern eher Merkmale des Kandidaten (und des Rezipienten) eine zentrale Rolle spielen. Eine wichtige Voraussetzung für die Wirkung von Kandidatenaussagen ist, dass Rezipienten auch verstehen und verarbeiten können, was in einem TV-Duell gesagt wird. Ein Blick auf Umfragen zu TV-Duellen stimmt hier optimistisch: Diese zeigen nämlich, dass zwischen 61 und 78 % derjenigen, die die Fernsehdebatten der Bundestagswahlen 2002 bis 2009 gesehen haben, diese als verständlich eingestuft haben (vgl. Dehm 2009, S. 653). Zwischen 51 und 66 % haben angegeben, sie interessant zu finden und zwischen 39 und 55 % sagten, die Kanzlerduelle seien informativ gewesen. 36 % der Zuschauer des Jahres 2009 haben nach eigenen Angaben neue Erkenntnisse gesammelt (Dehm 2009, S. 655). Dies deckt sich mit den positiven Erwartungen und Einschätzungen an TV-Duelle, die wir im vorigen Kapitel bei der Betrachtung der Rezeptionsmotive gesehen haben. Der Inhalt von Fernsehdebatten wird also, folgt man den Selbstauskünften von Rezipienten, von den Zuschauern sehr wohl wahrgenommen und verarbeitet.

Wie in Kap. 2 ausgeführt, werden zur Erfassung von Wahrnehmungsmustern vor allem Methoden der *Real-Time-Response*-Messung (RTR) eingesetzt, um so Reaktionen von Debattenzuschauern sekundengenau *während* der Rezeption eines TV-Duells erfassen zu können. Bezogen auf einzelne Aussagen lässt sich dann betrachten, wie diese Aussagen konkret bewertet werden; bezogen auf eine Debatte insgesamt lässt sich etwa die mittlere Bewertung (über alle Aussagen eines Kandidaten hinweg) als Maß verwenden. Gerade mithilfe eines solchen gemittelten Maßes lässt sich dann auch der letzte Schritt prüfen: In welchem Verhältnis steht die unmittelbare, mittels RTR erfasste Wahrnehmung eines Duells zur Antwort auf die Frage, wer ein solches Duell eigentlich in den Augen der Betrachter gewonnen hat.

In dieser Reihenfolge – Wahrnehmung einzelner Aussagen, Wahrnehmung eines Duells über den Verlauf der Debatte hinweg, Wahrnehmung des Debattensiegers – wollen wir nun auch die Fragen im Detail aufgreifen.

Wahrnehmung einzelner Aussagen während einer Debatte
Welche Merkmale einzelner Aussagen sind dafür verantwortlich, dass Zuschauer sie (bewusst) wahrnehmen und darauf reagieren? Dabei geht es weniger um die Frage, ob Zuschauer die Aussagen „ihres" Kandidaten positiv(er) bewerten (dazu kommen wir gleich), sondern um die allgemeinere Frage, welche Merkmale einzelner in TV-Duellen getroffener Aussagen unsere Aufmerksamkeit erregen und in welcher Form wir darauf reagieren. Dazu finden sich in der Literatur sehr verschiedene, nicht immer gänzlich widerspruchsfreie Hinweise:

- Es wurde wiederholt gezeigt, dass Zuschauer auf bestimmte themenbezogene Aussagen reagieren (vgl. z. B. Bachl 2013a; Faas und Maier 2004a; Jansen und Glogger 2017; Maier et al. 2014; Maurer und Reinemann 2003, S. 95; McKinnon und Tedesco 1999; McKinnon et al. 1993; Reinemann und Maurer 2005, 2007b; Resnik et al. 2017). Allerdings ist nicht zu erkennen, dass nur eine bestimmte Sorte von Themen besonders starke Reaktionen auslöst oder dass spezifische Themen kaum Beachtung finden. Vergleicht man den Einfluss verschiedener kommunikativer Elemente scheinen Debattenrezipienten insgesamt stärker auf Inhalte zu reagieren als auf ihre „Verpackung". Nach den Befunden von Nagel (2012, S. 255; vgl. in diesem Sinne auch Jansen und Glogger 2017) ist der Einfluss rhetorischer Strategien ebenso wie der Effekt nonverbaler Kommunikation schwächer als die Wirkung der von den Kandidaten transportierten Inhalte.
- Dennoch wird die Frage, ob bestimmte Debattenstrategien oder rhetorische Figuren systematisch mit spezifischen Zuschauerreaktionen verknüpft sind, intensiv, vor allem aber kontrovers diskutiert. Ein besonderes Augenmerk richtet sich in der Forschung dabei auf Attacken. Während einige Untersuchungen zu dem Ergebnis kommen, dass Angriffe praktisch flächendeckend negative Reaktionen hervorrufen (Delli Carpini et al. 1997; Nagel 2012, S. 195; McKinney et al. 2001; Patterson 2000; Schill und Kirk 2014) oder die Zuschauer polarisieren (Bachl 2013a; Bachl und Vögele 2013; Maurer 2011; Maurer und Reinemann 2003, S. 106–114, 2009; Reinemann und Maurer 2005, 2007b; Spieker 2011), finden andere Studien keine (De Nooy und Maier 2015; Maier 2009; Nagel 2012, S. 192; Nagel et al. 2012) oder sogar positive – also für den Angreifer günstige – Effekte (Bachl 2013a; Bachl und Vögele 2013; Jarman 2005; Jansen und Glogger 2017; Maier und Faas 2015; Nagel 2012, S. 192; Nagel et al. 2012). Wiederum andere Analysen zeigen, dass Attacken sich erst dann für den Angreifer auszahlen, wenn der Angegriffene sich gegen die Vorwürfe verteidigt (De Nooy und Maier 2015; Maier 2009; Spieker 2011). Der Wirkung eines Angriffs hängt zudem von den spezifischen Inhalten der negativen Botschaft ab (Maier und Faas 2015). Schließlich moderieren Rezipienteneigenschaften – insbesondere die Parteiidentifikation, aber auch Persönlichkeitseigenschaften – die genaue Reaktion auf einen Angriff (vgl. z. B. Bachl 2013a, 2017; De Nooy und Maier 2015; Jansen und Glogger 2017; Maier und Faas 2015; Maurer und Reinemann 2003, S. 106–114; Nagel et al. 2012; Reinemann und Maurer 2005, 2007b).
- Negative Zuschauerreaktionen erfolgen oft auf Aussagen, die Schill und Kirk (2014, S. 549) als „tit-for-tat smallness" bezeichnen (vgl. auch McKinnon und Tedesco 1999). Hierbei handelt es sich um kurze, oftmals als Frage

formulierte Einwürfe, mit deren Hilfe Kandidaten versuchen, den politischen Gegner zu zwingen, sich mit einem einfachen „Ja" oder „Nein" klar zu positionieren. Überdurchschnittlich stark sind die Reaktionen, wenn der Gegenüber oder die Moderatoren unterbrochen oder übertönt werden. Besonders empfindlich reagieren dabei unabhängige Wähler (Schill und Kirk 2014).

- Demgegenüber führen klar formulierte Aussagen, in denen gemeinsame und positiv beurteilte Werte angesprochen werden, bei unabhängigen Wählern zu für den Sprecher günstigen Reaktionen (Schill und Kirk 2014). In den USA erzeugen Stellungnahmen dieses Typs, die sich auf das Militär oder die außenpolitische Stärke der Vereinigten Staaten beziehen, besonders hohe Zustimmungsraten (McKinnon und Tedesco 1999; Schill und Kirk 2014).
- Erste Untersuchungen zur Wirkung populistischer Rhetorik in TV-Duellen zeigen, dass populistische Aussagen – also Stellungnahmen, die entweder auf das Volk oder den einfachen Bürger Bezug nehmen, Kritik an den politischen Eliten formulieren oder sogar andere Gruppen oder Nationen ausgrenzen – im Mittel etwas besser bewertet werden als nichtpopulistische Aussagen. Ob Rezipienten selbst populistische Einstellungen aufweisen, spielt dabei keine Rolle (Faas et al. 2017).
- Als besonders aussichtsreich gelten „quasi zustimmungspflichtige Gemeinplätze" (Bachl 2013a; Maurer und Reinemann 2003, S. 101). Einige Studien legen nahe, dass solche Aussagen besonders geeignet sind, um einhellige, d. h. lagerübergreifende Zustimmung zu generieren. Dies gilt vor allem dann, wenn Gemeinplätze möglichst abstrakt und vage gehalten (Reinemann und Maurer 2005, 2007b) sowie emotional verpackt werden (Maurer 2011; Maurer und Reinemann 2003, S. 101–102).
- Hin und wieder wird auch spezifischen, vor allem in der Nachbetrachtung durch die Medien als zentral herausgestellten Einzelaussagen nachgesagt, dass sie Zuschauer stark beeindrucken. Zuweilen ist gar von *defining moments* die Rede. Beispiele hierfür sind die Behauptung Fords in der zweiten US-Präsidentschaftsdebatte 1976, es gäbe keine sowjetische Dominanz in Osteuropa (Steeper 1978), oder die Liebeserklärung Gerhard Schröders an seine Frau im Kanzlerduell 2005 (Maurer und Reinemann 2009; Reinemann und Maurer 2007b). Empirische Anhaltspunkte für unmittelbare Reaktionen der Zuschauer gibt es in beiden Fällen aber *nicht*.

Insgesamt zeigt sich also, dass Merkmale einzelner Aussagen sehr wohl einen Einfluss darauf haben, wie diese wahrgenommen werden – was gegen die pauschale Vermutung spricht, dass parteipolitische Heuristiken alle Wahrnehmungsprozesse steuern. Viele der berichteten Ergebnisse stellen einen

Zusammenhang zwischen der spontanen, mittels *Real-Time-Response*-Technik gemessenen Reaktion und dem Debatteninhalt her. Einschränkend ist allerdings zu sagen, dass sich hier auch die Auswertungsstrategien im Laufe der Zeit entwickelt haben und gerade ältere Ergebnisse unter Vorbehalt stehen. Möglicherweise liegt hier auch eine potenzielle Erklärung für die nicht selten divergierenden Ergebnisse. Während ältere Untersuchungen sich meist darauf beschränken, die Wirkung verschiedener Inhalte durch den Vergleich von Mittelwerten zu untersuchen, streichen neuere Studien den Zeitreihencharakter, die Abhängigkeit der Messwerte und die hierarchische Struktur solcher Daten heraus und versuchen, diesen Problemen mit angemessenen Methoden zu begegnen (vgl. Alletsee 2015; Bachl 2014; De Nooy und Maier 2015; Maier und Faas 2015; Nagel 2012; Nagel et al. 2012; siehe hierzu auch die Ausführungen in Kap. 2).

Offen bleibt die Frage, was aus der punktuellen Zustimmung zu einzelnen Aussagen letztlich folgt. Bleiben es rein punktuelle Zustimmungsbekundungen? Oder haben diese nachhaltige Effekte über die einzelne Aussage hinaus? „Zustimmungspflichtigen" Aussagen mag man zustimmen, aber damit müssen keinerlei nachhaltige Effekte verbunden sein. Nicht zuletzt vor diesem Hintergrund wollen wir uns nun von einzelnen Aussagen lösen und eine breiter angelegte Betrachtung vornehmen.

Wahrnehmung eines Kandidaten in der Debatte insgesamt
Wie oben bereits ausgeführt, lassen sich aus den vorliegenden Duell-Studien Erwartungen ableiten, wovon die Wahrnehmung von Debatten und den dort agierenden Kandidaten insgesamt abhängt (vgl. z. B. Alletsee 2015; Bachl 2013a; Jarman 2005; Maier 2007b; Maier und Faas 2004; Maier et al. 2014; Maier und Strömbäck 2009; Maurer und Reinemann 2003, S. 137–139; Pfau 1987; Reinemann und Maurer 2005; Saks et al. 2016; vgl. auch Abb. 6.1). Zwei besonders wichtige Faktoren, die diese Wahrnehmung prägen, sind einerseits der erwartete Debattensieger, andererseits die Parteiidentifikation. Gerade letzteres unterstreicht, dass das Agieren von Kandidaten in TV-Duellen zu einem beträchtlichen Teil selektiv wahrgenommen wird.

Real-Time-Response-Messungen, die *während* der Rezeption eines TV-Duells sekundengenau Zuschauerreaktionen erfassen, zeigen zunächst einmal, dass Rezipienten relativ häufig durch das Auftreten und die Aussagen von Kandidaten zur Abgabe spontaner Urteile stimuliert werden. Bei den Schröder-Stoiber-Duellen des Jahres 2002 haben die Zuschauer im Durchschnitt 209 (erstes Duell) bzw. 149 mal (zweites Duell) auf die Kandidaten reagiert (Faas und Maier 2004a). Im Mittel hat also jeder Rezipient pro Minute 2,78 bzw. 1,99 Informationen wahrgenommen, die so bedeutsam waren, dass er eine Bewertung vorgenommen hat.

Ähnliche Werte berichtet auch eine Untersuchung zu einer Debatte im Vorfeld der Europawahl 2014 (Maier et al. 2016). Eine Untersuchung zur Merkel-Steinmeier-Debatte 2009 kommt zu dem Ergebnis, dass Rezipienten im Durchschnitt auf jede vierte bis fünfte Kandidatenaussage reagiert haben (De Nooy und Maier 2015). Allerdings variiert der Umfang der Reaktionen zwischen Zuschauern stark (Faas und Maier 2004a; Maurer und Reinemann 2015). Zudem sind wirklich starke Reaktionen auf die Kandidatenaussagen – also Veränderungen des RTR-Drehreglers von mehr als einem oder zwei Skalenpunkten (bei Verwendung von siebenstufigen Skalen) – eher selten anzutreffen (De Nooy und Maier 2015). Welche Ursachen für diese interindividuellen Unterschiede in der Häufigkeit der Reaktionen auf den Debatteninhalt verantwortlich sind, ist bislang kaum erforscht. Während ein positiver Zusammenhang mit politischem Interesse besteht (Maurer und Reinemann 2015), gibt es keine Korrelationen mit dem Alter, dem Geschlecht, der Bildung, der Parteibindung und dem politischen Wissen von Rezipienten (Maier et al. 2016; Maurer und Reinemann 2015). Die Wahrscheinlichkeit einer Reaktion auf Kandidatenaussagen steigt mit der Präsentation der Politiker in Nahaufnahme. Jedenfalls steigt in diesem Darstellungsmodus die Aufmerksamkeit gegenüber Kandidatenaussagen (Mutz 2007, 2015, S. 61).

Der weit überwiegende Anteil der während einer Debatte gezeigten spontanen Reaktionen ist positiv – bei den Schröder-Stoiber-Debatten traf dies auf zwei von drei Urteilen zu (Faas und Maier 2004a, S. 61). Gleiches gilt für die *Eurovision Debate* bei der Europawahl 2014 (Maier et al. 2016). *Real-Time-Response*-Studien zeigen, dass Rezipienten den „eigenen" Kandidaten typischerweise besser bewerten als den politischen Gegner (vgl. z. B. Delli Carpini et al. 1997; Jarman 2005; Maier und Faas 2004; Maier et al. 2007; Maier und Strömbäck 2009; Maurer und Reinemann 2003, S. 103, 2009; Papastefanou 2013; Reinemann et al. 2005; Reinemann und Maurer 2005, 2007b). Dies kann als klarer Hinweis gewertet werden, dass Debattenzuschauer die gesendeten Signale selektiv wahrnehmen.

Grundsätzlich wirkt diese selektive Wahrnehmung in beide Richtungen: Der per saldo negativen Beurteilung des politischen Gegners steht eine per saldo erheblich bessere Einschätzung des eigenen Kandidaten gegenüber (Faas und Maier 2004a; Resnik et al. 2017). Detailliertere Analysen (Faas und Maier 2004a; Resnik et al. 2017) zeigen gleichwohl, dass es gewisse Asymmetrien gibt. Die Kandidaten werden von den Anhängern des eigenen Lagers quasi automatisch positiv bewertet, sobald sie das Wort ergreifen. Die Heuristik „Parteiidentifikation" beeinflusst also massiv die Wahrnehmung. Umgekehrt erfolgt zwar eine tendenzielle, aber eben keine automatische Negativbewertung des politischen Gegners. Es gibt sogar immer einige Stellen in Fernsehdebatten, bei denen es den Kandidaten gelingt, mehrheitlich Unterstützung im gegnerischen Lager zu erhalten (vgl. auch Bachl und Brettschneider 2013; Bachl und Vögele 2013; Delli

Carpini et al. 1997; Jasperson et al. 2017; Maier und Strömbäck 2009; Maurer und Reinemann 2003, S. 104–106; Reinemann und Maurer 2005, 2007b).

Dieser Befund kann auf verschiedene Weise interpretiert werden: Erstens ist es möglich, dass eine konsequente selektive Verarbeitung von Informationen im Rahmen von Fernsehdebatten kaum möglich ist. Zu häufig wechseln die Sprecher, zu groß ist die Wahrscheinlichkeit, dass auch der politische Gegner etwas Akzeptables über den eigenen Kandidaten äußert. Bei dauerhafter Selektion der gegnerischen Argumente würden mit dem eigenen Weltbild übereinstimmende Informationen von der Verarbeitung systematisch ausgeschlossen – was nicht im Sinne des nach kognitiver Konsistenz strebenden Zuschauers sein kann. Für diese Interpretation spricht auch der Befund, dass Menschen einen stärkeren Drang haben, konsonante Informationen aufzunehmen als dissonante Informationen zu vermeiden (Frey 1986). Zweitens können andere Motive die selektive Verarbeitung von Informationen überlagern – etwa, wenn Informationen als nützlich für die Urteilsbildung eingeschätzt werden (Eagly und Chaiken 1998). Drittens ist auch bekannt, dass bestimmte Botschaften – insbesondere aber negative Informationen (Donsbach 1991) – selektive Verarbeitungsmuster außer Kraft setzen können. Nachdem Kandidaten einen erheblichen Teil ihrer Aussagen darauf verwenden, den politischen Gegner anzugreifen (vgl. z. B. Benoit 2014; Maier und Jansen 2017 sowie Kap. 4), enthalten Fernsehdebatten erhebliches Potenzial, um selektive Informationsverarbeitung zu unterbinden.

Schließlich gibt es neben der Frage, wie verbale Informationen in TV-Duellen wahrgenommen und verarbeitet werden, auch eine Diskussion darüber, welche Rolle die nonverbale Kommunikation der Kandidaten für den Umgang mit den Inhalten von TV-Duellen spielt (vgl. zusammenfassend Gentry und Duke 2009). Dieser Punkt berührt den Gründungsmythos gerade amerikanischer Präsidentschaftsdebatten (Maurer und Reinemann 2007b; Vancil und Pendell 1987), soll doch John F. Kennedy gerade die erste Debatte 1960 vor allem deswegen gewonnen haben, weil er im Vergleich zum kränklichen Nixon einfach blendend aussah (vgl. z. B. Druckman 2003; Matthews 1996). Allerdings deuten die vorliegenden empirischen Untersuchungen durchweg darauf hin, dass der Einfluss dieser Komponente zwar existent, aber nicht sonderlich groß ist. So finden sich für die erste Schröder-Stoiber-Debatte ebenso wie für das Kanzlerduell 2005 zwar statistisch signifikante, aber eben nur begrenzte Effekte der Bildkomponente (Maier und Faas 2004; Maurer und Reinemann 2015; Nagel 2012; Nagel et al. 2012; Ziegler et al. 2007). Ähnlich Ergebnisse berichten US-Studien (vgl. z. B. Exline 1985; Krauss et al. 1981; McKinnon und Tedesco 1999; McKinnon et al. 1993; Patterson et al. 1992; Vancil und Pendell 1987) und eine Untersuchung aus Großbritannien (Shephard und Johns 2012).

Die Bedeutung nonverbaler Kommunikation für die Debattenwahrnehmung scheint insbesondere in den ersten Sekunden eines TV-Duells relevant, wird im weiteren Verlauf aber zusehends von verbalen Inhalten überlagert (Maurer 2009, 2011, 2016). Zudem variiert die Bedeutung nonverbaler Kommunikation mit der politischen Involvierung der Rezipienten. Je geringer das Politikinteresse der Zuschauer, desto eher hängt die Debattenwahrnehmung von nonverbalen Signalen ab (Maurer und Reinemann 2015; Nagel 2012, S. 255). Weiterhin gibt es Hinweise, dass verbale und visuelle Kommunikationsinhalte miteinander interagieren (Grebelsky-Lichtman 2016; Nagel 2012, S. 256). Erklärt werden Unterschiede zwischen einem Fernseh- vs. Radiomodus damit, dass Fernsehbilder die Aufmerksamkeit auf visuell beobachtbare Kandidateneigenschaften – insbesondere die Attraktivität und das Auftreten – lenken und diese dann, weil leichter zu verarbeiten (vgl. z. B. Jamieson 1988, S. 114), mit einer größeren Wahrscheinlichkeit in die Urteilsbildung einfließen (Shephard und Johns 2012).

Abschließend wollen wir uns anschauen, wie sich das in Abb. 6.1 präsentierte Modell mit den beiden zentralen Faktoren „Parteiidentifikation" und „erwarteter Sieger" zur Erklärung der wahrgenommenen Debattenleistung am Beispiel der Kanzlerduelle 2002 bis 2017 empirisch bewährt. Die aus der Literatur berichteten Befunde werden auch hier bestätigt (Abb. 6.2). Die Auswertung über insgesamt sechs Fernsehdebatten hinweg belegt auch, dass die Parteiidentifikation besonders wichtig für die Wahrnehmung eines TV-Duells ist. Sie wirkt etwa doppelt so stark auf die perzipierte Debattenperformanz der Kandidaten wie die vor einem Duell bestehenden Siegererwartungen. Da letztere auch – allerdings in einem eher kleineren Umfang – von der Parteibindung beeinflusst werden, wirken politische Grundüberzeugungen direkt und indirekt auf die Debattenwahrnehmung.

Debattensieger
Das Modell schlägt auch schon die Brücke zum letzten Punkt an dieser Stelle: Wer wird eigentlich letztlich als Sieger einer Debatte wahrgenommen? Zunächst einmal ist festzuhalten, dass es nahezu allen Fernsehzuschauern gelingt, nach der Rezeption einer Debatte die Performanz der Kontrahenten zu bewerten und so zu einem Urteil zum Ausgang eines Duells zu kommen. Befragungsdaten zeigen, dass in der Regel weniger als zwei Prozent der Befragten auf solche Fragen keine Antwort haben.[2] Wovon aber hängt die Wahrnehmung des Debattensiegers ab? In

---

[2]Studien zeigen sogar, dass auch Personen, die das Duell selbst nicht gesehen haben, zu solchen Urteilen kommen, was auf Effekte der Nachberichterstattung hinweist, auf die wir in Kap. 8 zu sprechen kommen.

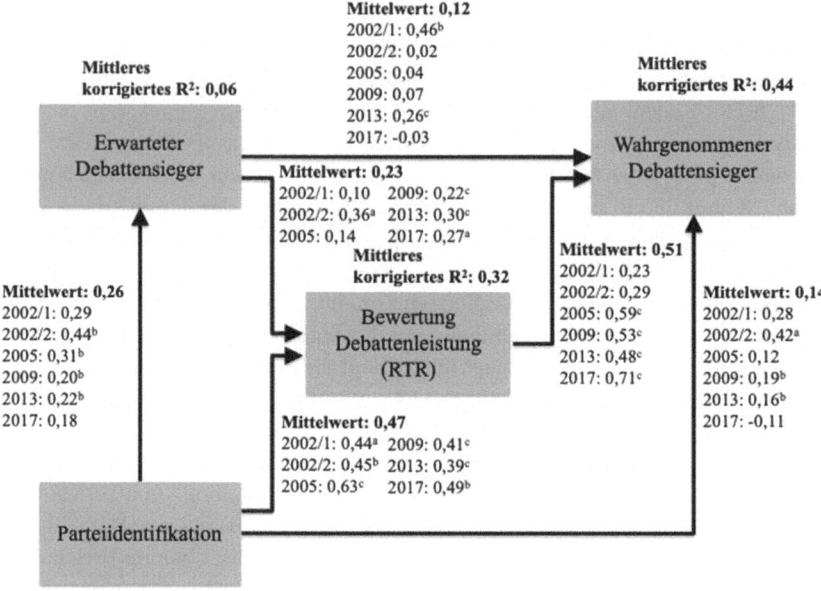

Abb. 6.2 Determinanten des wahrgenommenen Debattensiegers bei den TV-Duellen der Bundestagswahlen 2002–2017. (Quelle: Experimental- und *Real-Time-Response*-Daten 2002, 2005 und 2009 (ZA5309, ZA5310), 2013 (ZA5709, ZA5711) und 2017 (ZA6810, ZA6811), eigene Berechnungen. Ausgewiesen sind standardisierte Regressionskoeffizienten. Alle Variablen wurden so codiert, dass hohe Werte Präferenzen für den Kandidaten von CDU/CSU, niedrige Werte Präferenzen für den Kandidaten der SPD abbilden. Daten wurden so gewichtet, dass die unterschiedlichen parteipolitischen Lager (CDU/CSU, FDP vs. SPD, Bündnis 90/Die Grünen vs. andere bzw. keine Parteiidentifikation) mit gleichem Gewicht in die Analysen eingehen. Um die Vergleichbarkeit über Zeit zu gewährleisten, haben wir AfD-Anhänger 2017 aus der Analyse ausgeschlossen. Fallzahlen: 2002/I: N = 32, 2002/II N = 35, 2005: N = 121, 2009: N = 225, 2013: N = 177, 2017: N = 40. Signifikanzniveaus: [a]p < 0,05, [b]p < 0,01, [c]p < 0,001

der Literatur werden drei mögliche Ursachen diskutiert, die wir oben auch eingeführt haben (vgl. ausführlich hierzu auch Maier 2007b):

- *Langfristig stabile Grundüberzeugungen.* Zahlreiche Untersuchungen zeigen, dass die Wahrnehmung des Debattensiegers stark von der Parteiidentifikation, der ideologischen Position oder der vor einer Debatte vorhandenen Kandidatenpräferenz abhängt (vgl. z. B. Bachl 2013a; Blumenberg et al. 2017;

Davis 1982; Donsbach und Jandura 2005; Donsbach et al. 2004; Holbrook 1996, S. 114; Katz und Feldman 1962; Lang und Lang 1962; Lanoue 1991; Maier 2007b; Maier et al. 2007, 2014; Maier und Strömbäck 2009; McKinnon und Tedesco 1999; Reinemann et al. 2005; Sears und Chaffee 1979; Sigelman und Sigelman 1984). Begründet wird dieser Zusammenhang konsistenztheoretisch: Die Parteibindung färbt die Einstellungen zu den Kandidaten aber auch die Wahrnehmungen ihrer Debattenperformanz, sodass der „eigene" Kandidat als Sieger, der politische Gegner hingegen als Verlierer wahrgenommen wird. Allerdings ist zu erkennen, dass die parteipolitische Grundorientierung die Wahrnehmung des Debattensiegers nicht determiniert. Immer wieder erklären Rezipienten auch den Kandidaten der gegnerischen Partei zum Debattensieger, was auf Einflüsse weiterer Faktoren hinweist.

- *Erwarteter Debattensieger.* Viele Wähler können bereits vor einer Debatte Erwartungen darüber formulieren, wer ein Duell gewinnen wird. Diese Einschätzungen dürften einerseits aus bereits vor der Debatte vorliegenden Politikpräferenzen, andererseits aus der Vorberichterstattung über ein TV-Duell abgeleitet werden. Empirische Studien, die dies belegen, fehlen allerdings. Ebenfalls unter Rückgriff auf Konsistenztheorien lässt sich die Annahme formulieren, dass Rezipienten versuchen, ihre Wahrnehmungen an ihre Erwartungen anzupassen. Die wenigen Studien, die sich mit der Assoziation der beiden Konzepte beschäftigen, zeigen jedoch übereinstimmend, dass diese Annahme eher nicht zutrifft. Vielfach sind die Beziehungen schwach ausgeprägt (vgl. Bachl 2013b; Delli Carpini et al. 1997; Donsbach und Jandura 2005; Maier 2007b; Maier und Strömbäck 2009; Maurer und Reinemann 2003, S. 138, S. 147–148; Yawn et al. 1998; stärkere Zusammenhänge berichten Reinemann und Maurer 2005). Der fehlende Zusammenhang zwischen den vor der Debatte bestehenden Erwartungen und den nach der Debatte gemessenen Wahrnehmungen zeugt davon, dass Kandidaten oftmals die in sie gesetzten Hoffnungen nicht erfüllen können. Dies legen auch die Analysen von Schrott und Lanoue (2008) zu den US-Präsidentschaftsdebatten von 1960 bis 2004 nahe. Zugleich bedeutet die schwache Beziehung zwischen den beiden Einstellungen aber auch, dass es Kandidaten vielfach gelingt, die an sie gerichteten Erwartungen zu übertreffen.
- *Wahrgenommene Debattenleistung.* Wie bereits gesehen nehmen Debattenrezipienten Aussagen und Auftreten der Kandidaten wahr und bewerten diese spontan. Es liegt deshalb nahe anzunehmen, dass die unmittelbaren Reaktionen auf den Debatteninhalt einen Einfluss auf die Urteile über den Debattensieger insgesamt haben. Dies wäre auch unter demokratietheoretischen Gesichtspunkten wünschenswert. Gäbe es hier keinen Zusammenhang, wäre dies

Wasser auf die Mühlen derjenigen, die in TV-Duellen ein Schaulaufen der Kandidaten ohne tiefere Bedeutung sehen. Empirisch bestätigen kann man solche Vermutungen jedoch nicht. Vielmehr zeigt sich, dass die wahrgenommene Debattenleistung stark – wenngleich auch nicht perfekt – mit dem wahrgenommenen Debattensieger zusammenhängt (vgl. z. B. Bachl 2013b; Delli Carpini et al. 1997; Maier 2007b; Maier und Faas 2003, 2004, 2005; Maier et al. 2007; Papastefanou 2013; Reinemann et al. 2005; Reinemann und Maurer 2005). Verschiedene Studien legen nahe, dass einerseits inhaltliche Aussagen, andererseits das Auftreten der Kandidaten Einfluss auf die Wahrnehmung des Debattensiegers nehmen (Blumenberg et al. 2017; Donsbach und Jandura 2005; Donsbach et al. 2004; Klein 2005a; Maier 2009; Patterson et al. 1992). Welcher Komplex letztlich wichtiger für die Wahrnehmung des Debattensiegers ist, ist umstritten. Dies gilt allerdings nicht für politisch stark interessierte Zuschauer, die ihr Urteil eher darauf stützen, wie groß die wahrgenommene Übereinstimmung der eigenen Sachfragenpositionen mit denen der Kandidaten ist (Otto et al. 2015).

Studien, die den Einfluss der drei Variablen auf die Siegerwahrnehmung simultan analysieren (Maier 2007b; Maier et al. 2007, 2014; Maier und Strömbäck 2009; Maurer 2011; Maurer und Reinemann 2003, S. 147–149; Reinemann et al. 2005; Reinemann und Maurer 2005), kommen übereinstimmend zu dem Befund, dass von der perzipierten Debattenleistung der Kandidaten der stärkste Effekt ausgeht. Die Parteibindung wirkt in aller Regel nur vermittelt über die Debattenperformanz auf die Siegerwahrnehmung. Die vor einem Duell formulierten Erwartungen an den Debattensieger spielen allenfalls eine untergeordnete Rolle.

Dieses Muster zeigt sich auch wenn man Experimentalstudien der Fernsehdebatten 2002 bis 2017 vergleichend auswertet (Abb. 6.2). Zu erkennen ist hier erstens, dass der Einfluss der mittels RTR-Technik erfassten wahrgenommenen Debattenperformanz einen im Mittel etwa viermal so starken Einfluss auf die Wahrnehmung des Debattensiegers hat wie die Parteiidentifikation und der vor einem Duell erwartete Ausgang des Streitgesprächs. Die Daten zeigen eindeutig, dass das Auftreten und die Aussagen der Kandidaten eine wichtige Bedeutung für die Einschätzung des Debattensiegers haben und diese mitnichten bereits vorab feststeht. Zweitens schwankt die Erklärungsleistung der Debattenperformanz, der Parteiidentifikation und des erwarteten Debattensiegers von TV-Duell zu TV-Duell. Woran dies genau liegt, welche Rolle hier Rezipienteneigenschaften, das Profil der Kandidaten oder die Vorberichterstattung der Massenmedien spielen, ist unklar. Umso wichtiger ist es, in der Debattenforschung den hier verfolgten

Ansatz – Analyse mehrerer TV-Duelle, die mit vergleichbarem Design untersucht wurden – zu stärken, um einerseits die Rolle von Kontextfaktoren durch den Vergleich von Debatten abschätzen zu können, andererseits perspektivisch in die Lage zu kommen, die Effekte der genannten Einflussfaktoren statistisch angemessen zu untersuchen. Drittens zeigt sich, dass die Erklärungsleistung der drei in das Modell einbezogenen Variablen zwar beachtlich (mittleres korrigiertes $R^2 = 0{,}44$), aber keinesfalls erschöpfend ist. Dies bedeutet, dass noch andere, in der Literatur bislang nicht identifizierte Merkmale das Urteil über den Debattensieger beeinflussen.

Zusammenfassung
Politiker haben das Ziel, bei Wahlen möglichst viele Stimmen zu bekommen. Sie wollen in Ämter gewählt werden, um die Möglichkeit zu haben, Politik aktiv zu gestalten. In Ländern, in denen TV-Duelle durchgeführt werden, ist es das erklärte Ziel der Spitzenkandidaten, aus solchen Streitgesprächen als Sieger – oder zumindest nicht als Verlierer – hervorzugehen. Das Erreichen dieses Ziels setzt nach den hier präsentierten Befunden voraus, dass Kandidaten eine ansprechende Debattenleistung bieten. Werden Aussagen und Auftreten der Kandidaten positiv bewertet, steigt die Wahrscheinlichkeit, auch als Debattensieger wahrgenommen zu werden. Zudem wird allgemein davon ausgegangen, dass positive Bewertungen der Debattenperformanz und ein Debattensieg die Voraussetzungen dafür sind, direkten Einfluss auf die politischen Einstellungen und Verhaltensabsichten der Debattenzuschauer nehmen zu können. Eine einfache Formel, wie dies gelingen kann, gibt es allerdings nicht. Von den verschiedenen bislang untersuchten verbalen Aussagetypen gehen ebenso wie von der nonverbalen Kommunikation in Richtung und Stärke nicht immer leicht abzuschätzende Effekte aus. Zudem steht zu vermuten, dass verschiedene Signale miteinander interagieren – ein Feld, das bislang praktisch unerforscht ist. Schließlich spielen für die genauen Zuschauerreaktionen weitere Aspekte, etwa die Eigenschaften des Senders oder die Merkmale des Rezipienten, eine wichtige Rolle. Ob und ggf. unter welchen Rahmenbedingungen es Kandidaten dennoch gelingen kann, durch ihren Auftritt in einem TV-Duell die politischen Orientierungen und Verhaltensabsichten von Wählern zu verändern, ist Gegenstand des nachfolgenden Kapitels.

Wirkung von TV-Duellen 7

Der weitaus größte Teil der Debattenforschung beschäftigt sich mit der Frage, welche Wirkungen Fernsehdebatten haben. Allerdings sind das Forschungsfeld und die dort erzielten Ergebnisse – passend zur Befundlage der Medienwirkungsforschung insgesamt – extrem unübersichtlich. Dies hat verschiedene Gründe. Erstens unterscheiden sich die ins Auge gefassten Effekte stark: Die Palette reicht von kognitiven, emotionalen und motivationalen Wirkungen über Einflüsse auf politische Einstellungen bis hin zu Effekten auf das politische Verhalten. Innerhalb dieser übergeordneten Kategorien unterscheiden sich die untersuchten Konzepte und ihre konkrete empirische Erfassung stark voneinander.

Zweitens gibt es keine übergreifende Theorie der Debattenwirkung. Vielmehr werden – analog zu anderen untersuchten Kampagneneffekten (z. B. der Wirkung von Wahlwerbung) – allgemeinere Medienwirkungstheorien auf TV-Duelle übertragen. Vorherrschend sind *einfache Stimulus-Response*-Annahmen, die durch die Analyse potenzieller Moderatorvariablen – allen voran die Parteibindung und die Wahrnehmung des Debattensiegers – verfeinert werden. Zunehmend gibt es aber auch Untersuchungen, die von komplexeren Wirkungsmechanismen ausgehen – z. B. *Priming, Framing* oder Zwei-Prozess-Modellen der Informationsverarbeitung.

Drittens hängt die Bewertung von Debatteneffekten sehr von dem zugrunde gelegten Wirkungskonzept ab. Einige Forscher akzeptieren nur Konversionseffekte als „richtige Medienwirkung" – also die *Veränderung* von politischen Einstellungen und Verhaltensabsichten im Zuge der Debattenrezeption –, nicht aber Verstärkungseffekte – also die Bestärkung von Individuen in ihren bereits vor der Rezeption eines TV-Duells vorhandenen Orientierungen. Da viele Untersuchungen solche Verstärkereffekte berichten, fällt das Urteil über das Wirkungspotenzial von Fernsehdebatten aus dieser Perspektive häufig negativ aus. Andere

Forscher definieren Medienwirkungen in Anlehnung an Graber (1993, S. 305) als jede Veränderung von individuellen physiologischen Zuständen, Motivationen, Kognitionen, Einstellungen und Verhalten (bzw. Verhaltensabsichten), die unmittelbar auf die Rezeption medial verbreiteter Informationen – in unserem Fall also die Rezeption des TV-Duells (bzw. darauf bezogener Medienberichte, vgl. Kap. 8) – zurückzuführen ist (vgl. auch Maier 2015b). Bei Verwendung dieses Konzepts, das auch wir uns hier zu eigen machen, spielt es keine Rolle, ob eine Orientierung „nur" verstärkt oder fundamental verändert wird. Die Einschätzung des Wirkungspotenzials von TV-Duellen wird dadurch entsprechend größer.

Viertens gibt es erhebliche Unterschiede in der Messung von Debatteneffekten, auf die wir in Kap. 2 bereits ausführlich eingegangen sind.

7.1 Effekte auf die kognitive, emotionale und politische Involvierung

Fernsehdebatten werden häufig – und insbesondere aus der Perspektive der beteiligten Politiker – unter dem Blickwinkel betrachtet, ob sie ein wirksames Instrument zur Mobilisierung und/oder Überzeugung sind. Wirkungen von TV-Duellen werden deshalb oft – vor allem von den Medien – auf die Frage reduziert, ob es Kandidaten mit ihrer Teilnahme an Duellen gelingt, das beabsichtigte Abstimmungsverhalten der Wähler oder wenigstens das Image, das sie bei den Wählern haben, zu ihren Gunsten zu verändern. Fernsehduelle können aber auch andere Funktionen haben. In den USA wurde bereits sehr früh über die Möglichkeit der politischen Bildung der Wähler mithilfe des damals neuartigen Formats nachgedacht. So etwa sollten Fernsehdebatten aus Sicht der *League of Women Voters,* die über viele Jahre die amerikanischen Präsidentschaftsdebatten gesponsert hat, einen Beitrag dazu leisten, dass Wahlentscheidungen „rational" getroffen werden (Graber und Kim 1978, S. 407). Ob TV-Duelle diese Funktion erfüllen können, wird in der Literatur vor allem mit Blick auf die Veränderung der kognitiven Involvierung – insbesondere des subjektiv wahrgenommenen Wissens und des tatsächlichen Faktenwissens – von Debattenrezipienten untersucht. Darüber hinaus gibt es einen Forschungsstrang, der sich eher der politisch-motivationalen Involvierung – etwa dem Einfluss von TV-Debatten auf das Wahlkampfinteresse – widmet. Vergleichsweise neu sind Studien, die die emotionalen Konsequenzen von Debatten untersuchen.

7.1 Effekte auf die kognitive, emotionale und politische Involvierung

Kognitive Involvierung

Gemessen am Anspruch, den die *League of Women Voters* an TV-Duelle stellt, fällt die Selbsteinschätzung von Debattenrezipienten, ob sie durch die verfolgte Sendung neue Erkenntnisse gewonnen haben, eher ernüchternd aus. In den USA berichten zwischen einem Zehntel und einem Drittel der Debattenrezipienten, etwas gelernt zu haben (vgl. z. B. Chaffee 1978; Kaid et al. 2000, S. 171; Rose 1979). Aus Deutschland werden ähnliche Zahlen berichtet; hier bewegt sich der Anteil zwischen 15 und 36 % (vgl. Dehm 2002, 2005, 2009). Jüngere, formal geringer gebildete und politisch weniger interessierte Befragte berichten überdurchschnittlich häufig von Erkenntnisgewinnen. Dass der subjektiv wahrgenommene Erkenntnisgewinn nicht höher ausfällt, dürfte vor allem daran liegen, dass TV-Duelle „Wahlkämpfe im Miniaturformat" (Faas und Maier 2004a, S. 56) sind. Die dort diskutierten Themen wurden ebenso wie die politischen Positionen der Kandidaten im Wahlkampf bereits ausführlich dargestellt und sind deshalb für viele Zuschauer nicht neu. Deutlichere Veränderung der subjektiven Informiertheit sind demgegenüber dann zu erkennen, wenn – wie bei lokalen Wahlen (Lichtenstein 1982) oder Europawahlen (Dinter und Weissenbach 2015; Maier et al. 2018) – Kandidaten und Themen im Vorfeld weniger bekannt sind.

Zahlreiche Studien, die den durch die Rezeption eines TV-Duells induzierten objektiven Wissenszuwachs messen, kommen hingegen zu dem Ergebnis, dass Fernsehdebatten sehr wohl positive Effekte auf das Faktenwissen und die Kenntnisse zu den von den Kandidaten eingenommenen Sachfragenpositionen haben (vgl. z. B. Abramowitz 1978; Becker et al. 1979; Benoit und Hansen 2004b; Benoit et al. 1998; Bishop et al. 1978; Chaffee 1978; Chaffee et al. 1994; Delli et al. 1997; Drew und Weaver 1991; Faas und Maier 2011a; Gottfried et al. 2014; Holbert et al. 2002; Holbrook 1999; Jamieson und Adasiewicz 2000; Just et al. 1990; Katz und Feldman 1962; Lee und Lee 2015; Lemert 1993; Lupfer und Wald 1979; Maier 2007c; Maurer und Reinemann 2003, 2006a; Miller und McKuen 1979; Pfau et al. 2001; Pfau et al. 2005; Range 2017; Sears und Chaffee 1979; Zhu et al. 1994). Dieses Bild zeichnet auch eine zu diesem Themenkomplex verfügbare Meta-Analyse (Benoit et al. 2003). In der Studie wurde die Wirkung von TV-Debatten in Vorwahlkämpfen bei US-Präsidentschaftswahlen untersucht und ein signifikant positiver Zusammenhang zwischen Debattenrezeption und Wissen über die Sachfragenpositionen der Kandidaten nachgewiesen. Zhu et al. (1994) dokumentieren, dass die Wirkung von Debatten auf politische Kenntnisse in aller Regel größer ausfällt als auf Einstellungen zu den Kandidaten, die kognitiven Effekte also größer ausfallen als evaluative.

Generell erhöht die Rezeption von TV-Duellen den Umfang der verfügbaren Informationen über die teilnehmenden Kandidaten (Pfau et al. 2001). Debattenzuschauer sammeln vor allem neue Informationen über weniger bekannte Kandidaten (vgl. z. B. Benoit und Hansen 2004b). Auch sind Wissenszuwächse für Debatten, die früher im Wahlkampf stattfinden, größer als für später terminierte Duelle (Holbert et al. 2002). Ursache hierfür ist, dass sich mit geringer werdendem Abstand zur Wahl die Zahl der noch wenig informierten Wähler reduziert. Vor diesem Hintergrund ist es auch sehr plausibel, dass Lerneffekte bei *primary debates* meist besonders stark ausfallen (vgl. z. B. Benoit et al. 2002, 2003; Holbrook 1999; Lemert et al. 1983).

Aufgrund der selektiven Verarbeitung von Informationen wird mehr über den „eigenen" als über den gegnerischen Kandidaten gelernt (vgl. z. B. Abramowitz 1978; Jacoby et al. 1986). Einige Untersuchungen legen nahe, dass über den präferierten Kandidaten vor allem (weitere) positive Fakten gesammelt werden, während für den politischen Gegner eher negative Informationen abgespeichert werden (Kraus und Smith 1962; Lang und Lang 1962). Fernsehdebatten sorgen aber auch dafür, dass falsch wahrgenommene Sachfragenpositionen der Kandidaten korrigiert werden (vgl. z. B. Faas und Maier 2011a). Dies trifft sowohl für Zuschauer zu, die mit der Haltung eines Politikers übereinstimmen, als auch für Zuschauer, die grundsätzlich eine andere Meinung als ein Kandidat haben (Abramowitz 1978).

Kenntnisse über persönliche Eigenschaften der Kandidaten werden leichter erworben als Wissen über Sachfragenpositionen (Becker et al. 1979; Chaffee et al. 1994; McKinney et al. 2003; Pfau 1988; Rose 1979; Zhu et al. 1994) – schließlich sind die Kandidaten auch leicht zu beobachten. Auf politische Inhalte bezogene Lerneffekte sind natürlich auf Politikfelder begrenzt, die auch in einem TV-Duell thematisiert wurden (vgl. z. B. Zhu et al. 1994; Maier 2007c; Wagner und Werner 2017). Allerdings fallen die Wissenszuwächse auch für im TV-Duell angesprochene Themen unterschiedlich groß aus. Eine Voraussetzung für Wissenszuwächse ist, dass die besprochenen Themen für die Zuschauer relativ neu sind, d. h. nicht vorab bereits ausführlich in den Medien besprochen wurden (Wagner und Werner 2017). Lernerfolge sind dann besonders wahrscheinlich, wenn sich die Kandidaten einfach ausdrücken und Informationen wiederholt werden (Maier 2007c) sowie bei negativen, insbesondere aber unhöflichen Botschaften (Mutz 2015, S. 40). Darüber hinaus gibt es Hinweise, dass auch das Debattenformat einen Einfluss auf Umfang und Art des erworbenen Wissens hat (McKinney 2005a; McKinney et al. 2003). Die stärksten Lerneffekte treten auf, wenn Kandidaten – wie in der zweiten US-Präsidentschaftsdebatte 2000 oder der österreichischen Präsidentschaftsdebatte 2016 zwischen Norbert Hofer und

7.1 Effekte auf die kognitive, emotionale und politische Involvierung

Alexander van der Bellen, in der auf einen Moderator ganz verzichtet wurde – miteinander ein Gespräch führen und wechselseitig Argumente austauschen. Im Vergleich dazu fällt die Wirkung klassischer Formate, bei denen die Kandidaten (oftmals schematisch) auf Fragen von Moderatoren reagieren, aber auch der Effekt von *townhall meetings*, bei denen Fragen des Publikums beantwortet werden, geringer aus.

Umstritten ist, welche Wähler am stärksten von der Rezeption von Fernsehdebatten profitieren. Einige Studien zeigen, dass schon vorher gut informierte Zuschauer auch stärker als andere neues Wissen erwerben (z. B. Bishop et al. 1978; Graber und Kim 1978; Holbrook 1999; Kennamer 1990; Lemert 1993). Demgegenüber demonstrieren andere Untersuchungen, dass sich die typischerweise zu beobachtenden Wissensklüfte zwischen gut und weniger gut Informierten durch die Rezeption eines TV-Duells verringern (Druckman 2003; Faas und Maier 2011a; Holbrook 2002; Lee und Lee 2015; Lupfer und Wald 1979; Maier 2007c; Range 2017). Günstig auf Lerneffekte wirkt sich ein hohes Interesse am rezipierten TV-Duell aus (Lee und Lee 2015). Druckman (2003) zeigt, dass die visuellen Elemente von Fernsehdebatten die kognitiven Effekte insbesondere in dieser interessierten Rezipientengruppe weiter verstärken.

Neben den zahlreichen Untersuchungen, die kognitive Effekte von TV-Duellen nachweisen können, gibt es auch einige – vorwiegend auf Nachbefragungen basierende – Studien, die einen mit der Rezeption eines TV-Duells zusammenhängenden Wissenszuwachs nicht belegen können (Drew und Weaver 1998; Graber und Kim 1978; Kennamer 1987, 1990; Weaver und Drew 1995, 2001; Weaver et al. 1998). Es gibt Hinweise, dass ausbleibende Lerneffekte darauf zurückzuführen sind, dass den in einer Debatte genannten Fakten explizit von anderer Seite widersprochen wird (Gottfried et al. 2014). Ist dies der Fall, fällt es Zuschauern schwer zu entscheiden, welche Darstellung richtig ist. Verfügen Rezipienten über eine Parteibindung, werden diese Widersprüche zugunsten des präferierten Kandidaten aufgelöst (Gottfried et al. 2014).

In dieser Linie stehend gehen einige Studien sogar noch weiter und zeigen, dass die Rezeption eines TV-Duells mitunter sogar *Wissensverluste* verursachen kann (Jacoby et al. 1986; Maier 2007c; Maurer und Reinemann 2006a). Erklärt wird dieses Phänomen damit, dass Kandidaten in solchen Diskussionsrunden immer wieder auch objektiv falsche Behauptungen aufstellen. Da vor allem die Aussagen des eigenen Kandidaten als vertrauenswürdig eingeschätzt werden, kann dies dazu führen, dass Rezipienten vorhandenes korrektes Wissen durch falsche Informationen ihres Kandidaten ersetzen.

Die Auswertung von Experimentaldaten für die Bundestagswahlen 2002 bis 2017 zeigt für alle TV-Debatten einen positiven Effekt auf das Faktenwissen

Tab. 7.1 Einfluss der TV-Duelle der Bundestagswahlen 2002–2017 auf politisches Wissen

	Alle		
	Vorher	Nachher	Δ
2002/I	56,3	69,8	+13,5[c]
2002/II	71,4	77,1	+5,7
2005	60,5	63,3	+2,8
2009	43,3	81,7	+38,4[c]
2013	52,8	69,5	+16,7[c]
2017	46,8	74,1	+27,3[c]
Mittelwert			+17,4

Quelle: Experimentaldaten 2002, 2005, 2009 (ZA5309), 2013 (ZA5709) und 2017 (ZA6810), eigene Berechnungen. Ausgewiesen ist der durchschnittliche Anteil korrekt beantworteter Wissensfragen direkt vor und direkt nach dem jeweiligen Duell. Einbezogen wurden nur Fragen zu Themengebieten, die in dem jeweiligen TV-Duell so angesprochen wurden, dass Rezipienten auf der Basis der Kandidaten- und Moderatorenaussagen Wissen erwerben konnten. Anzahl der in den Indizes enthalten Wissensfragen: 2002/1: 3, 2002/2: 1, 2005: 5, 2009: 1, 2013: 3, 2017: 2. Fallzahlen: 2002/I: N=32, 2002/II N=35, 2005: N=127, 2009: N=383, 2013: N=235, 2017: N=174. Signifikanzniveaus: [a]$p<0{,}05$, [b]$p<0{,}01$, [c]$p<0{,}001$.

(vgl. Tab. 7.1). In vier von sechs Fällen (1. Duell 2002, 2009, 2013, 2017) sind die gemessenen Veränderungen statistisch signifikant ($p<0{,}001$). Weiterführende, hier nicht im Detail ausgewiesene Analysen, in denen der Wissenserwerb in unterschiedlichen Bildungsgruppen untersucht wird, zeigen kein klar erkennbares Muster, welcher Personenkreis am stärksten von der Rezeption einer TV-Debatte profitiert. Während 2002 und 2013 für formal hoch Gebildete ein größerer Wissenszuwachs zu beobachten ist als für geringer Gebildete, zeigt sich 2005 und 2009 der gegenteilige Effekt. Für 2017 ist kein bildungsspezifischer Einfluss nachzuweisen.

Emotionale Involvierung

Nur wenige Studien beschäftigen sich mit dem Einfluss von TV-Duellen auf Emotionen. Die bisherigen Befunde sind allerdings relativ heterogen. Einige Untersuchungen zeigen, dass die Rezeption von Debatten Emotionen auslösen kann (Fridkin et al. 2019; McDuff et al. 2013; Shields und MacDowell 1987; Vogel und Otto 2017). Während die Rezeption von TV-Duellen bei Männern eher Emotionen wie Ärger und Ekel auslöst, zeigen Frauen stärker Trauer

7.1 Effekte auf die kognitive, emotionale und politische Involvierung

(Fridkin et al. 2019). Cho und Choy (2011) weisen einen Zusammenhang zwischen der Debattenrezeption und dem Anstieg negativer Emotionen – insbesondere gegenüber dem gegnerischen Kandidaten – nach. Demgegenüber zeigt die Analyse von Vogel und Otto (2017) zum TV-Duell 2013, dass negative Emotionen gegenüber den Kandidaten durch die Rezeption der Debatte abgebaut werden. Der Ausbau positiver Emotionen ist wahrscheinlich, wenn die Sympathie zum Kandidaten hoch ist und die Debattenleistung den eigenen Erwartungen entspricht. Negative Emotionen werden erzeugt, wenn dies nicht der Fall ist (Vogel und Otto 2017). Mutz und Reeves (2005; vgl. auch Mutz 2007, 2015, S. 37) zeigen, dass negative Aussagen in einer Fernsehdebatte starke physiologische Reaktionen hervorrufen. Diesen Befund kann man ebenfalls als Effekt auf die emotionale Involvierung verstehen. Reaktionen fallen besonders deutlich aus, wenn die Aussagen „uncivil" – also unhöflich, feindselig, rüde – sind. Noch stärker emotionalisierend wirkt die Darstellung von Kandidaten im Rahmen einer Nahaufnahme (Mutz 2007, 2015, S. 37). Eine Untersuchung zur *Eurovision Debate* zeigt, dass die Rezeption dieser Sendung Ängste und Ärger gegenüber dem politischen System der EU verringert. Darüber hinaus waren Bewertungen spezifischer Kandidatenleistungen mit dem Zuwachs von Freude und Hoffnung verknüpft (Maier et al. 2016). Demgegenüber berichten Dinter und Weissenbach (2015), dass die Rezeption der *Eurovision Debate* vor allem negative Emotionen ausgelöst hat.

Politische Involvierung
Mit Blick auf den Einfluss von TV-Duellen auf die politische Involvierung wird vor allem das Interesse an Politik bzw. an Wahlkämpfen, aber auch das politische Kompetenzgefühl *(internal efficacy)*, die wahrgenommene politische Informationskompetenz *(political information efficacy)* sowie die Involvierung in Wahlkampfaktivitäten untersucht. Zahlreiche Studien dokumentieren, dass TV-Duelle einen positiven Einfluss auf das Wahlkampfinteresse ausüben (vgl. z. B. Best und Hubbard 1999; Cho und Choy 2011; Katz und Feldman 1962; Lemert et al. 1983; Lupfer und Wald 1979; Maier et al. 2013; McLeod et al. 1979a, b; Mulder 1978; Pfau 1987; Pfau et al. 2001; Range 2017; Sears und Chaffee 1979; Wald und Lupfer 1978; Weaver und Drew 1995, 2001). Demgegenüber kommen nur einige wenige Studien zu dem Ergebnis, dass die Rezeption von Fernsehdebatten hier keinen Effekt hat (Drew und Weaver 1998; Weaver et al. 1998). Die Wirkung fällt bei politikfernen Wählersegmenten besonders stark aus; bei politisch Interessierten hat die Rezeption einer Fernsehdebatte keinen oder nur einen geringen Einfluss (Maier et al. 2013; Range 2017).

Darüber hinaus steigert die Rezeption von TV-Duellen tendenziell das subjektive Kompetenzgefühl (Dinter und Weissenbach 2015; Maier et al. 2013; McKinney und Banwart 2005; McKinney und Chattopadhyay 2007; Range 2017; anders: Wald und Lupfer 1978), die politische Informationskompetenz (McKinney und Chattopadhyay 2007), die Bereitschaft, sich im Wahlkampf zu engagieren (McLeod et al. 1979a; Pfau et al. 2001), die Informationssuche (Lanoue 1991) sowie Mediennutzung und interpersonale Kommunikation (Cho und Choy 2011; Cho und Ha 2012; McLeod et al. 1979b). Zudem versetzen Fernsehdebatten Rezipienten ganz allgemein in die Lage, Einstellungen zu den Kandidaten zu entwickeln (Fridkin et al. 2007). Für die Bundestagswahl 2009 wurde gezeigt, dass der Einfluss von TV-Duellen auf die politische Involvierung (hier: Wahlkampfinteresse und Kompetenzgefühl) einerseits davon abhängt, wie aufmerksam ein TV-Duell verfolgt wird. Andererseits kommt es auch darauf an, wie verständlich sich Politiker in solchen Sendungen ausdrücken (Maier et al. 2013).

Auch mit den uns vorliegenden Daten kann man Effekte von TV-Debatten auf die politische Involvierung nachweisen. Allerdings sind hier Experimentaldaten meist weniger geeignet, da aufgrund der oftmals festzustellenden Überrepräsentation von politikaffinen Probanden in entsprechenden Stichproben Fernsehduelle kaum noch Spielraum haben, um eine Wirkung auf die politische Involvierung zu entfalten. Vermutlich aus diesem Grund sind die in Tab. 7.2 ausgewiesenen Effekte der Debattenrezeption auf das subjektive Kompetenzgefühl *(internal efficacy)* sehr begrenzt, wenn auch – trotz allem – durchaus erkennbar. Im Durchschnitt wächst das Kompetenzgefühl um 0,04 Skalenpunkte. Der Zuwachs ist bei Wählern mit geringem Politikinteresse fast dreimal so groß wie bei Wählern, die sich stark für Politik interessieren.

Besser gelingt der Nachweis von Debattenwirkungen mit *Rolling-Cross-Section*-Befragungen. Für die Wahlen 2009, 2013 und 2017 zeigen diese Daten, dass das Wahlkampfinteresse vor allem in den Tagen vor einem Duell steigt (vgl. Abb. 7.1). Der Effekt des Duells am Tag der Sendung und in den nachfolgenden Tagen ist hingegen eher begrenzt.

Anders sieht dies für die interpersonale Kommunikation über Politik aus (vgl. Abb. 7.2). Diese wird 2009 und 2013 vor allem an dem Tag, an dem ein TV-Duell ausgestrahlt wird, stimuliert. Das Bedürfnis, sich mit anderen Menschen über Politik zu unterhalten, bleibt auch in den Tagen nach einem Duell erhalten. Allerdings findet sich dieses Muster 2017 nicht: Hier sinkt die Häufigkeit von Gesprächen im direkten Umfeld des TV-Duells, um erst wenige Tage nach der Debatte wieder anzusteigen.

7.1 Effekte auf die kognitive, emotionale und politische Involvierung

Tab. 7.2 Einfluss der TV-Duelle der Bundestagswahlen 2002–2017 auf das subjektive Kompetenzgefühl *(internal efficacy)*

	Alle			Politisches Interesse	
	Vorher	Nachher	Δ	Niedrig	Hoch
2002/I	3,34	3,33	−0,01	0,00	−0,02
2002/II	3,37	3,43	+0,06	+0,07	+0,05
2005	3,46	3,54	+0,08	+0,24	+0,02
2009	3,26	3,35	+0,09[b]	+0,12	+0,06
2013	3,46	3,50	+0,04	+0,10	+0,02
2017	3,57	3,60	+0,03	+0,04	+0,02
Mittelwert			+0,04	+0,10	+0,03

Quelle: Experimentaldaten 2002, 2005, 2009 (ZA5309), 2013 (ZA5709) und 2017 (ZA6810), eigene Berechnungen. Ausgewiesen ist der Mittelwert für das subjektive Kompetenzgefühl *(internal efficacy)* direkt vor und direkt nach dem Duell bzw. die Differenz des subjektiven Kompetenzgefühls. Daten wurden so gewichtet, dass die unterschiedlichen parteipolitischen Lager (CDU/CSU, FDP vs. SPD, Bündnis 90/Die Grünen vs. andere bzw. keine Parteiidentifikation) mit gleichem Gewicht in die Analysen eingehen. Um die Vergleichbarkeit über Zeit zu gewährleisten, haben wir AfD-Anhänger 2017 aus der Analyse ausgeschlossen. Die dem Summenindex zugrunde liegenden Items wurden jeweils auf einer 5-Punkte-Skala von 1 („stimme überhaupt nicht zu") bis 5 („stimme voll und ganz zu") gemessen. Der Indexwert 1 signalisiert ein geringes, der Wert 5 ein hohes subjektives Kompetenzgefühl. Fallzahlen: 2002/I: N = 68, 2002/II: N = 73, 2005: N = 127, 2009: N = 383, 2013: N = 235, 2017: N = 168. Signifikanzniveau: [a]$p<0{,}05$, [b]$p<0{,}01$, [c]$p<0{,}001$. Signifikanztests beziehen sich auf die Differenz im subjektiven Kompetenzgefühl vor und nach dem Duell bzw. auf den Unterschied in der Veränderung des subjektiven Kompetenzgefühls zwischen Personen mit niedrigem und hohem politischen Interesse. Politisches Interesse wurde auf einer 5-Punkte-Skala von 1 („überhaupt nicht") bis 5 („sehr stark") gemessen. Die Werte 1–3 wurden zu niedrigem, die Werte 4 und 5 zu hohem politischem Interesse zusammengefasst.

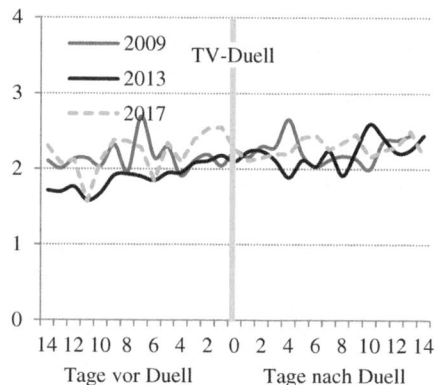

Abb. 7.1 Einfluss der TV-Duelle der Bundestagswahlen 2009, 2013 und 2017 auf das Wahlkampfinteresse der Befragten. (Quelle: *Rolling-Cross-Section*-Wahlkampfstudie 2009 (ZA5303), 2013 (ZA5703) und 2017 (ZA6803), eigene Berechnungen. Ausgewiesen sind Mittelwerte auf einer Skala von 0 („überhaupt nicht") bis 4 („sehr stark"); Fallzahlen: 2009: N = 6008, 2013: N = 7882, 2017: N = 7650)

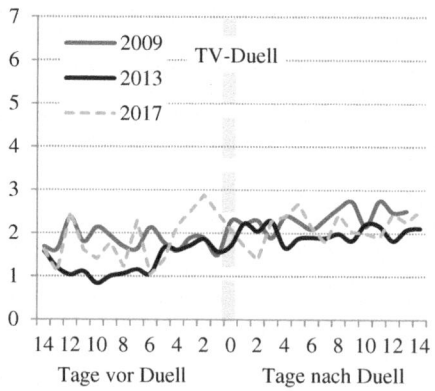

Abb. 7.2 Einfluss der TV-Duelle der Bundestagswahlen 2009, 2013 und 2017 auf die Häufigkeit politischer Gespräche. (Quelle: *Rolling-Cross-Section*-Wahlkampfstudie 2009 (ZA5303), 2013 (ZA5703) und 2017 (ZA6803), eigene Berechnungen. Ausgewiesen sind Mittelwerte auf einer Skala von 0 („an keinem Tag") bis 7 („7 Tage"); Fallzahlen: 2009: N = 6008, 2013: N = 7882, 2017: N = 7650)

7.2 Effekte auf politische Einstellungen

Ein erheblicher Teil der Forschung zur Wirkung von TV-Duellen konzentriert sich auf die Effekte, die solche Formate auf politische Einstellungen haben. Die Popularität dieses Forschungsbereichs liegt auf der Hand, da politische Einstellungen als zentrale Determinante des Wahlverhaltens gelten. Unter den Studien, die sich diesem Themenkomplex widmen, dominieren Untersuchungen, die den Einfluss von Fernsehdebatten auf die Einstellung zu den an einem TV-Duell beteiligten Kandidaten analysieren. Weitaus seltener findet sich Forschung zur Wirkung von Fernsehdebatten auf Einstellungen zu politischen Sachfragen. Dieses Missverhältnis ist durchaus bemerkenswert, wenn man bedenkt, welche prominente Rolle Sachfragen in Fernsehdebatten spielen (vgl. Kap. 4). Noch seltener anzutreffen sind Analysen zu politischen Einstellungen, denen in Modellen des Wählerverhaltens zwar keine besondere Rolle zugesprochen wird, die aber zentral für die Stabilität von Demokratien sind – etwa die Demokratiezufriedenheit oder das Vertrauen in Institutionen.

Die ersten Untersuchungen zum Einfluss von Fernsehdebatten auf politische Einstellungen (und politisches Verhalten), die im Kontext der amerikanischen Präsidentschaftswahlen 1960 und 1976 durchgeführt wurden, deuten darauf hin, dass TV-Duelle nur ein sehr begrenztes Wirkungspotenzial haben (Dennis et al. 1979; Hagner und Rieselbach 1978; Katz und Feldman 1962; Kraus und Smith 1962; Lang und Lang 1962; Sears und Chaffee 1979). Schnell war die – bis heute weit verbreitete – Einschätzung geboren, dass solche Sendungen bereits vorhandene politische Orientierungen nur verstärken, nicht aber verändern können (vgl. zusammenfassend z. B. Jamieson und Birdsell 1988; Kraus 2000; McKinney und Carlin 2004; The Racine Group 2002). Dass sich diese Sichtweise etablieren konnte, lag nicht zuletzt an der hervorragenden Passung der empirischen Ergebnisse zur damals vorherrschenden Theorie der minimalen Effekte von Medien (Klapper 1960; Lazarsfeld et al. 1944). Sie erklärt – unter Rückgriff auf Modelle der selektiven Informationsverarbeitung (Festinger 1957) – warum Massenmedien häufig nur einen geringen Einfluss auf die politischen Einstellungen von Menschen ausüben. Zweifel an der Gültigkeit dieser allgemeinen Bewertung von Fernsehdebatten kamen auf, als erste Studien signifikante Debatteneffekte nachweisen konnten (z. B. Abramowitz 1978; Geer 1988; Lanoue 1992; Lanoue und Schrott 1989a, b; Lupfer und Wald 1979). Einige der Autoren äußerten die Vermutung, dass die geringe Wirkung, die TV-Duellen vor allem in den frühen Studien attestiert wurde, methodische Ursachen hat und insbesondere an der Verwendung korrelativer Studien liegt (vgl. z. B. Lupfer und Wald 1979; siehe auch Kap. 2).

Aus heutiger Sicht ist die ursprüngliche Einschätzung, dass TV-Duelle nicht in der Lage sind, politische Einstellungen und politisches Verhalten zu verändern, nicht haltbar. Vielmehr müssen die vorliegenden Forschungsergebnisse als überaus heterogen bezeichnet werden. Eine der wichtigsten Aufgaben der aktuellen Debattenforschung ist es deshalb, die vorhandenen Befunde zu systematisieren und herauszuarbeiten, unter welchen Bedingungen dieses Format welche Wirkungen verursacht.

Studien, die sich mit dem Einfluss von Fernsehdebatten auf die Einstellung zu Kandidaten, die in TV-Duellen gegeneinander antreten, beschäftigen, lassen sich anhand der untersuchten abhängigen Variable in drei Kategorien einteilen, nämlich erstens Studien, die die Globalbewertung von Kandidaten in den Blick nehmen, zweitens Untersuchungen, die etwas kleinteiliger vorgehen und sich auf Kandidatenimages konzentrieren, sowie drittens Analysen, die Kandidatenpräferenzen in den Mittelpunkt stellen – und damit eine Verbindung zu verhaltensrelevanten Konsequenzen von TV-Duellen schlagen.

Einstellungen zu Kandidaten – Globalbewertung der Kandidaten
Zahlreiche Untersuchungen belegen, dass Fernsehdebatten einen Einfluss auf die – in der Regel mit Sympathieskalometern[1] oder verwandten Instrumenten gemessenen – Globalbewertungen von Kandidaten haben. Diese Effekte fallen in *primary debates* besonders groß aus, da sich hier oftmals Kandidaten präsentieren, zu denen die Wähler noch keine feste Einstellung haben (vgl. z. B. Best und Hubbard 1999; McKinney und Warner 2013). Wenngleich TV-Duelle auch keine besonderen (z. B. Bachl 2016; Fridkin et al. 2008; Lanoue 1991; Lupfer und Wald 1979; McLeod et al. 1979b) oder negativen Effekte auf die Einstellung zu Spitzenkandidaten haben können (vgl. z. B. Holst et al. 2006; Maier 2004; Maier und Faas 2004; Maier et al. 2014; McKinney et al. 2001; McKinney und Warner 2013), zeichnet sich insgesamt doch ein Muster ab, demzufolge sich die Bewertung der an einer Fernsehdebatte teilnehmenden Politiker in der Regel eher verbessert als verschlechtert (vgl. z. B. Bachl 2013b; Bachl und Brettschneider 2013; Benoit et al. 2001; Brady und Johnston 2006; Dinter und Weissenbach 2015; Faas und Maier 2011b; Fridkin et al. 2008; LeDuc 1990; Maier 2004; Maier und Faas 2003, 2004; Maier et al. 2014; Maurer und Reinemann 2003, S. 157–158; McKinney et al. 2011; McKinney und Warner 2013; McKinnon und Tedesco 1999; Pfau et al. 2001; Schill und Kirk 2014; Sears und Chaffee 1979).

Günstige Wirkungen eines TV-Duells zeigen sich für die an einer Debatte beteiligten Kandidaten insbesondere in den Reihen der eigenen Anhänger

---

[1]Typische Frageformulierungen lauten dann „Was halten Sie ganz allgemein von den folgenden Politikern?" mit Skalen von -5 „halte überhaupt nichts von ihm/ihr" bis +5 „halte sehr viel von ihm/ihr".

7.2 Effekte auf politische Einstellungen

(vgl. z. B. Cho und Ha 2012; Maier et al. 2014). Dies unterstreicht den in den USA weit verbreiteten Befund, dass Fernsehduelle vor allem bereits vorhandene politische Dispositionen verstärken (vgl. z. B. McKinney und Carlin 2004). In der Aggregatbetrachtung führen Fernsehdebatten damit oft zu einer Polarisierung des Elektorats (Warner und McKinney 2013) – insbesondere dann, wenn TV-Duelle von einem hohen Maß an Unhöflichkeit in Verbindung mit einer spezifischen medientechnischen Darstellung geprägt sind (Mutz 2007, 2015, S. 60). Allerdings finden sich auch Hinweise, dass es Kandidaten gelingen kann, ihre Gesamtbewertung auch bei Wählern ohne Parteibindung und sogar bei Wählern, die eigentlich den politischen Gegner unterstützen, zu verbessern (Bachl 2013b; Klein und Rosar 2007; Maier et al. 2014).

Positive Wirkungen zeigen sich insbesondere dann, wenn auch die Debattenleistung eines Kandidaten positiv wahrgenommen wird (Bachl 2013b; Faas und Maier 2011b; Kim und Garrett 2012; Maier 2004; Maier und Faas 2003, 2004, 2005; Maier et al. 2014; Pattie und Johnston 2011; Yawn und Beatty 2000). Die Globalbewertung eines Kandidaten kann sich allerdings auch dann verbessern, wenn er das Duell nach dem Urteil der Rezipienten verloren hat (Faas und Maier 2011b; Maier et al. 2014). Die Effekte sind bei formal weniger Gebildeten und Zuschauern ohne Parteibindung am stärksten (Maier 2004). Andere Studien berichten hingegen, dass der Zusammenhang zwischen Debattenleistung und Kandidatenbewertung bei parteipolitisch gebundenen Wählern stärker ausfällt als bei unabhängigen Wählern (Maier und Faas 2004). Inwieweit die politische Involvierung hier eine Rolle spielt, ist hingegen unklar. Während Maier und Faas (2005) zeigen, dass Wähler mit hohem Politikinteresse in ihrem Gesamturteil über die Spitzenkandidaten am wenigsten von einem TV-Duell beeinflusst werden, legt die Studie von Reinemann und Maurer (2015) nahe, dass der Einfluss eines TV-Duells auf die Sympathiebewertung der Kandidaten nicht vom Interesse der Rezipienten moderiert wird. Darüber hinaus finden sich Hinweise, dass Emotionen (v. a. Angst) Einfluss auf die Globalbewertung von Kandidaten nehmen (Faas und Schliephake 2015; Fridkin et al. 2019). Insbesondere bei Frauen führt Angst, die durch das Auftreten und die Aussagen von Kandidaten ausgelöst wird, dazu, dass der Sender der Angst einflößenden Nachricht negativ bewertet wird (Fridkin et al. 2019).

Schließlich beeinflusst auch das Debattenformat die Gesamtbeurteilung der Kandidaten. Einerseits gibt es Hinweise, dass sich die von den Kandidaten gezeigten Bilder positiv auf ihre Bewertung niederschlagen (McKinnon und Tedesco 1999). Kameraführung, Schnitte usw. können somit eine subtile Wirkung entfalten. Anderseits zeigen Experimente, dass Debatten mit und ohne Publikum unterschiedlich wirken. Insbesondere dann, wenn Rezipienten die Meinung des Publikums vor Ort wahrnehmen können (Applaus, Lachen etc.), hat dies Konsequenzen für die Einschätzung der Spitzenkandidaten (vgl. z. B. Annenberg Working Group on Presidential Campaign Debate Reform 2015; Fein et al. 2007).

Einstellungen zu Kandidaten – Kandidatenimage

Neben der allgemeinen Einstellung zu den Spitzenkandidaten kann sich durch die Debattenrezeption auch die Bewertung von spezifischen Kandidateneigenschaften verändern. Traditionell unterscheidet man zwischen der Kompetenz, der Führungsstärke, der Integrität und den privat-persönlichen Eigenschaften eines Politikers (vgl. z. B. Brettschneider 2001). Auch wenn die Meta-Analyse von Benoit et al. (2003) durchweg positive Effekte der Debattenrezeption auf Kandidatenimages zeigt, belegt eine Reihe von Einzelstudien, dass Debatteneffekte je nach Kandidat und betrachteter Bewertungsdimension oft sehr unterschiedlich ausfallen (vgl. z. B. Baboš und Világi 2018; Benoit et al. 2001; Brettschneider und Bachl 2013; Hofrichter 2004; Johnston et al. 1992; Lupfer und Wald 1979; Maier 2004, 2009; Maier und Faas 2003; Maier et al. 2014; Maier und Jansen 2018; Maurer und Reinemann 2003, S. 158–167; McKinney et al. 2001, 2011; McLeod et al. 1979b; Pfau et al. 2001; Scheufele et al. 2005; Schill und Kirk 2014; Vögele und Schmalz 2013; Wicks et al. 2017; Zhu et al. 1994). Ein generelles Muster, welche Eigenschaftsdimension in besonderem Maße durch Debatten beeinflusst wird, ist kaum auszumachen. Demgegenüber zeigt die erwähnte Meta-Analyse deutlich stärkere Effekte auf Charaktereigenschaften der Kandidaten als auf ihre Sachkompetenz (Benoit et al. 2003).

Die Wirkung von Fernsehdebatten auf Kandidatenimages fällt bei unbekannteren Kandidaten tendenziell größer aus (Baboš und Világi 2018; Zhu et al. 1994). Von Debatten in amerikanischen Vorwahlkämpfen gehen deshalb besonders starke Effekte aus (Benoit et al. 2003; McKinney et al. 2001). Eine slowakische Studie zeigt ebenfalls, dass die Effekte der *Eurovision Debate* 2014 bei den – weitgehend unbekannten – Kandidaten, die sich um das Amt des EU-Kommissionspräsidenten beworben haben, deutlich größer ausfielen als die Wirkungen einer TV-Debatte auf das Image der – relativ bekannten – Spitzenkandidaten der Parlamentswahlen 2016 (Baboš und Világi 2018). Passend hierzu werden stärkere Wirkungen auch von früher im Wahlkampf ausgestrahlten Debatten berichtet (Brady und Johnston 2006).

Analog zur globalen Kandidatenbewertung gilt auch hier: Imageverbesserungen sind vor allem in den Reihen der eigenen Anhänger zu beobachten. Allerdings kann es Kandidaten durchaus gelingen, ihr Image bei parteipolitisch unabhängigen Wählern sowie Wählern, die dem gegnerischen politischen Lager zuzurechnen sind, „aufzupolieren" (vgl. z. B. Bachl und Brettschneider 2013; Bachl und Vögele 2013; Brettschneider und Bachl 2013; Maier et al. 2014; Vögele und Schmalz 2013). Schließlich zeigt eine Studie für Deutschland, dass es Kandidaten durch die Teilnahme an einer TV-Debatte gelingen kann, verstärkt als gut passender Repräsentant ihrer Partei wahrgenommen zu werden. Dies hat positive Wirkungen auf Kanzlerpräferenz und Wahlabsicht (Wiegand und Wagner 2016).

7.2 Effekte auf politische Einstellungen

Studien, die Debattenleistungen von Kandidaten mittels Echtzeitmessungen aufzeichnen, zeigen, dass die Wahrnehmung der Debattenperformanz einen deutlichen Einfluss auf Kandidatenimages – und hier vor allem auf die Kompetenzzuweisung – hat; positive Perzeptionen führen zu Imagegewinnen (Bachl und Vögele 2013; Maier und Faas 2003; Vögele und Schmalz 2013). Auch für Kandidatenimages kann gezeigt werden, dass diese durch die visuelle Darstellung der Kandidaten beeinflusst werden. So hängt beispielsweise das Zeigen von nonverbalen Reaktionen, die auf Nervosität und Unsicherheit des Kandidaten hindeuten, negativ mit Kompetenzurteilen zusammen (Exline 1985). Insgesamt sind die Wirkungen nonverbaler Kommunikation aber komplex und fallen je nach Kandidat und Eigenschaftsdimension sehr unterschiedlich aus (McKinnon und Tedesco 1999; Patterson et al. 1992).

Einstellungen zu Kandidaten – Kandidatenpräferenz

Untersuchungen, die Präferenzen für an TV-Duellen beteiligten Kandidaten (im Sinne von Einstellungen und nicht von Verhalten bzw. Verhaltensabsichten; zu letzterem vgl. 7.3) analysieren, liegen in erster Line für parlamentarische Demokratien vor. Gerade Aspekte wie die „Kanzlerpräferenz" stehen dann im Fokus des Interesses. Studien für Deutschland zeigen, dass die im Aggregat gemessenen Veränderungen oft bescheiden sind (Klein 2005a). Stärkere Verschiebungen auf Aggregatebene werden nur selten berichtet (Lawes und Hawkins 2011; Scheufele et al. 2005). Dass es auf dieser Ebene keine größeren Effekte gibt, bedeutet aber keineswegs, dass Debatten auf der Ebene einzelner Individuen keine Wirkungen entfalten. Tatsächlich zeigen Auswertungen von Panel- und Experimentaldaten, dass bis zu einem Drittel der Rezipienten aufgrund einer TV-Debatte ihre Kandidatenpräferenz ändern (Bachl 2013b; Bachl und Brettschneider 2013; Hofrichter 2004; Maier 2007b; Maier und Faas 2011b). Fernsehdebatten bieten den Wählern zudem eine echte Entscheidungshilfe, denn der Anteil derjenigen, die keine Kandidatenpräferenz aufweisen, sinkt in der Regel durch die Debattenrezeption (z. B. Bachl und Brettschneider 2013; Klein 2005a; Maier und Faas 2011b; Scheufele et al. 2005) bzw. im Umfeld von TV-Duellen (Klein et al. 2019).

Besonders starke Wirkungen haben TV-Duelle auf Zuschauer ohne Parteiidentifikation. Allerdings sind auch für Parteianhänger Wanderungsbewegungen zu erkennen (Maier und Faas 2011b). Ein wichtiger Faktor, der die Veränderung der Kandidatenpräferenz beeinflusst, ist die Wahrnehmung, wer eine Debatte gewonnen hat. Kandidaten, die aus Sicht des Rezipienten den Debattensieg erringen, haben gute Chancen, dass sich die Kandidatenpräferenz der Wähler zu ihren Gunsten verschiebt (Klein 2005a). Dies gilt insbesondere für die Anhänger des in einer Debatte unterlegenen Kandidaten. Hier zeigen sich deutliche

Konversionseffekte, die bei politisch weniger versierten Wählern besonders stark ausfallen (Lanoue 1992). Eine neuere Untersuchung zeigt darüber hinaus, dass im Rahmen einer Debatte empfundene Emotionen (insbesondere Angst) eine direkte Wirkung auf die Kandidatenpräferenz haben können (Faas und Schliephake 2015).

Die Auswertung der Experimentaldaten für die Bundestagswahlen 2002 bis 2017 zeigt, dass die Rezeption von Fernsehdebatten einen erheblichen Einfluss auf die Beurteilung der Kanzlerkandidaten nimmt. So verändert sich die Globalbewertung des Amtsinhabers im Durchschnitt um fast zwei Zehntel Punkte (im Betrag), die des Herausforderers sogar um mehr als einen halben Skalenpunkt (vgl. Tab. 7.3). Zwar modifizieren Zuschauer ohne Parteibindung ihre Einstellungen am stärksten (Amtsinhaber: 0,31 Skalenpunkte, Herausforderer: 0,76 Skalenpunkte), aber auch für parteipolitisch gebundene Wähler sind deutliche Debattenwirkungen zu verzeichnen. Dass Zuschauer auf „ihren" Kandidaten systematisch stärker reagieren als auf den politischen Gegner, lässt sich *nicht* belegen. Bemerkenswert ist, dass Martin Schulz 2017 das Kunststück gelang, bei gegnerischen und unabhängigen Zuschauern stärker zu punkten als bei den eigenen Anhängern.

Der genaue Einfluss einer Fernsehdebatte variiert stark, sogar in seiner Richtung. Dennoch lässt sich festhalten, dass – betrachtet man den Mittelwert über alle untersuchten TV-Duelle hinweg – die Teilnahme an einer Debatte den Kandidaten grundsätzlich nützt. Der Ertrag ist allerdings für den Herausforderer erheblich größer als für den Amtsinhaber. Während ersterer im Durchschnitt eine Verbesserung seiner Globalbewertung um 0,49 Skalenpunkte verzeichnet, sind es für den Kanzler (bzw. die Kanzlerin) gerade einmal 0,02 Skalenpunkte. Der Unterschied zu den oben berichteten betragsmäßigen Veränderungen liegt dabei darin begründet, dass die Globalbewertung von Kanzlerin Merkel 2009, 2013 und 2017 nach dem Duell jeweils schlechter ausfiel als vorher. Der Herausforderer kann in allen Wählergruppen in etwa gleichem Maße zulegen. Der Amtsinhaber erhält hingegen nur von den eigenen Anhängern mehrheitlich positive Bewertungen; ungebundene Wähler und Anhänger des politischen Gegners gehen hingegen eher auf Distanz.

Ebenfalls deutliche Debattenwirkungen sind mit Blick auf das Image der Kanzlerkandidaten festzustellen (vgl. Tab. 7.4). Ähnlich wie für die Globalbewertung ist zu beobachten, dass Rezipienten ihre Einstellungen gegenüber dem Herausforderer stärker ändern als gegenüber einem Amtsinhaber. Während letzterer vor allem die Wahrnehmungen in den eigenen Reihen und bei parteipolitisch Ungebundenen beeinflusst, sind es beim Herausforderer die Wähler ohne Parteibindung und Anhänger des politischen Gegners, die ihre Meinung am stärksten anpassen. In Summe lässt sich festhalten, dass vor allem die parteipolitisch Ungebundenen zuverlässig auf Amtsinhaber und Herausforderer reagieren. Kaum

7.2 Effekte auf politische Einstellungen

Tab. 7.3 Einfluss der TV-Duelle der Bundestagswahlen 2002–2017 auf die Globalbewertung der Kanzlerkandidaten

	Amtsinhaber				Herausforderer			
	Alle	Eigenes Lager	Gegnerisches Lager	Keine/andere Parteiidentifikation	Alle	Eigenes Lager	Gegnerisches Lager	Keine/andere Parteiidentifikation
2002/I	−0,08	+0,38	−0,25	−0,40	+0,41	+0,65	+0,08	+0,50
2002/II	+0,14	+0,60[a]	+0,31	−0,50	−0,27	−0,39	+0,24	−0,70
2005	+0,43[b]	+0,31	+0,50	+0,49	+0,16	+0,05	+0,21	+0,22
2009	−0,10	−0,06	−0,21	−0,02	+0,75[c]	+0,83[a]	+0,37	+1,07
2013	−0,14	+0,10	−0,12	−0,40	+1,04[c]	+1,29	+0,83	+1,00
2017	−0,13	+0,05	−0,40	−0,07	+0,82[c]	+0,41[c]	+1,02	+1,04
Mittelwert	+0,02	+0,23	−0,03	−0,15	+0,49	+0,47	+0,46	+0,52
MW Betrag	0,17	0,25	0,30	0,31	0,58	0,60	0,46	0,76

Quelle: Experimentaldaten 2002, 2005, 2009 (ZA5309), 2013 (ZA5709) und 2017 (ZA6810), eigene Berechnungen. Ausgewiesen ist die Differenz der Sympathiebewertung der Spitzenkandidaten direkt vor und direkt nach dem Duell. Die Sympathiebewertung wurde jeweils auf einer 11-Punkte-Skala von 1 („halte überhaupt nichts von dem Kandidaten") bis 11 („halte sehr viel von dem Kandidaten") gemessen. Amtsinhaber: 2002, 2005: Gerhard Schröder (SPD), 2009, 2013, 2017: Angela Merkel (CDU/CSU). Herausforderer: 2002: Edmund Stoiber (CDU/CSU), 2005: Angela Merkel (CDU/CSU), 2009: Frank-Walter Steinmeier (SPD), 2013: Peer Steinbrück (SPD), 2017: Martin Schulz (SPD). Eigenes Lager: für CDU/CSU-Kandidaten Probanden mit Parteiidentifikation für CDU/CSU oder FDP, für SPD-Kandidaten Probanden mit Parteiidentifikation für SPD oder Bündnis 90/Die Grünen. Gegnerisches Lager: für CDU/CSU-Kandidaten: Probanden mit Parteiidentifikation für SPD oder Bündnis 90/Die Grünen, für SPD-Kandidaten Probanden mit Parteiidentifikation für CDU/CSU oder FDP. Die Daten wurden so gewichtet, dass die drei Lager (CDU/CSU, FDP vs. SPD, Bündnis 90/Die Grünen vs. keine/andere Parteiidentifikation) mit gleichen Anteilen in die Analysen eingehen. Um die Vergleichbarkeit über Zeit zu gewährleisten, haben wir AfD-Anhänger 2017 aus der Analyse ausgeschlossen. Fallzahlen: 2002/I: N = 68, 2002/II: N = 73, 2005: N = 127, 2009: N = 383, 2013: N = 235, 2017: N = 174. Signifikanzniveau: [a]$p<0,05$, [b]$p<0,01$, [c]$p<0,001$. Signifikanztests beziehen sich in der Spalte „Alle" auf Unterschiede in der Sympathiebewertung vor und nach der Debatte, in den Spalten „eigenes Lager", „gegnerisches Lager", „keine/andere Parteiidentifikation" auf Unterschiede in der Veränderung der Sympathiebewertung zwischen den Lagern.

Tab. 7.4 Einfluss der TV-Duelle der Bundestagswahlen 2002–2017 auf das Image der Kanzlerkandidaten

	Amtsinhaber				Herausforderer			
	Alle	Eigenes Lager	Gegnerisches Lager	Keine/andere Parteiidentifikation	Alle	Eigenes Lager	Gegnerisches Lager	Keine/andere Parteiidentifikation
Politische Eigenschaften								
2002/I	+0,10	+0,16	−0,08	+0,23	+0,21[b]	+0,11	+0,30	+0,23
2002/II	+0,06	+0,15	−0,02	+0,05	+0,15[a]	−0,09[b]	+0,27	+0,30
2005	+0,06	+0,06	−0,03	+0,14	+0,03	0,00	+0,08	+0,02
2009	+0,08[b]	+0,14	+0,03	+0,09	+0,08[b]	+0,03	+0,14	+0,09
2013	+0,08[a]	+0,21[a]	0,00	+0,03	+0,23[c]	+0,24	+0,15	+0,30
2017	−0,02	+0,01	−0,10	+0,04	+0,23[c]	+0,14	+0,32	+0,21
Mittelwert	+0,06	+0,12	−0,03	+0,10	+0,16	+0,08	+0,21	+0,19
MW Betrag	0,07	0,12	0,04	0,10	0,16	0,10	0,21	0,19
Unpolitische Eigenschaften								
2002/I	0,00	+0,28[b]	−0,26	−0,02	+0,09	+0,07	+0,05	+0,16
2002/II	+0,05	+0,16	−0,08	+0,08	−0,04	−0,09[a]	+0,14	−0,18
2005	+0,12	+0,08	+0,16	+0,10	+0,32[c]	+0,30	+0,29	+0,36
2009	0,00	+0,02	−0,05	+0,02	0,00	−0,05	+0,02	+0,02
2013	+0,06[a]	+0,08	+0,04	+0,07	+0,34[c]	+0,37	+0,25	+0,40

(Fortsetzung)

7.2 Effekte auf politische Einstellungen

Tab. 7.4 (Fortsetzung)

	Amtsinhaber				Herausforderer			
	Alle	Eigenes Lager	Gegnerisches Lager	Keine/andere Parteiidentifikation	Alle	Eigenes Lager	Gegnerisches Lager	Keine/andere Parteiidentifikation
2017	+0,01	+0,02	−0,04	+0,05	+0,23[c]	+0,02[c]	+0,43	+0,25
Mittelwert	+0,04	+0,11	−0,04	+0,05	+0,16	+0,10	+0,20	+0,17
MW Betrag	0,04	0,11	0,11	0,06	0,17	0,15	0,20	0,23

Quelle: Experimentaldaten 2002, 2005, 2009 (ZA5309), 2013 (ZA5709) und 2017 (ZA6810), eigene Berechnungen. Ausgewiesen ist die Differenz der Bewertung der politischen Eigenschaften (Kompetenz, Führungsstärke) bzw. unpolitischen Eigenschaften (Integrität, Persönliches) der Spitzenkandidaten direkt vor und direkt nach dem Duell. Die den Summenindizes zugrunde liegenden Items wurden jeweils auf einer 5-Punkte-Skala von 1 („stimme überhaupt nicht zu") bis 5 („stimme voll und ganz zu") gemessen bzw. an diese Skala angepasst. Der Indexwert 1 signalisiert schlechte, der Wert 5 gute Bewertungen. Amtsinhaber: 2002, 2005: Gerhard Schröder (SPD), 2009, 2013, 2017: Angela Merkel (CDU/CSU). Herausforderer: 2002: Edmund Stoiber (CDU/CSU). 2005: Angela Merkel (CDU/CSU), 2009: Frank-Walter Steinmeier (SPD), 2013: Peer Steinbrück (SPD), 2017: Martin Schulz (SPD). Eigenes Lager: für CDU/CSU-Kandidaten Probanden mit Parteiidentifikation für CDU/CSU oder FDP, für SPD-Kandidaten Probanden mit Parteiidentifikation für SPD oder Bündnis 90/Die Grünen. Gegnerisches Lager: für CDU/CSU-Kandidaten Probanden mit Parteiidentifikation für SPD oder Bündnis 90/Die Grünen, für SPD-Kandidaten Probanden mit Parteiidentifikation für CDU/CSU oder FDP. Die Daten wurden so gewichtet, dass die drei Lager (CDU/CSU, FDP vs. SPD, Bündnis 90/Die Grünen vs. keine/andere Parteiidentifikation) mit gleichen Anteilen in die Analysen eingehen. Um die Vergleichbarkeit über Zeit zu gewährleisten, haben wir AfD-Anhänger 2017 aus der Analyse ausgeschlossen. Fallzahlen: 2002/I: N = 68, 2002/II: N = 73, 2005: N = 127, 2009: N = 383, 2013: N = 235, 2017: N = 174. Signifikanzniveau: [a]p < 0,05, [b]p < 0,01, [c]p < 0,001. Signifikanztests beziehen sich in der Spalte „Alle" auf Unterschiede im Kandidatenimage vor und nach der Debatte, in den Spalten „eigenes Lager", „gegnerisches Lager", „keine/andere Parteiidentifikation" auf Unterschiede in der Veränderung des Kandidatenimages zwischen den Lagern.

Unterschiede gibt es im Einfluss von TV-Duellen auf politische und unpolitische Kandidateneigenschaften. Die Einstellungen auf den beiden Bewertungsdimensionen – politische und unpolitische Kandidateneigenschaften – verändern sich in einem ähnlichen Umfang.

Mit kleinen Ausnahmen ist also auch für das Kandidatenimage zu erkennen, dass die Teilnahme an Fernsehdebatten positive Konsequenzen für die Kanzlerkandidaten hat. Im Mittel über alle Duelle sind – abgesehen von den Bewertungen des Kanzlers durch die Anhänger seines politischen Gegners – nahezu ausnahmslos positive Veränderungen von Urteilen zu erkennen. Diese fallen in aller Regel für den Herausforderer größer aus als für den Amtsinhaber.

Unsere Experimentaldaten zeigen auch, dass der Nettoeffekt der Fernsehdebatten auf die Kanzlerpräferenz durchaus erheblich ist (vgl. Tab. 7.5): Der Abstand zwischen Amtsinhaber und Herausforderer verändert sich im Durchschnitt

Tab. 7.5 Einfluss der TV-Duelle der Bundestagswahlen 2002–2017 auf die Kanzlerpräferenz (Nettoeffekte)

	Vorsprung Amtsinhaber		
	Vorher	Nachher	Δ
2002/I	−0,3	−6,9	−6,6
2002/II	−5,1	−2,1	+3,0
2005	8,2	17,0	+8,8
2009	37,0	26,1	−10,9[a]
2013	29,8	18,1	−11,7[a]
2017	10,9	−3,9	−14,8
Mittelwert			−5,4
MW Betrag			9,3

Quelle: Experimentaldaten 2002, 2005, 2009 (ZA5309), 2013 (ZA5709) und 2017 (ZA6810), eigene Berechnungen. Ausgewiesen sind der Abstand zwischen Amtsinhaber und Herausforderer direkt vor und direkt nach dem Duell sowie die Veränderung dieses Abstands in Prozentpunkten. Positive Werte vor bzw. nach dem Duell indizieren einen Vorsprung, negative Werte einen Rückstand des Amtsinhabers. Amtsinhaber: 2002, 2005: Gerhard Schröder (SPD), 2009, 2013, 2017: Angela Merkel (CDU/CSU). Herausforderer: 2002: Edmund Stoiber (CDU/CSU), 2005: Angela Merkel (CDU/CSU), 2009: Frank-Walter Steinmeier (SPD), 2013: Peer Steinbrück (SPD), 2017: Martin Schulz (SPD). Die Daten wurden so gewichtet, dass die drei Lager (CDU/CSU, FDP vs. SPD, Bündnis 90/Die Grünen vs. keine/andere Parteiidentifikation) mit gleichen Anteilen in die Analysen eingehen. Um die Vergleichbarkeit über Zeit zu gewährleisten, haben wir AfD-Anhänger 2017 aus der Analyse ausgeschlossen. Fallzahlen: 2002/I: N = 68, 2002/II: N = 73, 2005: N = 127, 2009: N = 383, 2013: N = 235, 2017: N = 174.

7.2 Effekte auf politische Einstellungen

um 9,3 Prozentpunkte. Unter dem Strich profitiert dabei eher der Herausforderer als der Amtsinhaber. Im Mittel reduziert sich der Vorsprung (bzw. vergrößert sich der Rückstand) des Kanzlers auf den politischen Gegner um 5,4 Prozentpunkte. Allerdings unterschätzt der bloße Vergleich zwischen dem Anteil der Unterstützung für die beiden Spitzenkandidaten vor und nach dem Duell das eigentliche Ausmaß der durch die Debattenrezeption ausgelösten Veränderungen in der Kanzlerpräferenz. Dies ist darauf zurückzuführen, dass sich Wanderungsbewegungen zwischen den beiden Kandidaten bzw. auch zwischen hinsichtlich ihrer Kanzlerpräferenz entschiedenen und unentschiedenen Wählern gegenseitig aufheben. Analysiert man die durch die Fernsehdebatten ausgelösten Bruttoveränderungen, so zeigt sich, dass zwischen 4,8 und 22,6 % aller Zuschauer ihre Kanzlerpräferenz in Folge der Debattenrezeption verändert haben (vgl. Tab. 7.6). Im Durchschnitt beträgt die Wanderungsrate 14,3 Prozentpunkte. Diese fällt bei Personen ohne Parteibindung immer größer aus als bei parteipolitisch gebundenen Wählern. Im Durchschnitt ändert mehr als ein Fünftel der erstgenannten Gruppe ihren Kanzlerwunsch. In der letztgenannten Gruppe liegt

Tab. 7.6 Einfluss der TV-Duelle der Bundestagswahlen 2002–2017 auf die Kanzlerpräferenz (Bruttoeffekte)

	Alle	Parteiidentifikation	
		ja	Nein
2002/I	4,8	2,7	9,1
2002/II	12,6	5,0[b]	30,0
2005	22,6	19,9	25,0
2009	17,2	15,5	23,0
2013	14,7	14,2	16,3
2017	13,8	12,6	19,4
Mittelwert	14,3	13,0	20,5

Quelle: Experimentaldaten 2002, 2005, 2009 (ZA5309), 2013 (ZA5709) und 2017 (ZA6810), eigene Berechnungen. Ausgewiesen ist der Anteil derjenigen, die direkt vor dem Duell eine andere Kanzlerpräferenz geäußert haben als direkt danach. Daten wurden so gewichtet, dass die unterschiedlichen parteipolitischen Lager (CDU/CSU, FDP vs. SPD, Bündnis 90/Die Grünen vs. andere bzw. keine Parteiidentifikation) mit gleichem Gewicht in die Analysen eingehen. Um die Vergleichbarkeit über Zeit zu gewährleisten, haben wir AfD-Anhänger 2017 aus der Analyse ausgeschlossen. Fallzahlen: 2002/I: N = 68, 2002/II: N = 73, 2005: N = 127, 2009: N = 383, 2013: N = 235, 2017: N = 174. Signifikanzniveau: [a]p < 0,05, [b]p < 0,01, [c]p < 0,001. Signifikanztests beziehen sich auf den Unterschied in der Veränderung der Kanzlerpräferenz zwischen Personen mit und ohne Parteiidentifikation.

dieser Anteil bei 13,0 %. Diese Ergebnisse dokumentieren zugleich sehr deutlich, dass selbst bei parteipolitisch festgelegten Personen erhebliche Konversionseffekte möglich sind, zumindest bei kurzfristiger Perspektive. Fernsehdebatten unterstützen Wähler auch dabei, zu einer Wahlentscheidung zu kommen. Mit Blick auf die Kanzlerpräferenz ist zu erkennen, dass der Anteil derjenigen, die sich nicht zwischen den Kandidaten entscheiden können, unter dem Eindruck eines TV-Duells in aller Regel sinkt (vgl. Tab. 7.7). Im Mittel reduziert sich die Größe dieser Wählergruppe um 3,2 Prozentpunkte.

Neben diesen aus der Perspektive einer einfachen *Stimulus-Response*-Logik betrachteten Wirkungen von Fernsehdebatten werden außerhalb der USA auch subtilere Einflüsse von TV-Duellen diskutiert. Insbesondere in Deutschland beschäftigt sich die Forschung damit, ob die Rezeption solcher Sendungen zu einer Personalisierung des Wahlverhaltens führt. Theoretischer Bezugsrahmen dieser Untersuchungen ist die *Priming*-Theorie (vgl. zusammenfassend z. B. Scheufele 2016), die davon ausgeht, dass zur Beurteilung von Objekten nicht

Tab. 7.7 Einfluss der TV-Duelle der Bundestagswahlen 2002–2017 auf den Anteil derjenigen, die in Bezug auf die Kanzlerpräferenz unentschieden sind

	Vorher	Nachher	Δ
2002/I	9,1	12,1	+3,0
2002/II	12,1	9,1	−3,0
2005	28,5	21,6	−6,9
2009	20,4	15,8	−4,6[b]
2013	26,1	19,3	−6,8[b]
2017	23,8	22,7	−1,1
Mittelwert			−3,2

Quelle: Experimentaldaten 2002, 2005, 2009 (ZA5309), 2013 (ZA5709) und 2017 (ZA6810), eigene Berechnungen. Ausgewiesen ist der Anteil der derjenigen, die direkt vor und direkt nach dem Duell keine Kanzlerpräferenz geäußert haben, sowie die Veränderung dieses Anteils in Prozentpunkten. Daten wurden so gewichtet, dass die unterschiedlichen parteipolitischen Lager (CDU/CSU, FDP vs. SPD, Bündnis 90/Die Grünen vs. andere bzw. keine Parteiidentifikation) mit gleichem Gewicht in die Analysen eingehen. Um die Vergleichbarkeit über Zeit zu gewährleisten, haben wir AfD-Anhänger 2017 aus der Analyse ausgeschlossen. Fallzahlen: 2002/I: N = 68, 2002/II: N = 73, 2005: N = 127, 2009: N = 383, 2013: N = 235, 2017: N = 174. Signifikanzniveau: [a]p<0,05, [b]p<0,01, [c]p<0,001. Signifikanztests beziehen sich auf die Veränderung des Anteils der Unentschiedenen.

7.2 Effekte auf politische Einstellungen

alle, sondern vor allem kognitiv besonders leicht zugängliche Informationen herangezogen werden. Kognitiv leicht zugänglich sind insbesondere solche Informationen, die erst kürzlich aufgenommen oder aktiviert wurden. Maurer und Reinemann (2007a, S. 114) argumentieren, „dass Fernsehduelle vor allem Informationen über die unpolitischen Persönlichkeitseigenschaften der Kandidaten [liefern]. Ob ein Kandidat sympathisch, unsicher oder rhetorisch geschickt ist, ist während des gesamten Duells erkennbar. Ob er die Arbeitslosigkeit senken kann, wird nur deutlich, wenn seine Kompetenz auf diesem Themenfeld angesprochen wird". Unpolitische Kandidateneigenschaften sind daher kognitiv leichter zugänglich als politische Eigenschaften. Deshalb liegt die Annahme nahe, dass Rezipienten eines Fernsehduells Globalbewertungen der an einer Debatte teilnehmenden Politiker grundsätzlich stärker an deren unpolitischen (Integrität, Sympathie) als an politischen Eigenschaften (Kompetenz, Führungsstärke) festmachen (Maurer und Reinemann 2007a), da diese weniger kontextabhängig sind.

Die empirischen Befunde dazu sind allerdings uneinheitlich. Zwar zeigt eine US-Studie, dass die Rezeption eines TV-Duells die Struktur der Kandidatenwahrnehmung verändern kann (McKinnon et al. 1993). Dies geschieht aber vor allem in Gruppen, die während der Rezeption kein Fernsehbild zur Verfügung hatten. Untersuchungen zu den TV-Duellen im Vorfeld der Bundestagswahlen 2002 (Maurer und Reinemann 2003; Donsbach et al. 2004, 2005; Maier und Maier 2007; Maurer und Reinemann 2007a) zeigen ebenso wie Daten zur Fernsehdebatte 2011 in Baden-Württemberg (Brettschneider und Bachl 2013) nicht für alle Kandidaten und Wählergruppen Effekte, die mit der Personalisierungshypothese im Einklang stehen. Vielmehr ist zu beobachten, dass für einige Kandidaten die Bedeutung unpolitischer Eigenschaften wächst, für andere Kandidaten aber eher politische Eigenschaften in den Vordergrund rücken, wenn es darum geht, ein Gesamturteil über die Spitzenkandidaten zu fällen. In einigen Fällen zeigen sich mit Blick auf diese Gewichtung hingegen keine Veränderungen. Andere Studien belegen sogar, dass Debattenrezipienten konsistent eine höhere Anzahl an sachfragenbezogenen Überlegungen anstellen, wenn sie danach gefragt werden, warum sie einen bestimmten Kandidaten gewählt haben, als Wähler, die keine Debatte verfolgt haben (Benoit und Hansen 2004b). In diese Richtung deutet auch ein Befund für die Bundestagswahl 2009. Während sich für Steinmeier jede vor der Debatte vorhandene Beziehung zwischen der Wirtschaftslage und seiner Bewertung nach der Debatte auflöst, werden die Urteile über Merkel nach dem Duell an anderen ökonomischen Indikatoren festgemacht als vorher (Faas und Maier 2015).

Eine Studie zum TV-Duell 2013 dokumentiert, dass die Gedanken, die den Rezipienten während der Debatte durch den Kopf gingen, häufiger mit den Kandidaten und weniger mit Sachfragen zu tun hatten (Maier et al. 2017). Dieser Sachverhalt ist dann besonders stark ausgeprägt, wenn Rezipienten die Kandidaten im Fernsehen auch gesehen (und nicht nur wie im Radio deren Stimme gehört) haben. Unmittelbar nach der Debatte waren diese Personalisierungstendenzen aber nicht mehr zu beobachten. Die Befürchtung, dass in Deutschland die Rezeption von Fernsehdebatten quasi automatisch zu einer Personalisierung des Wahlverhaltens führt (Donsbach 2002), wird mit Blick auf die Zusammensetzung von Kandidatenurteilen eher nicht gestützt. Demgegenüber zeigen Studien für die USA und Großbritannien tatsächlich, dass die visuelle Präsenz von Kandidaten in TV-Duellen dazu führt, dass zur Beurteilung des Debattensiegers stärker physiologische Eigenschaften der Kandidaten und eher unpolitische als politische Merkmale herangezogen werden (Druckman 2003; Shephard und Johns 2012).

Unsere Experimentaldaten enthalten kaum Hinweise, dass Fernsehdebatten die relative Bedeutung unpolitischer Eigenschaften für die Globalbewertung der Kanzlerkandidaten systematisch erhöhen (vgl. Tab. 7.8). Trotz einzelner Abweichungen, die sich vorwiegend für den Amtsinhaber finden, spricht der Mittelwert über alle TV-Duelle eine klare Sprache: Das erhebliche Übergewicht unpolitischer Merkmale für die Gesamtbeurteilung der Spitzenkandidaten wird durch die Rezeption von Fernsehdebatten nicht weiter gestärkt. Vielmehr reduziert sich sogar die Erklärungsleistung dieser Eigenschaftsdimension um durchschnittlich 1,7 Prozentpunkte beim Amtsinhaber bzw. 1,4 Prozentpunkte beim Herausforderer. Gleichzeitig bleibt die Bedeutung politischer Kandidatenmerkmale beim Amtsinhaber praktisch unverändert, während sie beim Herausforderer sogar um 1,2 Prozentpunkte ansteigt. Unsere Ergebnisse deuten also darauf hin, dass die politischen Fähigkeiten der Kandidaten (Kompetenz, Führungsstärke) nach einer Debatte etwas stärker in den Fokus rücken, während die unpolitischen Merkmale (Integrität, Persönliches) nach einem Duell weniger Einfluss auf die Gesamtbewertung der Spitzenkandidaten haben als noch vor dem Duell. Die Verschiebung der Urteilskriterien fällt dabei insgesamt beim Herausforderer stärker aus als beim Amtsinhaber.

7.2 Effekte auf politische Einstellungen

Tab. 7.8 Einfluss der TV-Duelle der Bundestagswahlen 2002–2017 auf die relative Bedeutung politischer und unpolitischer Merkmale für die Globalbewertung der Kanzlerkandidaten

	Amtsinhaber						Herausforderer					
	politische Eigenschaften			unpolitische Eigenschaften			politische Eigenschaften			unpolitische Eigenschaften		
	vorher	nachher	Δ	vorher	nachher	Δ	vorher	nachher	Δ	vorher	nachher	Δ
2002/I	0,1	0,9	+0,8	32,5^c	29,1^c	−3,4	0,3	1,1	+0,8	23,1^c	20,0^c	−3,1
2002/II	0,5	0,0	−0,5	22,8^c	22,7^c	−0,1	0,1	2,3^b	+2,2	23,9	19,8^c	−4,1
2005	2,6^b	2,3^c	−0,3	17,9^c	17,8^c	−0,1	1,1^a	2,6^c	+1,5	12,8^c	11,9^c	−0,9
2009	2,1^c	3,5^c	+1,4	20,5^c	15,2^c	−5,3	0,0	0,7	+0,7	0,4	0,2	−0,2
2013	3,9^c	3,0^c	−0,9	17,5^c	21,3^c	3,8	2,8^c	3,4^c	+0,6	23,1^c	24,0^c	+0,9
2017	2,9^c	1,7^c	−1,2	20,6^c	15,6^c	−5,0	3,7^c	5,3^c	+1,6	13,2^c	12,5^c	−0,7
Mittelwert	2,0	1,9	−0,1	22,0	20,3	−1,7	1,3	2,6	+1,2	16,1	14,7	−1,4

Quelle: Experimentaldaten 2002, 2005, 2009 (ZA5309), 2013 (ZA5709) und 2017 (ZA6810), eigene Berechnungen. Ausgewiesen ist das minimale Varianzaufklärungspotenzial politischer und unpolitischer Eigenschaften für die Erklärung der Sympathiebewertung der Spitzenkandidaten direkt vor und direkt nach dem Duell bzw. die Differenz zwischen den beiden Werten. Kontrolliert wurde jeweils für die Parteiidentifikation. Die Sympathiebewertung wurde jeweils auf einer 11-Punkte-Skala von 1 („halte überhaupt nichts von dem Kandidaten") bis 11 („halte sehr viel von dem Kandidaten") gemessen. Die Bewertung der politischen Eigenschaften (Kompetenz, Führungsstärke) bzw. unpolitischen Eigenschaften (Integrität, Persönliches) der Spitzenkandidaten basiert auf Summenindizes. Die den Indizes zugrunde liegenden Items wurden jeweils auf einer 5-Punkte-Skala von 1 („stimme überhaupt nicht zu") bis 5 („stimme voll und ganz zu") gemessen bzw. an diese Skala angepasst. Der Indexwert 1 signalisiert schlechte, der Wert 5 gute Bewertungen. Amtsinhaber: 2002, 2005: Gerhard Schröder (SPD), 2009, 2013, 2017: Angela Merkel (CDU/CSU). Herausforderer: 2002: Edmund Stoiber (CDU/CSU), 2005: Angela Merkel (CDU/CSU), 2009: Frank-Walter Steinmeier (SPD), 2013: Peer Steinbrück (SPD), 2017: Martin Schulz (SPD). Die Daten wurden so gewichtet, dass die drei Lager (CDU/CSU, FDP vs. SPD, Bündnis 90/Die Grünen vs. keine/andere Parteiidentifikation) mit gleichen Anteilen in die Analysen eingehen. Um die Vergleichbarkeit über Zeit zu gewährleisten, haben wir AfD-Anhänger 2017 aus der Analyse ausgeschlossen. Fallzahlen: 2002/I: N = 68, 2002/II: N = 73, 2005: N = 127, 2009: N = 383, 2013: N = 235, 2017 = 172. Signifikanzniveau: ^{a}p < 0,05, ^{b}p < 0,01, ^{c}p < 0,001. Signifikanztests beziehen sich auf den Anstieg der Varianzaufklärung durch die Einbeziehung der politischen (unpolitischen) Merkmale, nachdem die Parteiidentifikation sowie die unpolitischen (politischen) Kandidateneigenschaften in die Regressionsanalyse aufgenommen wurden.

Einstellungen zu politischen Sachfragen
Die Forschung zur Wirkung von Fernsehdebatten auf Einstellungen zu politischen Themen konzentriert sich auf fünf Themenbereiche:

- *Einstellungen zu Sachfragen:* Stärkere Effekte von TV-Duellen auf Einstellungen zu politischen Sachfragen sind in der Debattenforschung eher selten. So zeigen sich für die Carter-Ford-Debatten des Jahres 1976 kaum signifikante Effekte (McLeod et al. 1979b). Jüngere Studien, die die Wirkung von TV-Duellen auf wirtschaftspolitische Fragen in den Blick nehmen, kommen zu einem ähnlichen Ergebnis (Abramowitz 1978; Maier und Faas 2015; Maier et al. 2016). Am ehesten werden noch Urteile über die allgemeine wirtschaftliche Situation beeinflusst (Faas und Maier 2015). Für eine TV-Debatte im Vorfeld der Europawahl 2014 konnten hingegen deutliche positive Wirkungen auf die Einstellung zur Europäischen Integration und die wahrgenommene Verantwortung der EU (Maier 2015a; Maier et al. 2016) sowie für die ökonomische Situation in Deutschland nachgewiesen werden (Maier et al. 2016). Politisches Wissen moderierte hier die Wirkung der TV-Debatte (Maier et al. 2016).
- *Issuedistanzen:* Es gibt mehrere Hinweise, dass sich die Debattenrezeption auf die wahrgenommenen Sachfragenpositionen der Kandidaten niederschlagen (Belok und Heinrich 2017; Lupfer und Wald 1979). Die einzige für Deutschland vorliegende Untersuchung belegt, dass die von Rezipienten wahrgenommenen Distanzen zu den Kandidaten größer werden (Belok und Heinrich 2017). Dies liegt einerseits daran, dass die Sachfragenposition der Kandidaten überdacht werden. Andererseits ändern sich aber auch die eigenen Standpunkte. US-Studien zeigen demgegenüber, dass sich die Distanz zwischen den Sachfragenpositionen von Kandidaten und Wählern durch die Rezeption eines TV-Duells verringert (Abramowitz 1978; Benoit et al. 2001, 2003; Lanoue 1991). Dies gilt insbesondere für parteipolitisch gebundene Wähler (Abramowitz 1978). Für diesen Befund werden zwei unterschiedliche Erklärungen angeboten. Die erste Erklärung zielt darauf ab, dass Wähler Inkonsistenzen zwischen ihrer Kandidatenpräferenz und ihrer Sachfragenposition wahrnehmen und diese zugunsten der Kandidatenpräferenz auflösen. Kandidatenpräferenzen werden von Wählern offenbar als bedeutsamer eingeschätzt als Einstellungen zu Sachfragen, die sich somit leichter verändern lassen (Abramowitz 1978). Dies wäre ein persuasiver Effekt. Die zweite Erklärung zielt eher in Richtung Projektion und besagt, dass weniger die eigene Position, sondern vielmehr die wahrgenommene Haltung der Kandidaten angepasst wird. Abramowitz (1978) zeigt, dass Wähler tatsächlich die vor einer Debatte bestehenden Fehlperzeptionen korrigieren und hinterher ein der Realität stärker entsprechendes Bild von den Sachfragenpositionen der Kandidaten – insbesondere aber mit

7.2 Effekte auf politische Einstellungen

Blick auf den „eigenen" Kandidaten – haben. Fridkin et al. (2007) zeigen, dass die Rezeption von TV-Debatten Konsequenzen für die Wahrnehmung der ideologischen Positionen der Kandidaten hat. Diese schlagen sich nach einem Duell stärker auf Kandidatenurteile nieder als vor einem Duell.

- *Themenagenda:* Zwei US-Studien zeigen, dass die Rezeption von Fernsehdebatten Einfluss auf die Themenagenda von Zuschauern nehmen kann. Nach dem Verfolgen einer Debatte erscheinen die in einem TV-Duell diskutierten Themen bedeutsamer als noch vor der Sendung (Benoit et al. 2003; Swanson und Swanson 1978). Andere Untersuchungen finden hingegen keine Effekte (McLeod et al. 1979b). Auch für Deutschland konnten *Agenda-Setting*-Effekte bislang nicht nachgewiesen werden (Hofrichter 2004; Maier und Faas 2011b) – mit Ausnahme der Untersuchung von Belok und Heinrich (2017), die entsprechende Wirkungen für politisch weniger Interessierte beobachten.
- *Problemlösungskompetenzen:* Fernsehdebatten nehmen erheblichen Einfluss auf die Zuweisung von Problemlösungskompetenzen von Parteien und Kandidaten. Fast ein Drittel der Zuschauer haben nach der Merkel-Steinmeier-Debatte 2009 ihre Kompetenzzuschreibungen modifiziert (Maier und Faas 2011b). Dabei gelang es Merkel, den ohnehin bestehenden Eindruck, ihre Regierung sei besser geeignet, die zentralen Probleme in Deutschland zu lösen, weiter zu verstärken. Gleichzeitig führte die Debatte dazu, dass sich der Anteil derjenigen, die keine Partei als kompetent einstuften, die zentralen Probleme Deutschlands zu lösen, deutlich verringert hat. Es gibt Hinweise, dass diese Effekte bei Wählern mit geringen politischen Kenntnissen besonders stark ausfallen (Belok und Heinrich 2017; Maier et al. 2016). Ein wichtiger Faktor für die Zuweisung von Problemlösungskompetenzen ist dabei die Wahrnehmung des Debattensiegers. Eine norwegische Studie zeigt, dass Kandidaten die Lösung bildungs- und wirtschaftspolitischer Themen nach einem Duell eher zugetraut wird, wenn sie als Debattensieger wahrgenommen werden (Aalberg und Jenssen 2007). Für Großbritannien kann gezeigt werden, dass sich die Wahrnehmung von Gordon Brown als Debattensieger positiv auf die wahrgenommene Problemlösungskompetenz der Labour Party ausgewirkt hat (Pattie und Johnston 2011).
- *Wichtigkeit von Themen:* Amerikanische Untersuchungen zeigen, dass die Rezeption von TV-Duellen die wahrgenommene Wichtigkeit von politischen Sachfragen signifikant erhöht (Benoit et al. 2003; Benoit und Hansen 2004b; Holbert et al. 2002; Katz und Feldman 1962; gegenteilige Befunde berichten McLeod et al. 1979b). Eine Untersuchung zur Fernsehdebatte vor der Europawahl 2014 dokumentiert, dass die persönliche Wichtigkeit von Entscheidungen der Europäischen Union in Folge der Debattenrezeption signifikant steigt (Maier 2015a).

Einstellungen zu Parteien und zum politischen System
Einige Studien untersuchen auch die Effekte von TV-Duellen auf Einstellungen zu Parteien und zum politischen System. Dabei stehen verschiedene Variablen im Fokus:

- *Parteienbewertung:* Die Studie von Pattie und Johnston (2011) zeigt für Großbritannien, dass Urteile über den Debattensieger signifikant mit der Bewertung von Parteien zusammenhängen. Die Wahrnehmung eines Kandidaten als Debattensieger verbessert dabei die Bewertung der von ihm repräsentierten Partei. Die Wahrnehmung, dass ein Kandidat die Debatte verloren hat, verschlechtert hingegen die Einstellungen zu seiner Partei.
- *Vertrauen:* Mit Blick auf das politische Vertrauen sind die Befunde sehr unterschiedlich. Während Sears und Chaffee (1979) von positiveren Bewertungen politischer Institutionen nach der Rezeption von Debatten berichten, kommen andere Studien zu gemischten Ergebnissen. So können McKinney und Banwart (2005) ebenso wie McKinney und Chattopadhyay (2007) keine Wirkungen auf Vertrauen in Politiker beobachten. Wald und Lupfer (1978) finden sogar einen leichten Rückgang des Vertrauens in die Regierung. Maier und Jansen (2018) berichten tendenziell positive Effekte der Debattenrezeption auf das Vertrauen in die an einer Debatte beteiligten Kandidaten. Ohne Konsequenzen bleiben gegenseitige Attacken (Maier und Jansen 2016). Untersuchungen für die USA zeigen hingegen, dass das Vertrauen in Politiker, das Parlament und die Regierung vor allem dann beschädigt wird, wenn sich die Kandidaten, die in einer Debatte aufeinandertreffen, feindselig begegnen. Demgegenüber sorgen „akzeptable" Angriffe eher für eine Steigerung des politischen Vertrauens (Mutz und Reeves 2005; Mutz 2015, S. 79). Die Unterschiede zwischen „civil" und „uncivil messages" fallen dann besonders groß aus, wenn Zuschauer Konflikte grundsätzlich abstoßend finden (Mutz und Reeves 2005; Mutz 2015, S. 82). Zwei Studien zur *Eurovision Debate* im Vorfeld der Europawahl 2014 finden zwar keinen Einfluss auf das globale Vertrauen in die EU bzw. die Europäische Kommission (Maier 2015a; Maier et al. 2016). Dennoch wirkt sich die Debatte positiv auf zwei Subdimensionen von Vertrauen – Kompetenz und Benevolenz bzw. Responsivität – aus (Maier 2015a).
- *Zynismus:* Politischer Zynismus misst Misstrauen oder fehlende Responsivität des politischen Systems (z. B. de Vreese 2008). Mehrere Untersuchungen finden einen mit der Rezeption von TV-Duellen verknüpften Rückgang des politischen Zynismus (Jansen 2018, S. 197; Kaid 2003; Kaid et al. 2000; McKinney und Chattopadhyay 2007; Range 2017; Stroud et al. 2011).

7.2 Effekte auf politische Einstellungen

Während McKinney und Banwart (2005) keine signifikanten Effekte finden, beobachten Wald und Lupfer (1978) einen leichten Anstieg des Zynismus.

- *Andere Maße der Systemunterstützung:* Zusammenhänge zwischen Debattenrezeption und sonstigen Indikatoren (diffuser) Systemunterstützung wurden bislang selten überprüft. Keine Effekte gibt es auf Einstellungen zu politischen Prozessen (Pfau et al. 2005) und auf die Unterstützung der Europäischen Union (Maier et al. 2016). Negative Wirkungen auf die wahrgenommene Legitimität der Opposition zeigen sich bei sehr unhöflich vorgetragener Kritik in Verbindung mit Nahaufnahmen (Mutz 2007, 2015, S. 63).
- *Medien:* Nahezu unbeachtet ist die Frage, wie die Rezeption von TV-Duellen die Wahrnehmung von Medien beeinflusst. Immerhin werden diese durch mindestens einen Journalisten in einer Fernsehdebatte repräsentiert, der wiederum einen erheblichen Anteil der Redezeit für sich beansprucht (vgl. auch Kap. 3). Eine Untersuchung der *Annenberg Working Group on Presidential Campaign Debate Reform* (2015) macht deutlich, dass ein großer Teil der Debattenzuschauer die Leistung der Journalisten kritisch sieht. Nicht selten besteht der Eindruck, dass Journalisten einen Kandidaten bevorzugen, die Kontrolle über die Debatte verlieren, sich zu stark in den Vordergrund spielen oder nicht die Fragen stellen, die die Zuschauer interessieren. Ebenfalls kritisch zu den Leistungen der Moderatoren äußert sich jeder zehnte Rezipient eines kroatischen TV-Duells (Skoko 2005). Demgegenüber kommen deutsche Studien zu eher positiven Befunden zur wahrgenommenen Performanz der beteiligten Moderatoren (Dehm 2002, 2005, 2009; Faas 2015).

Anhand zweier Beispiele kann mithilfe unserer Experimentaldaten gezeigt werden, dass TV-Duelle die Wahrnehmung des politischen Systems beeinflussen. Einerseits verbessert sich durch die Debattenrezeption die Einschätzung, dass das politische System die Sorgen und Wünsche der Bevölkerung ernst nimmt. In fast allen Debatten seit 2002 ist hier ein signifikanter Anstieg zu erkennen, der im Mittel +0,15 Skalenpunkte beträgt (vgl. Tab. 7.9). Insbesondere bei politisch weniger interessierten Bürgern hinterlassen TV-Duelle diesen Eindruck.

Weiterhin wirkt sich die Rezeption von Fernsehdebatten auf die Bewertung der im Parlament vertretenen politischen Parteien aus. Typischerweise verschlechtert sich die Einstellung zu den Parteien (vgl. Tab. 7.10). Differenziert man die Parteien jedoch danach, ob sie durch die Kandidaten in einer Debatte repräsentiert sind oder nicht, ergeben sich erheblich Unterschiede. Für die Parteien, deren Kandidaten in einer Debatte miteinander diskutieren (also CDU/CSU und SPD), schwanken die Bewertungen stark. Im Mittel über alle Duelle im Zeitraum 2002 bis 2017 heben sich diese Effekte auf. Demgegenüber verschlechtert

Tab. 7.9 Einfluss der TV-Duelle der Bundestagswahlen 2002–2017 auf die wahrgenommene Responsivität des politischen Systems (*external efficacy*)

	Alle			Politisches Interesse	
	Vorher	Nachher	Δ	Niedrig	Hoch
2002/I	2,28	2,53	+0,25[b]	+0,44[a]	+0,07
2002/II	2,56	2,48	−0,08	+0,18	−0,32
2005	2,24	2,52	+0,28[c]	+0,36	+0,24
2009	2,55	2,75	+0,19[c]	+0,29[b]	+0,09
2013	2,54	2,72	+0,18[c]	+0,30[a]	+0,12
2017	2,63	2,71	+0,08[a]	+0,20[a]	+0,02
Mittelwert			+0,15	+0,30	+0,04

Quelle: Experimentaldaten 2002, 2005, 2009 (ZA5309), 2013 (ZA5709) und 2017 (ZA6810), eigene Berechnungen. Ausgewiesen ist der Mittelwert für die wahrgenommene Responsivität des politischen Systems (*external efficacy*) direkt vor und direkt nach dem Duell bzw. die Differenz der wahrgenommenen Responsivität des politischen Systems. Daten wurden so gewichtet, dass die unterschiedlichen parteipolitischen Lager (CDU/CSU, FDP vs. SPD, Bündnis 90/Die Grünen vs. andere bzw. keine Parteiidentifikation) mit gleichem Gewicht in die Analysen eingehen. Um die Vergleichbarkeit über Zeit zu gewährleisten, haben wir AfD-Anhänger 2017 aus der Analyse ausgeschlossen. Die dem Summenindex zugrunde liegenden Items wurden jeweils auf einer 5-Punkte-Skala von 1 („stimme überhaupt nicht zu") bis 5 („stimme voll und ganz zu") gemessen. Der Indexwert 1 signalisiert ein geringe, der Wert 5 ein hohe wahrgenommene Responsivität des politischen Systems. Fallzahlen: 2002/I: N = 68, 2002/II: N = 73, 2005: N = 127, 2009: N = 383, 2013: N = 235, 2017: N = 172. Signifikanzniveau: [a]p < 0,05, [b]p < 0,01, [c]p < 0,001. Signifikanztests beziehen sich auf die Differenz der wahrgenommenen Responsivität des politischen Systems vor und nach dem Duell bzw. dem Unterschied in der Veränderung der wahrgenommenen Responsivität des politischen Systems zwischen Personen mit niedrigem und hohem politischen Interesse. Politisches Interesse wurde auf einer 5-Punkte-Skala von 1 („überhaupt nicht") bis 5 („sehr stark") gemessen. Die Werte 1–3 wurden zu niedrigem, die Werte 4 und 5 zu hohem politischen Interesse zusammengefasst.

sich die Bewertung der nicht in einer Debatte repräsentierten Parteien (also FDP, Bündnis 90/Die Grünen und die PDS bzw. Die Linke)[2] durchweg. Im Durchschnitt reduziert sich ihr Ansehen um 0,26 Skalenpunkte. Werden Parteien in einem Fernsehduell nicht berücksichtigt, schadet dies ihrem Ansehen unter den Debattenrezipienten.

---

[2]Zum Zwecke der Vergleichbarkeit über Zeit haben wir für das Duell 2017 die FDP berücksichtigt, die AfD aber nicht.

7.2 Effekte auf politische Einstellungen

Tab. 7.10 Einfluss der TV-Duelle der Bundestagswahlen 2002–2013 auf die Bewertung der im Bundestag vertretenen politischen Parteien

	Alle Parteien			Parteien, die im Duell vertreten waren			Parteien, die nicht im Duell vertreten waren		
		Politisches Interesse			Politisches Interesse			Politisches Interesse	
	Alle	Niedrig	Hoch	Alle	Niedrig	Hoch	Alle	Niedrig	Hoch
2002/I	+0,02	–0,21	+0,23	+0,24	–0,03	+0,50	–0,26[a]	–0,41	–0,12
2002/II	–0,21[a]	–0,30	–0,15	–0,42[b]	–0,67	–0,24	–0,23	–0,13	–0,30
2005	–0,16	–0,21	–0,13	–0,01	–0,20	+0,08	–0,23[a]	–0,26	–0,21
2009	–0,07	–0,10	–0,03	+0,22[c]	+0,15	+0,29	–0,27[c]	–0,24	–0,31
2013	–0,22[c]	–0,24	–0,21	–0,02	+0,03	–0,05	–0,32[c]	–0,43	–0,26
2017	–0,16[b]	–0,20	–0,15	0,00	0,02	–0,01	–0,27[c]	–0,34	–0,24
Mittelwert	–0,13	–0,21	–0,07	0,00	–0,12	+0,10	–0,26	–0,30	–0,24

Quelle: Experimentaldaten 2002, 2005, 2009 (ZA5309), 2013 (ZA5709) und 2017 (ZA6810), eigene Berechnungen. Ausgewiesen ist die mittlere Differenz der Sympathiebewertung der im Bundestag vertretenen Parteien (CDU/CSU, SPD, FDP, Bündnis 90/Die Grünen, PDS/Die Linke) direkt vor und direkt nach dem Duell. Die Sympathiebewertung wurde jeweils auf einer 11-Punkte-Skala von 1 („halte überhaupt nichts von der Partei") bis 11 („halte sehr viel von der Partei") gemessen. Die Werte für die einzelnen Parteien wurden gemittelt in einem Index zusammengefasst. Die Werte von CDU und CSU wurden zu allen Zeitpunkten getrennt erhoben und vor der Indexbildung gemittelt. Parteien, die am Duell teilgenommen haben: CDU/CSU, SPD. Parteien, die nicht am Duell teilgenommen haben: FDP, Bündnis 90/Die Grünen, PDS/Die Linke; 2017 wurde die FDP berücksichtigt, die AfD nicht. Die Daten wurden so gewichtet, dass die drei Lager (CDU/CSU, FDP vs. SPD, Bündnis 90/Die Grünen vs. keine/andere Parteiidentifikation) mit gleichen Anteilen in die Analysen eingehen. Um die Vergleichbarkeit über Zeit zu gewährleisten, haben wir AfD-Anhänger 2017 aus der Analyse ausgeschlossen. Fallzahlen: 2002/I: N=68, 2002/II: N=73, 2005: N=127, 2009: N=383, 2013: N=235, 2017: N=172. Signifikanzniveau: [a]$p<0{,}05$, [b]$p<0{,}01$, [c]$p<0{,}001$. Signifikanztests beziehen sich auf Unterschiede in der mittleren Sympathiebewertung vor und nach der Debatte bzw. dem Unterschied in der Veränderung der mittleren Sympathiebewertung zwischen Personen mit niedrigem und hohem politischen Interesse. Politisches Interesse wurde auf einer 5-Punkte-Skala von 1 („überhaupt nicht") bis 5 („sehr stark") gemessen. Die Werte 1–3 wurden zu niedrigem, die Werte 4 und 5 zu hohem politischen Interesse zusammengefasst

Bemerkenswert ist, dass vor allem Zuschauer mit einem geringen Politikinteresse häufig negative Urteile über die Parteien fällen – und zwar unabhängig davon, ob diese an einer Debatte teilnehmen oder nicht. Politisch Interessierte entwickeln im Zuge der Debattenrezeption ebenfalls ein skeptisches Bild gegenüber den Parteien, die nicht in einem Duell vertreten sind. Dagegen stufen sie Parteien, die an einem Duell teilnehmen, nach der Debatte besser ein als noch vor der Debatte.

7.3 Effekte auf Wahlbeteiligung und Wahlabsicht

Erklärtes Ziel von Parteien und ihren Kandidaten ist es, bei Wahlen möglichst gut abzuschneiden. Was genau darunter zu verstehen ist, variiert von Fall zu Fall: Amtsinhaber wollen auch weiterhin die Regierung stellen. Für Mitglieder der Opposition gilt es, die Regierung abzulösen. Für einige Akteure zählt dabei nur der Wahlsieg. Für andere ist hingegen schon der (erneute) Einzug ins Parlament ein Erfolg. Was alle Parteien und Kandidaten eint ist, dass sie nach einer Wahl über mindestens genauso viele Stimmen, Mandate und Macht verfügen möchten wie vor einer Wahl, idealerweise sogar noch mehr. Wahlkämpfe sind darauf ausgerichtet, dieses Ziel zu realisieren. Der Erfolg einer jeden Wahlkampagne und der in diesem Rahmen eingesetzten Instrumente muss sich deshalb daran messen lassen, wie nahe man diesem Ziel gekommen ist. Dies gilt auch für TV-Duelle.

Aus diesem Grund ist es wenig überraschend, dass sich die massenmediale (aber auch die wissenschaftliche) Auseinandersetzung mit Fernsehdebatten ganz überwiegend auf die Frage konzentriert, ob solche Sendungen in der Lage sind, einen bedeutsamen Einfluss auf die in Umfragen gemessenen Stimmenanteile von Parteien bzw. Kandidaten zu nehmen. Während die Erwartungen an dieses Wahlkampfformat sehr hoch sind, fallen die Urteile über den Nutzen von TV-Duellen oft sehr ernüchternd aus. So etwa resümierte Der Tagesspiegel (2013) nach dem Kanzlerduell 2013 „Das TV-Duell zwischen Bundeskanzlerin Angela Merkel und SPD-Kanzlerkandidat Peer Steinbrück [...] hat bei der Stimmenverteilung zwischen Union und SPD nichts bewirkt".

Die Ursache für die Enttäuschung der Medien hängt mit der vorrangig verwendeten Datenquelle – im Querschnitt erhobene Bevölkerungsumfragen – zusammen. Solche Umfragen haben zweifellos eine Reihe von Vorzügen. Beispielsweise basieren sie auf einer Zufallsauswahl der Befragten, die repräsentativ für die zugrunde liegende Grundgesamtheit – meist die wahlberechtigte Bevölkerung – sind. Nachteilig an solchen Repräsentativumfragen ist zweierlei: Erstens gelingt es mit ihnen nicht, Interviews direkt vor und direkt nach einer Debatte einzuholen. Zwischen Duell und Befragung liegt – mehr oder weniger viel – Zeit, in der sich Medieneffekte und Einflüsse interpersonaler

7.3 Effekte auf Wahlbeteiligung und Wahlabsicht

Kommunikation entfalten können. Misst (und findet) man auf diesem Wege Effekte, kann man sich nicht sicher sein, ob sie auf die Debatte selbst oder die sie umgebende Kommunikation zurückzuführen sind (vgl. hierzu auch Kap. 2 und Abschn. 8.2). Zweitens ermöglichen Querschnittbefragungen nur den Vergleich von aggregierten Messwerten zweier voneinander völlig unabhängiger Stichproben. Die dabei ermittelte Netto-Volatilität gibt – wie ja auch schon unsere Analysen zur Kanzlerpräferenz in Abschn. 7.2 gezeigt haben – nur wenig Aufschluss über das tatsächliche Maß der Wanderungsbewegungen, da sich Zu- und Abwanderungen zwischen verschiedenen Parteien häufig gegenseitig aufheben (Pedersen 1979).

Der Blick der Medien auf verhaltensrelevante Wirkungen von TV-Duellen ist aber nicht nur durch die Wahl von Querschnittbefragungen als Datenquelle verengt, die übertrieben konservative Schätzungen von Debatteneffekten liefern. Zwei weitere Gründe spielen eine Rolle, warum die Bedeutung solcher Sendungen oft hinter den Erwartungen zurückbleibt. Erstens besteht Wahlverhalten nicht nur aus der Stimmabgabe für eine Partei. Vielmehr geht dieser Entscheidung zwischen den verschiedenen politischen Alternativen die grundsätzliche Überlegung voraus, ob man überhaupt an einer Wahl teilnehmen möchte. Insbesondere in Zeiten geringer Wahlbeteiligungsraten ist die Frage von besonderem Interesse, ob Fernsehdebatten diesen Trend eher verstärken oder abschwächen. Wichtig ist diese Frage aber auch vor dem Hintergrund der zunehmenden Schwierigkeiten politischer Parteien, ihr Kernklientel zu mobilisieren. Zweitens steht hinter solchen Bewertungen eine zwischenzeitlich überholte Definition von Medienwirkungen, nach der nur Konversionen als „richtige" Medieneffekte gelten. Diese Definition, die auch in der Wissenschaft nach wie vor Verwendung findet, blendet Medieneffekte aus, die bereits vorhandene Dispositionen verstärken.

Wahlbeteiligung

Die vorliegenden Studien, die sich mit Debatteneffekten auf die Wahlbeteiligung beschäftigen, zeigen nahezu unisono, dass solche Formate mobilisierend wirken (vgl. z. B. Best und Hubbard 1999; Faas und Maier 2004b; Klein 2005a, b; Maier und Faas 2005, 2011a, b; Maier et al. 2013; Range 2017; Scheufele et al. 2005; Wald und Lupfer 1978). Für Deutschland vorliegende Studien schätzen den Effekt sogar als sehr groß ein (Faas und Maier 2004b, 2011b; Klein 2005a, b; Maier und Faas 2011a). Demgegenüber kommen nur wenige Studien zu dem Ergebnis, dass TV-Duelle keine Wirkung auf die Partizipationsbereitschaft haben (z. B. Lupfer und Wald 1979; Maier 2007a; McLeod et al. 1979b; Weaver und Drew 2001).

Die Stärke des Effekts scheint dabei vom Zeitpunkt einer Fernsehdebatte innerhalb des Wahlkampfes abzuhängen. Klein (2005a, b) kommt zu dem Ergebnis, dass von Fernsehdebatten mit zunehmender Nähe zum Wahltag stärkere Mobilisierungseffekte ausgehen. Die Wirkung solcher Sendungen auf die Partizipationsneigung fällt bei politisch weniger Interessierten – also der Personengruppe, die in Wahlkämpfen traditionell besonders schwer zu erreichen ist (vgl. z. B. Lazarsfeld, Berelson und Gaudet 1944) – am stärksten aus (Faas und Maier 2004b; Maier und Faas 2005, 2011a; Range 2017). Demgegenüber erhöht die Rezeption von TV-Duellen die meist ohnehin schon sehr hohe Beteiligungsbereitschaft bei politisch interessierten Bürgern nicht weiter. Der Anstieg der Wahlbeteiligung wird durch die Stärkung partizipationsnaher Einstellungen bewirkt (Maier et al. 2013). Im Rahmen der TV-Duell-Rezeption steigt das objektive Wissen, das subjektive Kompetenzgefühl *(internal efficacy)* und das Gefühl, dass der politische Betrieb sich mit den Sorgen und Wünschen der Bürger auseinandersetzt *(external efficacy;* vgl. auch Abschn. 7.1 und 7.2) – allesamt Faktoren, die die Teilnahme an Wahlen begünstigen.

Dass die Ausstrahlung von Fernsehdebatten tendenziell einen Einfluss auf die Höhe der Wahlbeteiligung hat, lässt sich für Bundestags- und Landtagswahlen seit 1997 zeigen. In einem einfachen Modell, in dem wir für das Wahljahr – und damit dem Trend hin zu einer sinkenden Wahlteilnahme – sowie das geringere Niveau der Wahlbeteiligung bei Landtagswahlen (getrennt für Ost- und Westdeutschland) kontrollieren, ist der Einfluss von TV-Duellen zwar nicht signifikant ($p=0{,}124$; Tab. 7.11). Dennoch ist zu erkennen, dass die Wahlbeteiligung bei Wahlen, in denen ein oder mehrere TV-Duelle abgehalten wurden, höher liegt als bei Wahlen, in denen eine solche Sendung nicht ausgestrahlt wurde. Im Mittel beträgt diese Differenz rund 2,2 Prozentpunkte.

Tab. 7.11 Einfluss von TV-Duellen bei Bundes- und Landtagswahlen 1997–2018 auf die Wahlbeteiligung

R^2	0,40	
TV-Duell (0 = nein, 1 = ja)	2,20	(1,35)
Wahljahr	−0,44[b]	(0,14)
Landtagswahl (West) (0 = nein, 1 = ja)	−12,70[c]	(0,67)
Landtagswahl (Ost) (0 = nein, 1 = ja)	−17,80[c]	(1,61)
Konstante	963,59[b]	(272,25)

Quelle: www.wahlrecht.de, Aufstellung in Anhang B. Ausgewiesen sind unstandardisierte Regressionskoeffizienten (in Klammern: geclusterte Standardfehler). Fallzahl: $N=83$. Signifikanzniveau: [a]$p<0{,}05$, [b]$p<0{,}01$, [c]$p<0{,}001$.

7.3 Effekte auf Wahlbeteiligung und Wahlabsicht

Ein zweifelsfreier Nachweis der Wirkung von TV-Duellen auf die Wahlbeteiligung ist mit Aggregatdaten nicht möglich. Ein stichhaltiger Nachweis, ob die Rezeption einer Fernsehdebatte die Partizipationsbereitschaft stimuliert, ist nur durch einen Rückgriff auf Individualdaten möglich. Allerdings sind Debattenwirkungen auf die Wahlbeteiligungsabsicht mit solchen Daten besonders schwer nachzuweisen. Repräsentativbefragungen haben das Problem, dass sie nicht ausschließen können, dass die gemessenen Unterschiede in der Wahlbeteiligungsabsicht zwischen Wählern, die ein TV-Duell gesehen haben, und Wählern, die die Sendung nicht verfolgt haben, bereits vor der Debatte Bestand hatten. Experimentaldaten haben hingegen das Problem, dass vorwiegend Personen für solche Untersuchungen zu gewinnen sind, die eine hohe Affinität zur Politik haben. Für viele dieser Probanden ist die Teilnahme an Wahlen dann ohnehin selbstverständlich. Die Rezeption einer TV-Debatte kann daran nur noch wenig ändern. Die geschilderte Problematik lässt sich in Tab. 7.12 gut beobachten: Die bereits vor einem Duell sehr hohe Partizipationsbereitschaft lässt sich durch die Debattenrezeption nur noch schwer steigern. Im Mittel liegt der Anstieg der Wahlbeteiligungsbereitschaft bei 0,2 Prozentpunkten. Dieser Effekt fällt bei Bürgern, die ein geringeres Interesse am Bundestagswahlkampf haben, etwas stärker aus als bei Wählern, die sich stark für die Kampagne interessieren.

Wahlverhalten[3]
Im Unterschied zu den meisten bislang vorgestellten Forschungsfeldern ist der genaue Einfluss von TV-Duellen auf das Wahlverhalten überaus umstritten. Zahlreiche, vor allem für die USA vorgelegte Studien, gehen davon aus, dass TV-Duelle nur einen geringen oder sogar gar keinen Effekt auf das Wahlverhalten haben (vgl. z. B. Bachl 2016; Becker et al. 1979; Ben-Zeeb und White 1962; Benoit et al. 2001; Dennis et al. 1979; Katz und Feldman 1962; Lang und Lang 1978a; Lanoue 1991; LeDuc 1990; Lupfer und Wald 1979; Maier 2005; McKinney und Carlin 2004; McLeod et al. 1979b; Rose 1976; Sears und Chaffee 1979). Wenn überhaupt Effekte beobachtbar sind, weisen diese eher darauf hin, dass die Rezeption solcher Sendungen bereits vorhandene Dispositionen verstärkt

---

[3]Studien, die Fernsehdebatten in präsidentiellen Systemen wie z. B. den USA untersuchen, analysieren Effekte auf die Kandidatenpräferenz (im Sinne einer Verhaltensabsicht). In parlamentarischen Demokratien wie z. B. Deutschland geht es hingegen um Wirkungen auf die Parteiwahl. Selbstverständlich gibt es auch Studien zu Debatteneffekten auf die Kandidatenpräferenz in parlamentarischen Systemen. Da die Auswahl zwischen Kandidaten dort aber keine reale Option darstellt, verstehen wir diesen Indikator als Einstellung zu den Spitzenkandidaten. Vgl. hierzu auch Abschn. 7.2.

Tab. 7.12 Einfluss der TV-Duelle der Bundestagswahlen 2002–2017 auf die Wahlbeteiligungsabsicht

	Alle			Wahlkampfinteresse	
	Vorher	Nachher	Δ	Niedrig	Hoch
2002/I	95,7	96,5	+0,9	+1,0	+0,7
2002/II	89,4	89,7	+0,3	+0,8	0,0
2005	97,3	97,3	0,0	+0,8	−0,3
2009	93,3	93,4	+0,1	+2,0[a]	−1,6
2013	96,3	96,4	+0,1	0,0	+0,2
2017	97,3	97,3	0,0	0,0	0,0
Mittelwert			+0,2	+0,8	−0,2

Quelle: Experimentaldaten 2002, 2005, 2009 (ZA5309), 2013 (ZA5709) und 2017 (ZA6810), eigene Berechnungen. Ausgewiesen ist der mit 100 multiplizierte Mittelwert für die Wahrscheinlichkeit der Wahlbeteiligung direkt vor und direkt nach dem Duell bzw. die Differenz in der Wahlbeteiligungsabsicht. Die Wahrscheinlichkeit der Wahlbeteiligung wurde auf einer 5-Punkte-Skala von 0 („bestimmt nicht") bis 1 („bestimmt") gemessen. Personen, die bereits Briefwahl gemacht haben, wurden nicht in die Analysen einbezogen. Daten wurden so gewichtet, dass die unterschiedlichen parteipolitischen Lager (CDU/CSU, FDP vs. SPD, Bündnis 90/Die Grünen vs. andere bzw. keine Parteiidentifikation) mit gleichem Gewicht in die Analysen eingehen. Um die Vergleichbarkeit über Zeit zu gewährleisten, haben wir AfD-Anhänger 2017 aus der Analyse ausgeschlossen. Fallzahlen: 2002/I: $N=68$, 2002/II: $N=73$, 2005: $N=127$, 2009: $N=340$, 2013: $N=205$, 2017: $N=174$. Signifikanzniveau: [a]$p<0,05$, [b]$p<0,01$, [c]$p<0,001$. Signifikanztests beziehen sich auf die Differenz in der Wahrscheinlichkeit der Wahlbeteiligungsabsicht vor und nach dem Duell bzw. den Unterschied in der Veränderung der Wahrscheinlichkeit der Wahlbeteiligungsabsicht zwischen Personen mit niedrigem und hohem Interesse am jeweils laufenden Bundestagswahlkampf. Wahlkampfinteresse wurde auf einer 5-Punkte-Skala von 1 („überhaupt nicht") bis 5 („sehr stark") gemessen. Die Werte 1–3 wurden zu niedrigem, die Werte 4 und 5 zu hohem Wahlkampfinteresse zusammengefasst.

(vgl. z. B. Dennis et al. 1979; Hagner und Rieselbach 1978; Sears und Chaffee 1979). Dieser Befund deckt sich mit klassischen Kampagnenstudien, die ebenfalls die große Bedeutung von Verstärkungseffekten hervorheben (Lazarsfeld et al. 1944). Erklärt wird der nur schwache Einfluss von TV-Duellen mit der Theorie der kognitiven Dissonanz (Festinger 1957), die davon ausgeht, dass Informationen vorwiegend selektiv verarbeitet werden.

Demgegenüber zeigen aber auch viele – u. a. die meisten für Deutschland vorliegenden – Untersuchungen, dass Fernsehdebatten in größerem Umfang Einfluss auf die Parteiwahl und die darauf bezogene Sicherheit nehmen (Bachl 2013b;

7.3 Effekte auf Wahlbeteiligung und Wahlabsicht

Benoit et al. 2003; Blais und Boyer 1996; Davis 1979, 1982; Donsbach und Jandura 2005; Donsbach et al. 2004; Faas 2006; Faas und Maier 2004a, b; Geer 1988; Klein 2005a, b; Lawes und Hawkins 2011; Maier 2017a; Maier und Faas 2005, 2011b; Pattie und Johnston 2011; Plasser und Lengauer 2010; Scheufele et al. 2005; Schrott und Lanoue 2013; Yawn et al. 1998). In Einzelfällen wird sogar davon ausgegangen, dass Fernsehdebatten Wahlen entschieden haben (vgl. z. B. Gallup 1987; Jamieson 2015; McKinney et al. 2003; McKinney und Warner 2013). Die Größe von Debatteneffekten hängt von ihrer Lage im Wahlkampf ab. Eine Metastudie zeigt, dass in den USA von der ersten Debatte signifikant stärkere Wirkungen ausgehen als von nachfolgenden Duellen (Benoit et al. 2003). Besonders starke Wirkungen zeigen sich bei *primary debates* (Benoit et al. 2003; McKinney et al. 2001; Pfau 1987). Demgegenüber zeigen Studien für die Bundestagswahl 2002, dass der Einfluss des zweiten Kanzlerduells größer ausfällt als der Effekt der ersten Diskussionsrunde (Klein 2005a, b; Klein und Pötschke 2005). Die Rezeption mehrerer TV-Duelle steigert den Einfluss solcher Sendungen auf die Wahlabsicht (Plasser und Lengauer 2010). Studien, die konkrete Aussagen über die Größenordnung der durch die Rezeption eines TV-Duells verursachten Wählerwanderungen machen, taxieren den Anteil der Zuschauer, die ihre Wahlabsicht ändern, auf 4 bis 23 % (Bachl 2013b; Donsbach et al. 2004; Klein 2005a; Maier 2017a; Maier und Faas 2011b; Maier 2007a; Plasser und Lengauer 2010; Scheufele et al. 2005). In *primary debates* wechseln sogar bis zu 30 % aller Zuschauer ihre Wahlabsicht (McKinney et al. 2001; Pfau 1987). Gerade bei als knapp prognostizierten Wahlausgängen können Fernsehdebatten somit zu einem wahlentscheidenden Faktor werden (Chaffee 1978; Maier und Faas 2011a). Zudem hängt die Wirkung von TV-Duellen von der Ebene ab, auf der eine Wahl stattfindet. Eine amerikanische Untersuchung, die den Einfluss von Fernsehdebatten auf das Stimmverhalten bei lokalen Wahlen und bei Präsidentschaftswahlen vergleicht, zeigt, dass Effekte auf der unteren Systemebene erheblich stärker ausfallen (Lichtenstein 1982).

Die stärksten Debatteneffekte sind bei Zuschauern ohne Parteibindung (vgl. z. B. Bachl 2013b), bei Unentschiedenen und Zuschauern, die *cross pressures* ausgesetzt sind (Geer 1988), zu beobachten. Allerdings zeigt sich auch bei parteipolitisch gebundenen Wählern, dass sie unter dem Eindruck eines TV-Duells ihre Wahlabsicht durchaus überdenken (vgl. z. B. Bachl 2013b).

Ein wichtiger Moderator von Debatteneffekten ist hierbei die perzipierte Debattenleistung (Kim und Garrett 2012; Maier 2017a) und die Wahrnehmung des Debattensiegers (Blais und Boyer 1996; Geer 1988; Klein 2005a, b; Klein und Pötschke 2005; Klein und Rosar 2007; Maier 2006, 2007a; Maier und Faas 2005, 2011a, b; Maier 2007a; McLeod et al. 1979b; Pattie und Johnston 2011).

Nehmen die Zuschauer den „eigenen" Kandidaten als Sieger eines Duells wahr, werden sie in ihrer Absicht bestärkt, ihre Stimme für ihn bzw. seine Partei abzugeben (Geer 1988; Klein 2005b; Maier 2006; Maier und Faas 2011a; Maier 2007a). Andererseits rücken Rezipienten von ihrer ursprünglichen Wahlabsicht ab, wenn sie eine Niederlage des eigenen Kandidaten konstatieren (Bachl 2013b; Geer 1988; Maier 2006; Maier und Faas 2011a; Maier 2007a). Insgesamt am stärksten sind die Effekte bei parteipolitisch ungebundenen Wählern (Maier 2006; Maier und Faas 2011a; Maier 2007a). Wird ein Kandidat als Debattensieger gesehen, liegt die Wahrscheinlichkeit einer Stimmabgabe zugunsten seiner Partei um durchschnittlich 30 bis 40 Prozentpunkte höher, als wenn dieser als Verlierer eines Duells wahrgenommen wird (Maier 2006; Maier und Faas 2011a). Für Großbritannien werden ähnlich hohe Werte berichtet – allerdings nicht für alle Kandidaten und alle Parteien (Pattie und Johnston 2011). Kaum von Bedeutung ist hingegen, ob die vor dem Duell an die Kandidaten gerichteten Erwartungen hinsichtlich ihrer Debattenleistung auch erfüllt wurden (Klein und Rosar 2007; Maier 2017a; anders: Yawn et al. 1998). Schließlich gibt es auch Hinweise, dass der Einfluss eines TV-Duells auf die Wahlabsicht mit steigendem Politikinteresse sinkt (Maier und Faas 2005).

Tendenziell profitieren von TV-Debatten vor allem die Akteure, die auch an solchen Diskussionsrunden teilnehmen. Kleinere Parteien, die typischerweise keine Chance haben, nach einer Wahl den Amtsinhaber zu stellen und deshalb zu TV-Duellen, so wie wir sie in diesem Buch definiert haben, nicht eingeladen werden, büßen hingegen an Stimmen ein (Maier und Faas 2011b; Maier 2007a; uneinheitlichere Ergebnisse berichtet Klein 2005a). Damit bestätigt sich in diesem Punkt die Befürchtungen von Donsbach (2002, S. 21; ähnlich auch Donsbach et al. 2004), der vermutet, dass „die Zuspitzung des politischen Kampfes auf zwei Kanzlerkandidaten die kleineren Parteien in der öffentlichen Wahrnehmung verblassen [lässt] und damit ihre Wahlchancen [verringert]". Die Fernsehsender reagieren hierauf zwischenzeitlich häufig mit der Ausstrahlung sogenannter „kleiner Duelle", in denen ausschließlich die kleinen im Parlament vertretenen Parteien gegeneinander antreten (wie z. B. bei der Bundestagswahl 2013) oder sogar Parteien einbezogen werden, die mit Blick auf Meinungsumfragen eine große Chance haben, ins Parlament einzuziehen (wie dies bei der Bundestagswahl 2017 mit Blick auf die AfD der Fall war). Welche Wirkungen von diesen Debatten ausgehen, wurde bislang jedoch kaum untersucht (vgl. aber Faas und Maier 2017b; Faas et al. 2017).

Dass die in Bevölkerungsbefragungen gemessenen Debatteneffekte auf den ersten Blick tatsächlich nicht besonders groß sind, zeigt die Analyse der Veränderung der Umfragewerte der Parteien vor und nach einem TV-Duell

7.3 Effekte auf Wahlbeteiligung und Wahlabsicht

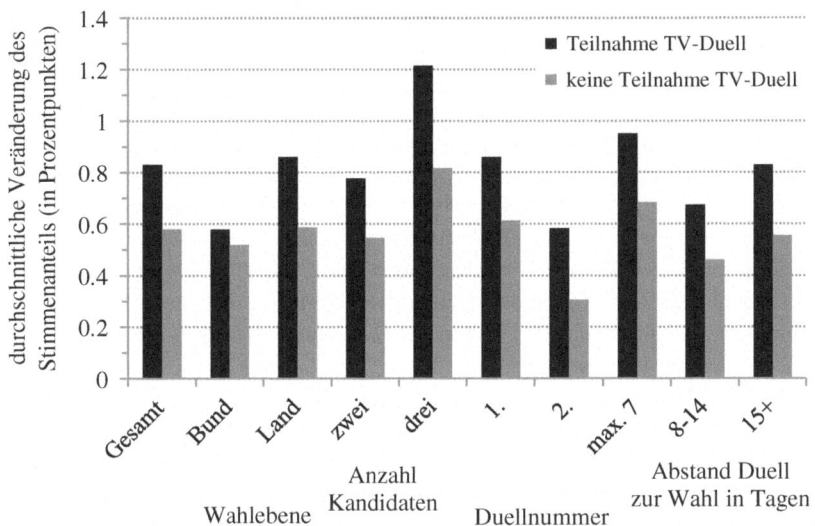

Abb. 7.3 Durchschnittliche absolute Veränderung der Stimmenanteile von Parteien im Umfeld von TV-Duellen in Deutschland, 1997–2018 (Nettoeffekte). (Quelle: www.wahlrecht.de, eigene Berechnungen. Ausgewiesen ist die mittlere absolute Veränderung des in Meinungsumfragen gemessenen Stimmenanteils von CDU/CSU, SPD, FDP, Bündnis 90/ Die Grünen, Die Linke und sonstigen Parteien. Verglichen wurden jeweils die Umfragen, die als letzte vor bzw. als erste nach einem TV-Duell publiziert wurden. In Fällen, in denen zwischen Duell und Wahl keine Umfrage verfügbar ist, wurden die Wahlergebnisse verwendet. In einem Fall ist keine Umfrage vor der Debatte verfügbar; dieses Duell wurde aus der Analyse ausgeschlossen. Fallzahl: N = 56. Die Differenzen für Anzahl der Kandidaten und Duellnummer (nur für Parteien, die nicht an einem TV-Duell teilgenommen haben) sind signifikant (alle $p<0{,}05$))

(vgl. Abb. 7.3). Im Durchschnitt verändert sich der Stimmenanteil für jede der an einem Duell teilnehmenden Parteien absolut um rund 0,8 Prozentpunkte. Debatteneffekte fallen bei Landtagswahlkämpfen, Drei-Kandidaten-Diskussionen ($p<0{,}05$) und dem ersten Duell in einem Wahlkampf tendenziell größer aus. Der Abstand eines Duells zur Wahl hängt kurvilinear mit den beobachteten Wählerbewegungen zusammen. Am stärksten sind die Effekte von Duellen direkt vor und mit großem Abstand zu einer Wahl, am schwächsten bei einem mittleren Abstand. Aus den Daten wird aber auch deutlich, dass Fernsehdebatten nicht nur einen Einfluss auf die Kontrahenten einer Fernsehdebatte haben, sondern sich auch auf den elektoralen Rückhalt von Akteuren auswirken, die nicht an einem

Duell teilnehmen. Die durchschnittliche Veränderung liegt für jede dieser Parteien zwar mit ca. 0,6 Prozentpunkten unter dem Wert der an einer Debatte beteiligten Parteien (p<0,01); die beobachteten Zusammenhänge sind aber strukturell ähnlich. Wie für die Analyse der Kanzlerpräferenz (vgl. Tab. 7.5 und 7.6) zeigt sich auch für die Wahlabsicht, dass die gemessenen Nettoeffekte die tatsächlichen Veränderungen erheblich unterschätzen (Tab. 7.13). Der Anteil der Debattenzuschauer, die ihre vor einem Duell geäußerte Wahlabsicht im Anschluss an diese Sendung revidieren, liegt bei den Kanzlerdebatten zwischen 3,6 und 25,9 %. Im Durchschnitt über alle Debatten verändert rund jeder Sechste seine Wahlabsicht. Dabei ist der Einfluss von TV-Duellen auf parteipolitisch Ungebundene größer als auf Personen mit Parteibindung.

Fernsehdebatten verändern aber nicht nur Wahlabsichten, sondern fungieren auch als Entscheidungshilfe. Häufig ist deshalb zu sehen, dass nach der Rezeption eines Duells der Anteil derjenigen, die sich hinsichtlich ihrer Wahlentscheidung noch nicht entschieden haben, sinkt (Klein 2005a; Maier und Faas 2011b; Maier 2007a; Plasser und Lengauer 2010). Der Anteil der Unentschlossenen reduziert

Tab. 7.13 Einfluss der TV-Duelle der Bundestagswahlen 2002–2017 auf die Wahlabsicht (Bruttoeffekte)

	Alle	Parteiidentifikation	
		Ja	Nein
2002/I	3,6	5,4	0,0
2002/II	13,2	10,2	20,0
2005	11,9	13,7	6,2
2009	25,9	22,8[a]	36,8
2013	23,3	22,4	26,1
2017	18,7	17,2	25,0
Mittelwert	16,1	13,8	19,1

Quelle: Experimentaldaten 2002, 2005, 2009 (ZA5309), 2013 (ZA5709) und 2017 (ZA6810), eigene Berechnungen. Ausgewiesen ist der Anteil derjenigen, die direkt vor dem Duell eine andere Wahlabsicht geäußert haben als direkt nach dem Duell. Personen, die bereits Briefwahl gemacht haben, wurden nicht in die Analysen einbezogen. Fallzahlen: 2002/I: N=68, 2002/II: N=73, 2005: N=127, 2009: N=340, 2013: N=205, 2017: N=154. Signifikanzniveau: [a]p <0,05, [b]p<0,01, [c]p<0,001. Signifikanztests beziehen sich auf den Unterschied in der Veränderung der Wahlabsicht zwischen Personen mit und ohne Parteiidentifikation.

7.3 Effekte auf Wahlbeteiligung und Wahlabsicht

sich dabei um bis zu sechs Prozentpunkte (Maier und Faas 2011b; Plasser und Lengauer 2010; kleinere Veränderungen findet Klein 2005a). Gleichzeitig werden Debattenrezipienten sicherer hinsichtlich der Wahlentscheidung, die sie treffen wollen (Bachl 2013b; Bachl und Brettschneider 2013; Donsbach et al. 2004; Lichtenstein 1982; Maier 2007a).

Dies bestätigen auch die Experimentaldaten für die Kanzlerduelle der Bundestagswahlen 2002 bis 2017. Im Durchschnitt erhöht sich die Sicherheit der Wahlabsicht um fast zwei Zehntel Skalenpunkte (Tab. 7.14). Dieser Effekt ist unter Personen ohne Parteibindung stärker ausgeprägt als bei Personen, die über eine Parteiidentifikation verfügen.

Neben der in der Debattenforschung eindeutig im Mittelpunkt stehenden Analyse der unmittelbaren Effekte von TV-Duellen auf das Wahlverhalten im Sinne einer *Stimulus-Response*-Logik untersuchen einige wenige Studien, ob die Rezeption solcher Sendungen die Personalisierung der Stimmabgabe fördert. Ins Blickfeld gerät damit die zweite Personalisierungshypothese, die von einer zunehmenden Bedeutung der Kandidatenorientierung für die

Tab. 7.14 Einfluss der TV-Duelle der Bundestagswahlen 2002–2017 auf die Sicherheit der Wahlabsicht

	Alle			Parteiidentifikation	
	Vorher	Nachher	Δ	Ja	Nein
2002/I	3,12	3,29	+0,16[a]	+0,10	+0,27
2002/II	3,29	3,40	+0,11	+0,03	+0,30
2005	2,89	3,19	+0,30[c]	+0,29	+0,34
2009	2,76	3,05	+0,29[c]	+0,24	+0,44
2013	2,65	2,76	+0,11	+0,14	+0,04
2017	2,99	3,09	+0,10	+0,10	+0,08
Mittelwert			+0,17	+0,15	+0,25

Quelle: Experimentaldaten 2002, 2005, 2009 (ZA5309), 2013 (ZA5709) und 2017 (ZA6810), eigene Berechnungen. Ausgewiesen ist der Mittelwert für die Sicherheit der Wahlabsicht direkt vor und direkt nach dem Duell bzw. die Differenz in der Sicherheit der Wahlabsicht. Die Sicherheit der Wahlabsicht wurde auf einer 4-Punkte-Skala von 1 („sehr unsicher") bis 4 („sehr sicher") gemessen. Personen, die bereits Briefwahl gemacht haben, wurden nicht in die Analysen einbezogen. Fallzahlen: 2002/I: N = 68, 2002/II: N = 73, 2005: N = 127, 2009: N = 340, 2013: N = 205, 2017: N = 147. Signifikanzniveau: [a]$p<0,05$, [b]$p<0,01$, [c]$p<0,001$. Signifikanztests beziehen sich auf die Differenz in der Sicherheit der Wahlabsicht vor und nach dem Duell bzw. den Unterschied in der Veränderung der Sicherheit der Wahlabsicht zwischen Personen mit und ohne Parteiidentifikation.

Wahlentscheidung ausgeht. Während in den USA vorwiegend über diesen Effekt spekuliert wird (vgl. z. B. Berquist und Golden 1981; Lang 1987), zeigt die einzige uns hier bekannte Studie, dass mit dem Grad der Debattenrezeption der Einfluss von Kandidateneigenschaften *sinkt,* während das Gewicht von Sachfragenorientierungen zunimmt (Chaffee 1978). Für Deutschland liefern die vorliegenden Studien kein klares Bild, ob Fernsehdebatten zu einer stärkeren Personalisierung des Wahlverhaltens führen. Schoen (2004a, b) zeigt für die Bundestagswahl 2002, dass nicht für alle Debatten und Kandidaten ein Bedeutungsgewinn der Kandidatenorientierung zu beobachten ist. Maier (2006) findet nur für SPD-Wähler, die die Debatte gesehen haben, eine stärkere Relevanz von Kandidaten für die Wahlabsicht. Zudem steigt aber auch das Gewicht bestimmter Themen im Umfeld der Debatten. Maurer und Reinemann (2007a) finden beim TV-Duell 2005 nur für Westdeutschland debatteninduzierte *Priming*-Effekte. In Ostdeutschland verändert sich der Einfluss der Kandidatenorientierung durch die Rezeption der Fernsehdebatte dagegen nicht.

> **Zusammenfassung**
> Die in diesem Kapitel zusammengetragenen Studien zeigen, dass es Kandidaten im Rahmen eines TV-Duells durchaus gelingen kann, die politischen Orientierungen von Wählern zu beeinflussen. Mit großer Wahrscheinlichkeit werden Debattenzuschauer nach einem TV-Duell mehr über die zentralen Themen und die Spitzenkandidaten wissen als vorher. Sie werden auch motivierter sein, den Wahlkampf zu verfolgen. Vielfach werden sie auch ihre Einstellungen zu den Kandidaten ändern und nach einem Duell den politischen Akteuren andere Problemlösungskompetenzen zuschreiben als noch vor der Debatte. Schwerer zu verändern sind hingegen Verhaltensabsichten. Allerdings zeigen auch hier insbesondere die für Deutschland verfügbaren Studien, dass dies keineswegs ausgeschlossen ist. Aus Kandidatensicht ist besonders problematisch, dass die meisten der hier beschriebenen Effekte von zahlreichen Rahmenbedingungen abhängen. Diese können oft nur bedingt von den Kandidaten beeinflusst werden.
>
> Kandidaten haben aber noch ein anderes Problem: Selbst wenn es ihnen gelingt, die Wähler von sich zu überzeugen, stellt sich die Frage, wie nachhaltig die erzielten Wirkungen sind. Denn während und nach einem TV-Duell wird umfassend und durch die Kandidaten in kaum

kontrollierbarer Weise über ihre Aussagen und ihr Auftreten kommuniziert. Das nächste Kapitel beschäftigt sich deshalb abschließend mit der massenmedialen und interpersonalen Kommunikation über Fernsehdebatten und den sich daraus ergebenden Wirkungen.

Kommunikation über TV-Duelle: Live-Kommentare, Medienberichte, persönliche Gespräche

8

Die Massenmedien berichten vor und insbesondere nach einem Duell in großem Umfang über solche Sendungen, denn für die Medien gelten sie als Großereignisse in Wahlkämpfen (vgl. z. B. Katz und Dayan 1992; Kendall 1997; Tsfati 2003). Darüber hinaus können Fernsehdebatten aufgrund ihrer hohen medialen Präsenz auch Gegenstand von Gesprächen mit Familienmitgliedern, Freunden, Arbeitskollegen oder Nachbarn sein. Zusätzlich haben die Zuschauer in Zeiten des Web 2.0 und der sozialen Medien die Möglichkeit, sich bereits während der Debatte über Zuschauerreaktionen zu einem Duell zu informieren – und andere über die eigenen Eindrücke von einer Debatte in Kenntnis zu setzen.

Nicht wenige Forscher gehen davon aus, dass von der – in der Literatur oft als „meta-debating" oder „debate about the debates" (vgl. z. B. Martel 1983, S. 169–170) bezeichneten – kommunikativen Rahmung von TV-Duellen erheblich größere Effekte ausgehen als von Debatten selbst. Einige sind sogar der Auffassung, dass solche Sendungen ohne die interpretative Leistung der Medien ihre Wirkung überhaupt nicht entfalten würden. Der US-Meinungsforscher Warren J. Mitofsky (zitiert nach Kraus 2000, S. 147) hebt hervor, dass Fernsehdebatten Wahlen durchaus entscheiden können „but with the provision, that the candidate has won the debate, if they are told that by the reporters. I don't think the people have any view of this on their own without extra help" – auch wenn das, wie die Ausführungen im Kapitel zuvor gezeigt haben, so nicht richtig ist. Deshalb ist es nicht verwunderlich, dass die Wahlkampfteams der an einer Debatte beteiligten Kandidaten in aller Regel versuchen, den Blick der Medien auf ein Duell zu beeinflussen („spin control"; Norton und Goethals 2004; The Racine Group 2002, S. 211).

Angesichts der hohen Bedeutung, die der Kommunikation über TV-Duelle beigemessen wird, wollen wir mit diesem Kapitel zwei Dinge leisten. Zunächst wollen wir aufzeigen, wie häufig Debatten live kommentiert werden, wie umfangreich die Medienberichterstattung über dieses Wahlkampfereignis ausfällt und wie oft Menschen sich mit anderen über solche Sendungen unterhalten. Zudem interessiert uns, welche Inhalte bei der Kommunikation über TV-Debatten transportiert werden. Nach dieser Betrachtung der Verbreitung von Kommunikation über Fernsehdebatten wollen wir uns der Frage widmen, wie einflussreich diese Kommunikation ist, um so insgesamt abschätzen zu können, wie groß die Bedeutung von Begleit- und Anschlusskommunikation zu TV-Duellen ist.

8.1 Umfang und Inhalt der Kommunikation über TV-Duelle

Live-Kommentierung von TV-Duellen
Wenn Wähler während der Rezeption einer TV-Debatte mit Eindrücken Dritter in Kontakt kommen, kann dies auf drei Wegen geschehen. Erstens, indem man Fernsehdebatten nicht alleine, sondern in Gesellschaft mit anderen Menschen sieht (vgl. z. B. Katz und Feldman 1962). In Kap. 5 haben wir darauf hingewiesen, dass der überwiegende Teil der Debattenzuschauer TV-Duelle in einem solchen Rahmen rezipiert und dass in vielen Fällen während der Sendung intensive Gespräche über das Auftreten und die Aussagen der Kandidaten geführt werden.

Zweitens kann eine Live-Kommentierung von TV-Duellen durch die Fernsehsender, die eine Debatte übertragen, selbst ermöglicht oder gar vorgenommen werden. Am besten untersucht ist dabei die Einblendung von Meinungen anderer Personen. Diese vor allem in den USA zu beobachtende Praxis kann danach unterschieden werden, ob gezielt Meinungen von Politikern, die unmittelbar an der Debatte teilnehmen, oder Meinungen anderer Zuschauer stellvertretend für die Bevölkerung insgesamt gezeigt werden. Um die Meinung der Debattenteilnehmer zu zeigen, wird entweder eine Kameraeinstellung verwendet, in der im Vordergrund der Kandidat zu sehen ist, der gerade spricht, und im Hintergrund der Kandidat, der kein Rederecht hat. Reagiert letzterer mittels Mimik oder Gestik auf die Ausführungen des Gegners, wird dies als optische Kommentierung bezeichnet (vgl. Abschn. 4.1). Populär ist aber auch die *split screen*-Technik: Während ein Politiker spricht, wird in einem eigenen Fenster auf dem Bildschirm der politische Gegner gezeigt. Zuschauer können somit ebenfalls in Echtzeit die nonverbale Reaktion eines Kandidaten auf die Aussagen seines Kontrahenten beobachten (vgl. z. B. Cho 2009; Scheufele et al. 2007; Seiter und Weger 2005).

Notwendige Voraussetzung ist dafür allerdings eine bestimmte Art der Bild- und Regieführung, über die wir bislang aber nur sehr wenig wissen. Dabei definiert die Kameraführung bei TV-Duellen andererseits den Rahmen, inwieweit den

8.1 Umfang und Inhalt der Kommunikation über TV-Duelle

Kandidaten der Einsatz von Mimik, Gestik, Blickkontakten und optischen Kommentierungen überhaupt ermöglicht wird. Andererseits bietet sie den für die Bildführung Verantwortlichen genug Spielräume, um Einfluss auf den Eindruck zu nehmen, den eine Debatte und die Kandidaten bei den Zuschauern hinterlassen – auch wenn, wie dies oft in den USA der Fall ist, die erlaubten vertikalen und horizontalen Kamerawinkel vorab festgelegt sind. Dass solche Spielräume genutzt werden, zeigen die vorliegenden Studien zu US-Präsidentschaftsdebatten (Messaris et al. 1979; Rzepecka 2017; Stewart et al. 2019; Tiemens 1978) sowie zu deutschen TV-Duellen (Maier et al. 2019). Untersucht werden dabei die eingesetzten Kameraeinstellungen (z. B. Halbtotale oder *Close-Up*), wie oft nur ein Kandidat oder aber beide Kandidaten im Bild zu sehen sind, die Verwendung eines Zooms, die Präsentation sogenannter *reaction shots* – also das Zeigen der nonverbalen Reaktionen von Kandidaten auf die Ausführungen des politischen Gegners – oder die durchschnittliche Dauer einer Einstellung. Dabei zeigen sich zum Teil deutliche Unterschiede in der Präsentation der Kandidaten. Die Analysen von Rzepecka (2017) sowie Maier et al. (2019) belegen auch Veränderungen der medientechnischen Präsentation von TV-Duellen über die Zeit hinweg.

Reaktionen von Wählern können Debattenzuschauer einerseits bei Duellen, die vor Publikum ausgetragen werden, erkennen. An Beifall, Pfiffen oder Zwischenrufen lässt sich oft gut erkennen, wie die Kandidaten (oder die Ausführungen der Moderatoren; vgl. Walter und van Praag 2014) ankommen. Andererseits gibt es insbesondere in Australien, Großbritannien, Neuseeland und den USA Duelle, bei denen die Fernsehsender während der Sendung Bewertungen einer mit *Real-Time-Response*-Messgeräten ausgestatteten Fokusgruppe sehen können (vgl. z. B. Davis et al. 2011; Saks et al. 2016; Schill und Kirk 2009; Wolf 2010, S. 101). Mit einer gewissen Zeitverzögerung kann der Zuschauer anhand von sich entwickelnden Verlaufskurven erkennen, wie die – oftmals sehr kleine (Saks et al. 2016) – Fokusgruppe auf die Kandidaten reagiert. Manchmal werden nach Parteipräferenzen getrennte Bewertungen ausgewiesen, sodass der Zuschauer erkennen kann, ob Aussagen und Auftreten der Kandidaten nur bei bestimmten oder bei allen Wählergruppen auf Anklang oder Ablehnung stoßen.

Drittens können Menschen während der Debattenrezeption mit Meinungen anderer in Kontakt kommen, indem sie Kommentare verfolgen, die andere Nutzer im Internet – und hier insbesondere in den sozialen Medien – einstellen. Untersuchungen für verschiedene Länder zeigen, dass TV-Duelle in hohem Maße durch Kommentierungen auf Twitter begleitet werden (vgl. z. B. Chadwick et al. 2017; Elmer 2013; Houston et al. 2013a, b; Jürgens und Jungherr 2011; Kalsnes et al. 2014; König und König 2017; Lin et al. 2014; McKinney et al. 2013; Nyhuis und Friederich 2017; Sonnenfeld 2011; Trilling 2015; Vergeer und Franses 2016). So wurden während der ersten Obama-Romney-Debatte des Jahres 2012 mehr als 10 Mio. Tweets abgesetzt (McKinney et al. 2013). Beim Kanzlerduell 2009 wurden fast 18.000 Tweets von rund 3500 Nutzern auf Twitter abgesetzt (Sonnenfeld 2011), beim TV-Duell 2013 waren es mehr als 120.000 Tweets von knapp 25.000 Nutzern (Trilling 2015) und bei der Fernsehdebatte 2017 194.000 Tweets von etwa 40.000 Nutzern (König und König 2017). Ergebnisse aus den USA zeigen, dass insbesondere junge Wähler überdurchschnittlich häufig während einer Debatte den Aktivitäten in sozialen Netzwerken folgen (Gottfried et al. 2017; Pew Research Center 2012). Männer, Demokraten sowie Personen, die sich als liberal bezeichnen, stellen besonders häufig Tweets ein (Houston et al. 2013b; McKinney et al. 2013). Die Twitter-Aktivität steigt mit dem Grad der politischen Involvierung und dem politischen Wissen (Houston et al. 2013; McKinney et al. 2013).

In den Vereinigten Staaten fallen Twitter-Aktivitäten besonders stark aus, wenn die Moderatoren den Kandidaten Fragen stellen, wenn ein Kandidat seine Ausführungen beendet hat und der Gegner das Wort ergreift, oder wenn die Kandidaten kontrovers miteinander diskutieren (vgl. zusammenfassend McKinney et al. 2013). Bestimmte Stichwörter, die in der Debatte fallen, werden in Tweets aufgegriffen (z. B. Nyhuis und Friederich 2017). Die Wahrscheinlichkeit, dass ein Begriff auf Twitter aufgegriffen wird, steigt bis zu einem gewissen Punkt linear mit der Häufigkeit der Verwendung des Stichworts in der Debatte (Trilling 2015). Die Teilnehmer einer Debatte können also in einem gewissen Rahmen steuern, welche Aspekte eines Duells auf Twitter besprochen werden. Allerdings werden auch immer wieder Themen aufgegriffen, die eigentlich nicht Gegenstand der Debatte sind – etwa das Aussehen der Kandidaten oder technokratische Begriffe, die von Kandidaten oder Moderatoren verwendet werden. Auch die #schlandkette – dieser Hashtag entwickelte sich zum Duell 2013 in Anspielung auf die schwarz-rot-goldene Halskette, die Angela Merkel im Duell trug – ist ein Beispiel dafür. Erfolgreich sind hier insbesondere Aussagen, die als lustig empfunden oder als Fehlverhalten bewertet werden, eine unglückliche Wortwahl beinhalten (Trilling 2015), oder Aussagen, die stark einprägsam sind (Shah et al. 2016; Wells et al. 2016). Tweets werden in den USA eher zur Diskussion über die Kandidaten als über die Inhalte einer Debatte eingesetzt. In Europa ist hingegen eine stärkere Orientierung an Themen zu beobachten (Kalsnes et al. 2014; Sonnenfeld 2011; Vergeer und Franses 2016). Insgesamt dominieren eher negative Bewertungen (Diakopoulos und Shamma 2010; Trilling 2015). Eine Untersuchung für das TV-Duell 2013 bestätigt dies allerdings nicht; vielmehr zeigt sich hier, dass die Bewertung der Kandidaten auf Twitter mit den im Labor per RTR-Messung gesammelten Urteilen übereinstimmt (Nyhuis und Friederich 2017). Die Korrelation zwischen den beiden Zeitreihen liegt immerhin bei r = 0,30. Eine Studie für Norwegen zeigt eine untergeordnete Rolle kritischer Tweets gegenüber den an einem Duell partizipierenden Politikern. Demgegenüber wird hier die Rolle der Medien stark diskutiert (Kalsnes et al. 2014). Wenngleich verbale Äußerungen häufig Auslöser für das Verfassen eigener Tweets sind, liegen neuere Befunde vor, nach denen vor allem das nonverbale Verhalten der Kandidaten die Kommunikation auf sozialen Medien anheizt (Shah et al. 2016; Wells et al. 2016). Insbesondere Gestik und Blinzeln – ein Indikator für Stress – führen nach diesen Analysen zu Twitter-Aktivitäten.

Weil Tweets nicht nur abgesetzt und rezipiert werden, sondern wiederum Reaktionen in Form von Likes oder Kommentaren auslösen, kann sich hier ein „virtual town square" (Mascaro und Goggins 2012) entwickeln, auf dem Eindrücke zu wichtigen Debatteninhalten sowie konkreten Aussagen und Handlungen der Kandidaten ausgetauscht werden. Tatsächlich geht es den meisten Zuschauern, die während eines TV-Duells Twitter nutzen darum, weitere Informationen zu erhalten und diese mit anderen zu teilen; andere zu beeinflussen steht hingegen als Motiv weniger im Vordergrund (Chadwick et al. 2017). Da nicht alle Twitter-Nutzer in identischem Maße Aussagen verbreiten, können bestimmte Personen mit ihren Meinungen dominieren. Mit Blick auf die Veränderung von Mediennutzungsgewohnheit dürfte es deshalb zunehmend bedeutsam für Kandidaten werden, den Diskurs in solchen Foren zu verfolgen oder möglicherweise zu steuern. Dass dies bereits praktiziert wird, zeigt eine die USA und Frankreich vergleichende Untersuchung (Wells et al. 2016).

Medienberichte über TV-Duelle
Im Rahmen ihrer *Vorberichterstattung* bewerben insbesondere die eine Fernsehdebatte übertragenden TV-Sender, aber auch andere Medien (vgl. z. B. Coleman et al. 2011) intensiv solche Sendungen. Auch Wählern, an denen der Wahlkampf bislang vorbeigegangen ist, wird so klar, dass sich dieser auf der Zielgeraden befindet. Die Vorberichterstattung ordnet ein Duell aber auch in den allgemeinen Wahlkampfkontext ein. Die Medien „schaffen [...] einen Erwartungshorizont und einen Interpretationsrahmen" (Reinemann 2007, S. 168), indem sie z. B. über die Kandidaten, ihre Wahlchancen, ihre möglichen Strategien, Stärken und Schwächen und über den Einfluss der Debatte auf den Verlauf des restlichen Wahlkampfs berichten (Reinemann 2007). Eine britische Studie zeigt, dass die Anstrengungen der Medien (gemessen am Berichterstattungsumfang), die Wähler auf solche Debatten einzustimmen, deutlich größer sind als die Wähler über das Ergebnis eines Duells zu informieren (Coleman et al. 2011). Werden mehrere Debatten ausgestrahlt, ist die Vorberichterstattung für die ersten Duelle besonders groß (Coleman et al. 2011).

In aller Regel gehen die Medien von einem starken Einfluss solcher Sendungen auf die Wähler und den Verlauf des Wahlkampfs aus. Im Vorfeld des TV-Duells 2013 bezeichneten beispielsweise die Frankfurter Rundschau (2013) und Die Welt (2013) die Debatte als „letzte Chance" von Peer Steinbrück, das Ruder doch noch herumzureißen – und das obwohl die SPD vor der Sendung in Meinungsumfragen rund 15 Prozentpunkte hinter der Union lag. Während die Medien also versuchen, möglichst viel Aufsehen rund um Fernsehdebatten zu erzeugen – Plasser et al. (2003) sprechen von „Mediahypes" (vgl. auch Plasser und Lengauer 2010) –, bemühen sich die Parteien typischerweise strategisch darum, die Bedeutung der Fernsehdebatten herunterzuspielen und die Erwartungen an den eigenen Kandidaten zu bremsen, um seine eigentliche Leistung dann umso besser erscheinen lassen zu können (Friedenberg 1997; Maurer und Reinemann 2003, S. 35; Norton und Goethals 2004). Wie dies genau aussieht, ist allerdings weitgehend unklar. Denn abgesehen von einzelnen Fallstudien (Maurer und Reinemann 2003; Reinemann 2007) gibt es bisher kaum systematische empirische Befunde zu Inhalt und Struktur der Vorberichterstattung zu TV-Duellen.

Die – deutlich besser erforschte – *Nachberichterstattung* von Fernsehdebatten zerfällt einerseits in unmittelbar nach einer Debatte vorgenommene Analysen *(instant analysis)* und anderseits in Medienberichte, die in den Tagen nach einem Duell publiziert werden. Damit stellen die Medien auch jenen Wählern Informationen zu Ablauf und Ausgang eines Duells zur Verfügung, die die Sendung selbst nicht verfolgt haben (Maurer und Reinemann 2003, S. 36). Trotz des großen Zuschauerzuspruchs stellt diese Personengruppe in allen uns bekannten TV-Duellen die (deutliche) Mehrheit des Elektorats; selbst auf die Rekorddebatte zwischen Trump und Clinton trifft dies immer noch zu. Die Medien bieten auf diese Weise aber auch Debattenrezipienten eine Orientierungshilfe. Denn auf der Basis ihrer Berichterstattung können diese abschätzen, inwieweit sich ihre Eindrücke von einem Duell mit denen anderer Menschen decken.

Sondersendungen (instant analysis) nach einem TV-Duell zeichnen sich durch ein erhebliches Zuschauerinteresse aus. Reinemann (2007) berichtet für das Schröder-Merkel-Duell 2005, dass rund 80 % der Zuschauer der Fernsehdebatte auch die sich direkt anschließende Nachberichterstattung verfolgt haben. In der Regel handelt es sich bei diesen Angeboten um Diskussionsrunden, in denen Journalisten, Medien- bzw. Politikexperten und Politiker vor allem die Performanz der Kandidaten analysieren. 2005 bezogen sich fast 90 % aller Aussagen auf die Debattenleistung von Merkel und Schröder (Reinemann 2007).

Welches Urteil in solchen Sendungen über die Kandidaten gefällt wird, hängt nicht zuletzt von der personellen Zusammensetzung der Diskussionsrunde ab (Kendall 1997; Maurer und Reinemann 2003). Die Urteile selbst basieren im

8.1 Umfang und Inhalt der Kommunikation über TV-Duelle

Wesentlichen auf zwei Quellen: Erstens fußen solche Einschätzungen auf Eindrücken, die Journalisten während der Debatte von den Kandidaten haben. Hierzu tragen nicht nur die Aussagen und das Auftreten der Kandidaten bei, sondern auch ihre Wahlkampfteams. Diese bemühen sich in der Regel bereits während der Debatte, Journalisten mit weitergehenden Informationen, Interpretationen, aber auch Hinweisen zur (vermeintlich) falschen Darstellung von Fakten durch den politischen Gegner zu beeinflussen (vgl. z. B. Kraus 2000, S. 168–172; Lemert et al. 1999). Schlussendlich lassen sich Journalisten in ihren Einschätzungen aber vor allem vom Auftreten und der Rhetorik der Kandidaten leiten – und weniger von deren Argumenten (Maurer und Reinemann 2003, S. 79–87; Reinemann 2007).

Zweitens basieren Journalistenurteile auf Umfragen, die bereits kurz nach der Debatte Auskunft über die Meinung der Bevölkerung zum Ausgang des Duells geben. Zu diesem Zweck werden oft schon während eines Duells Umfragen durchgeführt, die dann als „Halbzeitergebnisse" verkauft werden (was methodisch durchaus fragwürdig erscheint). Bemerkenswert ist dabei, dass die Ergebnisse von Meinungsumfragen und die Einschätzungen der Journalisten häufig nicht deckungsgleich sind (vgl. z. B. Reinemann 2007).

Die *eigentliche Nachberichterstattung* wird umfangreich genutzt. Daten zu deutschen TV-Duellen zeigen, dass etwa 90 % aller Debattenzuschauer mit der Nachberichterstattung der Massenmedien in Kontakt kommen (Maier und Faas 2003, 2006; M. Maier 2007b). Allerdings sind diese Zahlen nicht repräsentativ. In Umfragen zu den Kanzlerduellen des Jahres 2002 gaben 44 % an, sich im Nachgang „(sehr) oft" über das Duell informiert zu haben (Donsbach et al. 2004). Unter denjenigen, die das Duell gesehen haben, lag dieser Wert bei 60 %, bei denjenigen, die das Duell nicht gesehen haben, betrug dieser Anteil rund 30 % (Donsbach und Jandura 2005). Tendenziell werden Fernsehnachrichten häufiger rezipiert als die Berichterstattung der Tagespresse. Weitere Informationen über die soziale und politische Struktur der Mediennutzer und die im Detail rezipierten Inhalte liegen nicht vor.

Die Nachberichterstattung über TV-Duelle erstreckt sich in der Regel auf die ersten beiden Tage nach der Sendung. Am Beispiel der Fernsehdebatten der Bundestagswahlen 2002 und 2005 ist gut zu erkennen, dass am Tag nach dem jeweiligen Duell vor allem Fernsehen, Radio und Nachrichtenwebsites über das Ereignis berichten. Am darauffolgenden Tag waren die Debatten Kern der Politikberichterstattung der Tageszeitungen. Danach verliert das Thema schnell an Bedeutung und verschwindet aus dem Blickfeld der Medien (Maurer und Reinemann 2003, S. 79; Reinemann 2007). Eine größere Persistenz hat das Thema „Fernsehdebatten" allerdings dann, wenn – wie in Österreich oder den USA – eine ganze Serie von Duellen im Vorfeld einer Wahl ausgestrahlt werden. So berichtet Kendall (1997), dass diese in der mehr als drei Wochen umfassenden Debattenphase des US-Wahlkampfs 1996 in über zwei Drittel aller Abendnachrichten angesprochen wurden und in 40 % aller Aufmacher ein Thema waren. Plasser und Lengauer (2010) zeigen, dass das Thema vor allem in den Printmedien eine wichtige Rolle spielt. Grund für die größere Nachhaltigkeit des Themas in solchen Ländern ist, dass in dem dort praktizierten Modus die Rolle der Debatten im Kontext der Gesamtkampagne stärker beleuchtet wird und Konsequenzen, die sich aus dem Verlauf und der Wirkung einer Debatte für das nächste Duell ergeben, in besonderem Maße diskutiert werden.

Thematisch dreht sich in der Nachberichterstattung – wie schon in den Sondersendungen – wenig um die Inhalte des Duells. Informationen zu den vertretenen politischen Positionen der Kandidaten oder gar O-Töne ihrer Aussagen sind rar (vgl. z. B. Kendall 1997; McKinney und Carlin 2004; Plasser und Lengauer 2010). Dies gilt insbesondere für die Presse, da O-Töne – falls bedeutsam – bereits von den elektronischen Medien berichtet wurden (Benoit 2014, S. 83). Dennoch gibt es Hinweise, dass die Printmedien insgesamt ein besseres, weil gehaltvolleres Bild von einer Debatte liefern als das Fernsehen (Miller und McKuen 1979).

Benoit (2014, S. 87; vgl. auch Benoit und Currie 2001) zeigt, dass der Anteil themenbezogener Aussagen in TV-Duellen höher ist als in der Medienberichterstattung, die dafür stärker auf den Charakter der Kandidaten abhebt. Er schätzt, dass sich ein durchschnittlicher Zeitungsartikel nur mit etwa 7 % der Themen, die die Kandidaten in US-Debatten angesprochen haben, beschäftigt (Benoit 2014, S. 85). Reinemann (2007, S. 183) berichtet für Deutschland, dass die Medien nur in 36 % aller Berichte themenbezogene Aussagen der Kandidaten aufgreifen. Presse und Fernsehen unterscheiden sich hierin aber kaum. Ähnliche Ergebnisse berichten Coleman et al. (2011) für Großbritannien. Als zentraler Grund für die vergleichsweise geringe Thematisierung der politischen Positionen und politikbezogenen Aussagen der Kandidaten (der Anteil von Aussagen zu Sachthemen in deutschen TV-Duellen liegt bei durchschnittlich 78 %; vgl. Tab. 4.1) wird angeführt, dass Journalisten diese in der Regel schon kennen. Da die diesbezüglich von den Kandidaten gelieferten Informationen aus ihrer Sicht keinen Neuigkeitswert haben, wenden sich die Medien anderen Themen zu (Kendall 1997; Morello 1991).

Von besonderem Interesse ist für Medien, wer das TV-Duell gewonnen hat (vgl. z. B. Lemert et al. 1991; Kendall 1997; Kraus 2000, Kap. 4; Morello 1991; Plasser und Lengauer 2010; Reinemann 2007; Sears und Chaffee 1979). TV-Duelle werden von den Medien so zu einem „gladiator contest" (Coleman, Steibel

8.1 Umfang und Inhalt der Kommunikation über TV-Duelle

und Blumler 2011, S. 43) stilisiert. Dieser Fokus passt zur modernen Medienlogik und der Neigung, Politik als strategisches Spiel zu verstehen und politische Ereignisse – wie z. B. Fernsehdebatten (Coleman et al. 2011) – entsprechend zu rahmen (vgl. z. B. Aalberg et al. 2017). Die Legitimation hierfür ist die bei Journalisten populäre Auffassung, dass Wähler „without extra help" (Mitofsky zitiert nach Kraus 2000, S. 147) nicht in der Lage sind, sich eine Meinung zu diesem Thema zu bilden. Reinemann (2007) berichtet, dass diese Frage in rund einem Drittel aller Beiträge angesprochen wurde. Maurer und Reinemann (2003, S. 78–79) zählen 375 Aussagen zu diesem Thema in den von ihnen untersuchten 117 Presseartikeln, in denen die beiden Kandidaten erwähnt wurden, bzw. 121 Aussagen in 33 Fernsehbeiträgen. Coleman et al. (2011) zeigen für die britischen Fernsehdebatten des Jahres 2010 einen klaren Überhang von „game frames", in denen auch die Frage nach dem Debattensieger eine wichtige Rolle einnimmt. Die Tendenz, strategische Konsequenzen von TV-Duellen hervorzuheben, reduziert sich allerdings mit zunehmender Nähe zum Wahltag – und zwar unabhängig vom Medium.

Das Urteil über den Debattensieger basiert überwiegend auf den Aussagen von Journalisten und Experten (Lemert et al. 1991; Lemert et al. 1999; McKinney und Carlin 2004) und wird oft an die redaktionelle Linie der Medien angepasst (Donsbach und Jandura 2005; Plasser und Lengauer 2010) – selbst wenn etwa durch Umfragen, die die „wichtigste medienexterne Quelle für die Beurteilung des Duells" (Maurer und Reinemann 2003, S. 79) sind, „objektive" und den Wahrnehmungen der Medienakteure widersprechende Informationen zur Bewertung einer Debatte vorliegen. Die Anpassung von Fakten an normative Positionen findet über den Mechanismus der instrumentellen Aktualisierung (vgl. z. B. Kepplinger et al. 1992) – also über das Herausgreifen von im Einklang mit der redaktionellen Linie befindlichen Teilergebnissen von Umfragen und bei gleichzeitigem Verschweigen von Umfrageergebnissen, die der redaktionellen Linie entgegenlaufen – statt (Maurer und Reinemann 2003, S. 81).

Urteile über den Debattensieger werden aber nicht nur verbal, sondern auch visuell transportiert. Eine Untersuchung für die US-Präsidentschaftswahlen 1992–2004 zeigt, dass sich die Darstellung von Mimik und Gestik je nachdem, ob ein Kandidat eine Debatte gewonnen oder verloren hat, deutlich unterscheidet (Bucy und Grabe 2008). Verlierer werden signifikant häufiger verärgert oder verängstigt dargestellt als Debattensieger.

Weitere Merkmale der Berichterstattung sind, dass diese auch Reflexionen über das Format einer Debatte und seine Sinnhaftigkeit sowie über die Wirkung der Debatte auf den Wahlausgang enthalten. Auch bieten die Medien Informationen über den Wahrheitsgehalt der Kandidatenaussagen. Insbesondere im Internet gibt es Angebote, die den Wahrheitsgehalt von Aussagen aus dem Duell prüfen (z. B. www.factcheck.org; Spiegel 2013). Ebenfalls auf der Agenda steht die Identifikation von *defining moments* und eine Fokussierung auf die von den Kandidaten gezeigten Emotionen (Shields und MacDowell 1987). Darüber hinaus ist die Berichterstattung grundsätzlich negativ verzerrt. Die Medien fokussieren in besonderem Maße auf Angriffe der Kandidaten (Benoit und Currie 2001; Elmelund-Præstekær und Mølgaard-Svensson 2014b). Die Differenz zwischen dem tatsächlichen Anteil von Angriffen in Debatten und der Berichterstattung über Angriffe in den Medien beziffert Benoit (2014, S. 85) auf im Mittel 19 Prozentpunkte.

Insgesamt zeigt sich, dass Massenmedien sehr selektiv über Fernsehdebatten berichten (Benoit und Currie 2001, S. 37). Dies betrifft sowohl die Vor- als auch die verschiedenen Aspekte der Nachberichterstattung. Insbesondere letztere hat eine wichtige Funktion, da sie einerseits denjenigen, die das Ereignis nicht gesehen haben, einen Eindruck über Inhalt und Ablauf der Debatten vermittelt, andererseits auch für denjenigen, die das Duell gesehen haben, eine wichtige Möglichkeit zur Orientierung und zum Abgleich der eigenen Eindrücke bietet. Die Medienberichterstattung leistet dies allerdings nur begrenzt, denn sie fokussiert vor allem auf die Frage, wer gewonnen und wer verloren hat, versucht, die Bewertung mit der eigenen redaktionellen Linie in Einklang zu bringen, interessiert sich eher für die Persönlichkeit und weniger für die Sachfragenpositionen der Kandidaten und stellt Debatten erheblich konfliktreicher dar, als sie eigentlich sind. Parallel zur Vor- und Nachberichterstattung der Massenmedien etablieren sich zunehmend soziale Medien, in denen in Echtzeit Reaktionen auf Inhalt und Verlauf von Fernsehdebatten kommuniziert werden. Damit entgleitet den Medien ein Stück weit die Deutungshoheit über den Inhalt, Verlauf und Ausgang von TV-Duellen – auch wenn darauf hinzuweisen ist, dass Medien teilweise selbst zu genau solchen Online-Kommentierungen einladen und diese mitunter direkt in ihre Sendungen einbauen (vgl. z. B. Maier 2015a).

Gespräche über TV-Duelle
Viele Menschen tauschen sich nicht nur während einer Fernsehdebatte mit anderen Personen über die Inhalte dieses Wahlkampfereignisses aus. Untersuchungen zu den Kanzlerduellen 2002 zeigen auch, dass etwa 90 % der Debattenzuschauer und etwa 60 % derjenigen, die ein Duell nicht gesehen haben, sich in den Tagen nach einem Duell mit Dritten über solche Sendungen unterhalten (Donsbach und Jandura 2005; Maier und Faas 2003, 2006). Damit überstieg die Wahrscheinlichkeit, sich mit anderen über ein Duell zu unterhalten, sogar die Wahrscheinlichkeit, nach einer Debatte mit darauf bezogenen Medieninhalten in Kontakt zu kommen

(Maier und Faas 2003, 2006). Deutlich geringere Werte werden hingegen für die interpersonale Kommunikation über das TV-Duell 2005 (M. Maier 2007b) und für die USA berichtet (S. Becker et al. 1979).

Wer Gespräche geführt hat, hat dies eher ausführlich getan (M. Maier 2007b) und sich dabei in der Regel mit Personen ausgetauscht, die eine ähnliche Einschätzung zum Debattensieger hatten (Donsbach und Jandura 2005; M. Maier 2007b). Welches soziale und politische Profil Personen haben, die sich mit anderen über ein TV-Duell unterhalten, ist bislang völlig unerforscht. Auch ist ungeklärt, welche Inhalte in solchen Gesprächen genau diskutiert werden.

8.2 Wirkungen der Kommunikation über TV-Duelle

Schon früh hat die Debattenforschung erkannt, dass nicht nur die Rezeption eines TV-Duells Wirkungen auf Wähler haben kann, sondern auch die Kommunikation rund um eine solche Sendung – und hier vor allem die Anschlusskommunikation, die sich nach einer Fernsehdebatte entfaltet (vgl. z. B. Lang und Lang 1978a, b). Manche Forscher sind sogar der Auffassung, dass letztere erheblich bedeutsamer ist als die Wirkung, die von einer Debatte selbst ausgeht (z. B. Lemert et al. 1991). In diesem Zusammenhang wird häufig auf den dramatischen Einfluss der Medienberichterstattung über die zweite Fernsehdebatte zwischen Gerald Ford und Jimmy Carter im US-Präsidentschaftswahlkampf 1976 verwiesen, in der Ford folgende, den gängigen Einschätzungen der weltpolitischen Lage völlig widersprechende Aussage machte:

> „[…] there is no Soviet domination of Eastern Europe […] I don't believe […] the Yugoslavians consider themselves dominated by the Soviet Union. I don't believe that the Romanians consider themselves dominated by the Soviet Union. I don't believe that the Poles consider themselves dominated by the Soviet Union. Each of those countries is independent, autonomous: it has its own territorial integrity and the United States does not concede that those countries are under the domination of the Soviet Union" (Commission on Presidential Debates 2015).

Die Untersuchung von Steeper (1978) zeigt, dass trotz dieses schweren Fehlers in einer Umfrage, die direkt im Anschluss an die Debatte durchgeführt wurde, 44 % der Befragten angaben, Präsident Ford habe das Duell gewonnen. Demgegenüber waren 35 % der Meinung, Carter sei der Sieger. *Real-Time-Response*-Daten zeigen, dass die Debattenzuschauer auf diese Aussage keine besondere Reaktion zeigten. Offenbar war ihnen der – eigentlich offensichtliche – Fehler nicht aufgefallen. Im Unterschied hierzu war diese Aussage Fords das beherrschende

Thema in der Nachberichterstattung der Massenmedien über die Debatte. Die mediale Bewertung der Debattenleistung des Präsidenten fiel durchweg negativ aus. Die Wirkung des medialen Echos verdeutlicht Steeper (1978) mit Hilfe von Umfragen, die am Tag nach dem Duell durchgeführt wurden. Die Ergebnisse zeigen, dass sich die öffentliche Meinung zum Ausgang der Debatte stark verändert hat. Rund 24 Stunden nach dem TV-Duell waren nur noch 19 % der Auffassung, Ford sei der Sieger gewesen, während nun 61 % erklärten, Carter habe gewonnen. Parallel dazu haben sich auch die Wahlabsichten dramatisch verändert: Während Ford vor der Debatte einen komfortablen Vorsprung von 18 Prozentpunkten auf Carter hatte, lag er einen Tag nach dem Duell 17 Prozentpunkte hinter seinem Herausforderer. Ford verlor die Präsidentschaftswahl knapp. Die Ursache hierfür wird nicht zuletzt in seinem missglückten Debattenauftritt bzw. der darauf bezogenen Medienberichterstattung gesehen, die sich ausführlich dem Fauxpas des US-Präsidenten widmete (vgl. z. B. Jamieson 2015).

Diese Beobachtung hat in der Debattenforschung zur analytischen Unterscheidung zwischen direkten (also durch die Rezeption einer Debatte hervorgerufenen) und indirekten (also durch Kommunikation über eine Debatte vermittelten) Effekten geführt (Lang und Lang 1978a, b; vgl. hierzu auch Kap. 2). Diese Unterscheidung ist auch deshalb bedeutsam, da trotz der oftmals beeindruckenden Einschaltquoten, die TV-Duelle erreichen, letztlich doch die klare Mehrheit der Wahlberechtigten die Duelle nicht sehen. Dennoch können diese Wähler über das Auftreten, die Aussagen und das Abschneiden von Kandidaten in TV-Duellen erfahren, indem sie mit anderen über diese sprechen oder hierzu Informationen aus den Medien erhalten (vgl. Abschn. 8.1). Gehen von dieser Kommunikation Effekte aus, kann es sich natürlich nur um indirekte Debattenwirkungen handeln, da es ja keinen direkten Kontakt zu der Sendung selbst gegeben hat. Die größere Bedeutung der Kommunikation über TV-Duelle leitet sich somit nicht nur aus ihrer möglicherweise stärkeren Wirkung ab, sondern auch, weil sie wesentlich mehr Wähler erreicht als eine Debatte selbst.

Obwohl die analytische Unterscheidung einfach ist, bereitet die Trennung der beiden Einflüsse große Schwierigkeiten (vgl. hierzu auch Kap. 2 und 7). Den meisten der bislang besprochenen Wirkungsstudien gelingt es aufgrund ihres Designs nicht, direkte und indirekte Debatteneffekte zu separieren. Dennoch haben wir diese Untersuchungen im vorliegenden Buch so klassifiziert, als ob sie eine zweifelsfreie Analyse direkter Debatteneffekte ermöglichen – nicht zuletzt deshalb, weil sie auch in der Debattenforschung in diesem Sinne verortet werden. Um trotzdem eine möglichst klare Vorstellung davon zu bekommen, wie sich die Kommunikation über ein Duell auf die politischen Orientierungen und Verhaltensabsichten von Wählern auswirkt, werden im Folgenden nur die Ergebnisse von Untersuchungen vorgestellt, die aufgrund ihres Designs indirekte Debatteneffekte möglichst uneingeschränkt abgrenzen und quantifizieren können.[1]

Live-Kommentierungen von TV-Duellen
Nur wenig ist bislang darüber bekannt, welche Wirkungen die Aufnahme von Informationen Dritter *während* der Rezeption eines TV-Duells hat. Nahezu völlig unbeleuchtet sind vor allem die Effekte von Reaktionen sogenannter *Co-Viewer*. Eine amerikanische Studie zeigt, dass die Bewertung der Debattenleistung der Kandidaten signifikant von Reaktionen anderer Zuschauer beeinflusst wird, die sich während der Übertragung der Sendung im gleichen Raum befinden wie die eigentlichen Versuchspersonen (Fein et al. 2007). Zum gleichen Ergebnis kommt eine Untersuchung für das TV-Duell 2013 (Leuchte 2017). Eine Umfrage zur Merkel-Steinmeier-Debatte 2009 macht deutlich, dass sich die Einschätzung der Debattenperformanz der Kandidaten in den Tagen nach dem Duell am stärksten in Reaktion auf Meinungen ihrer Rezeptionspartner ändert (Schulte et al. 2014). Demgegenüber fallen die Effekte, die von der Parteiidentifikation, von der Rezeption der Medienberichterstattung über das Duell oder Gesprächen, die im Anschluss an die Sendung mit Dritten über das Duell geführt werden, schwächer aus. Nachdem sich der weit überwiegende Teil der Zuschauer mit *Co-Viewern* umgibt, die ähnliche politische Ansichten haben, werden die eigenen Überzeugungen durch die Rezeptionspartner typischerweise verstärkt. Zu anderen Ergebnissen kommt eine Studie, die den Einfluss von *Co-Viewern* auf Debattenrezipienten untersucht, die die Merkel-Steinbrück-Debatte 2013 vor dem heimischen Fernseher gesehen haben (Maier et al. 2016). Es konnten hier keine signifikanten Effekte des sozialen Umfelds auf die Wahrnehmung der Debattenleistung und die Urteile über den Debattensieger nachgewiesen werden.

Etwas günstiger sieht die Forschungslandschaft mit Blick auf die Einblendung nonverbaler Reaktionen von Debattenteilnehmern via *split screen* sowie vor allem die Reaktionen von Debattenpublikum oder Fokusgruppen auf die Debatte und die Konsequenzen, die die Rezeption von Beiträgen in sozialen Medien hat, aus.

---

[1] Leider gibt es auch bei diesen Untersuchungen häufig Unschärfen, da nicht immer ausgewiesen wird, aus welcher Quelle Wähler Informationen über eine Debatte erhalten haben. Aus pragmatischen Gründen haben wir solche Untersuchungen, die ohne weitere Differenzierung über Veränderungen von Einstellungen oder Verhaltensabsichten nach einem Duell berichten, unter der Rubrik „Medienberichte über TV-Duelle" subsumiert.

Wir haben oben ausgeführt, dass bislang kaum Forschung zum Einsatz unterschiedlicher Bild- und Regieführungen im Zuge von TV-Duellen vorliegt. Folglich gibt es auch über die Konsequenzen unterschiedlicher Bildführungen nur wenige Befunde. Eine ältere Studie aus den USA legt nahe, dass die Kameraführung in erheblichem Maße Einfluss auf die Wahrnehmung und Bewertung einer Debatte nehmen kann (Messaris et al. 1979). Die Wahrnehmung eines Duells als aggressiv oder konfrontativ wird insbesondere dann gefördert, wenn Nah- und Detailaufnahmen der Kandidaten verwendet werden, der politische Gegner – während der andere Kandidat redet – im Hintergrund eingeblendet oder gar eingezoomt wird, Journalisten bei der Beantwortung der Fragen durch die Kandidaten kaum eingeblendet werden und der Abstand zwischen den Kameraschnitten kurz ist. Mutz (2007, 2015, S. 37, 40; vgl. ähnlich auch Maier et al. 2019) zeigt mithilfe eines Experiments unter Verwendung debattenähnlicher Aufnahmen, dass Detailaufnahmen zu einem höheren Maß an physiologischer Erregung und einer besseren Erinnerungsleistung an Debatteninhalte führen. Tendenziell werden aber Sendungen, in denen solche Kameraeinstellungen verwendet werden, als weniger attraktiv bewertet (Mutz 2007, 2015, S. 43; anders: Messaris et al. 1979). Demgegenüber kann eine neuere Studie von Wicks et al. (2017) keine Effekte von Kameraeinstellungen nachweisen.

Speziell dem Aspekt des *split screen-Modus* ist in der Literatur einige Aufmerksamkeit zuteilgeworden: Die Untersuchung von Wicks (2007) verdeutlicht, dass die medientechnische Präsentation von TV-Duellen – u. a. eben der Einsatz der *split screen*-Technik – grundsätzlich Einfluss auf die Wahrnehmung und Bewertung von Kandidaten nehmen kann. Welche Effekte genau durch die Präsentation der Kandidaten im *split screen*-Modus erzeugt werden, ist umstritten. Die Befunde von Stewart et al. (2017) legen nahe, dass der Einsatz von *split screen*-Technik ungünstige Effekte auf die Kandidaten hat. In einer Serie von Studien demonstriert Seiter (1999, 2001; Seiter et al. 1998; Seiter et al. 2010; Seiter et al. 2006; Seiter und Weger 2005), dass die Darstellung eines Politikers, der während des Redebeitrags seines politischen Gegners durch nonverbale Kommunikation zeigt, dass er dessen Aussagen ablehnt, dazu führt, dass der „Kommentator" auf verschiedensten Dimensionen schlechter, der Redner hingegen tendenziell positiver beurteilt wird. Dieser Effekt stellt sich insbesondere dann ein, wenn die Ablehnung permanent gezeigt wird. Erklärt wird dies durch Verletzung akzeptierter Höflichkeitsregeln (Seiter et al. 2010). Dies deckt sich mit Befunden, die einen durch den Einsatz der *split screen*-Technik verursachten Anstieg der wahrgenommenen Unangemessenheit der politischen Auseinandersetzung nachweisen (Cho et al. 2009). Demgegenüber zeigen andere Studien, dass sich die Präsentation von Politikern im *split screen*-Modus nicht zwingend

8.2 Wirkungen der Kommunikation über TV-Duelle

auf die Kandidatenbewertung auswirken (Cho et al. 2009; Scheufele et al. 2007). Der Effekt nonverbaler Kommunikation wird zudem stark durch die Parteibindung moderiert. Bei Anhängern des angegriffenen Kandidaten führt diese zu stärker polarisierten Kandidatenorientierungen (Scheufele et al. 2007).

Am besten erforscht sind etwaige Konsequenzen von *Reaktionen von Debattenpublikum und Fokusgruppen:* Mehrere Untersuchungen zeigen, dass sich Debattenrezipienten von den Reaktionen eines Debattenpublikums beeinflussen lassen (Annenberg Working Group on Presidential Campaign Debate Reform 2015; Fein et al. 2007; Stewart et al. 2018). Stewart et al. (2018) belegen, dass vor allem Reaktionen auf Applaus erfolgen; die Richtung der Effekte wird von der Parteibindung moderiert und führt zur Polarisierung von Kandidatenurteilen. Auch für Duelle, in denen Echtzeit-Bewertungen von Fokusgruppen eingeblendet werden, gilt, dass sie Debattenrezipienten beeinflussen (Davis et al. 2011; Fein et al. 2007; Saks et al. 2016; Wolf 2010). Hier wird die eigene Meinung z. B. über Debattenleistungen, den Debattensieger und Kandidatenbewertungen an das wahrgenommene Urteil des sozialen Umfelds angepasst.

Nutzung von und Reaktionen in sozialen Medien: Konsequenzen, die sich aus der Nutzung sozialer Netzwerke wie z. B. Twitter während einer Debatte ergeben, wurden bislang kaum untersucht. Mit Blick auf die Nutzung von Medieninhalten zeigt eine US-Studie, dass die Rezeption solcher Microbloggings keinen Einfluss auf die Aufmerksamkeit, mit der TV-Duelle verfolgt werden, und die Einschätzung ihrer Wichtigkeit haben (Houston et al. 2013b). Demgegenüber hat die Nutzung sozialer Medien während einer Debatte negative Konsequenzen für den Erwerb politischer Kenntnisse (Gottfried et al. 2017). Weiterhin bestehen Zusammenhänge zwischen der Nutzung des „dual screen" und den globalen Kandidatenbewertungen bzw. Urteilen über den Debattensieger (Houston et al. 2013a). Hahn et al. (2018) zeigen für Korea, dass Debattenrezipienten in der Bewertung der Kandidaten dem Tenor auf Twitter folgen. Schließlich führt die Rezeption von Twitter-Nachrichten während einer Debatte dazu, sich im Anschluss an ein Duell an Online-Diskussionen zu beteiligen oder zusätzliche Informationen zu suchen (Chadwick et al. 2017; Vaccari et al. 2015).

Medienberichte über TV-Duelle

Wenngleich das Hauptaugenmerk bei der Untersuchung indirekter Debatteneffekte eindeutig auf der Analyse von Einflüssen der Medienberichterstattung liegt, beschäftigen sich erstaunlich wenige Untersuchungen mit den Konsequenzen von *Sondersendungen,* die sich direkt an eine Debatte anschließen. Zwei Studien zeigen, dass Sondersendungen die wahrgenommene Attraktivität von Debatten reduzieren können. In den USA wurde die erste Bush-Dukakis-Debatte

1988 als signifikant weniger interessant bewertet, wenn die Debattenzuschauer die Nachberichterstattung des Fernsehsenders ABC gesehen haben. Demgegenüber hatten die Sondersendungen anderer TV-Anstalten keine Effekte (Lowry et al. 1990) – was darauf hinweist, dass es nicht die Nachberichterstattung per se ist, sondern deren Inhalte, die für Unterschiede verantwortlich sind. Eine ähnliche Untersuchung für Deutschland zeigt, dass sich Rezipienten, die im Anschluss an das Merkel-Steinmeier-Duell 2009 die ARD-Sondersendung gesehen haben, erheblich negativer über die Qualität der Debatte geäußert haben, als Personen, die nur das Duell, nicht aber die Sondersendung verfolgt haben (Faas und Maier 2011a). Die Zuschauer der Sondersendung haben sich an das Urteil der in der Diskussionsrunde vertretenen Experten angepasst, die die Debatte einhellig als „sehr nüchtern" oder „zum Einschlafen" bezeichneten. Zudem fielen die Einschätzungen, das Duell sei hilfreich für die eigene Wahlentscheidung bzw. das Duell sei eine gute Möglichkeit gewesen, die Kandidaten miteinander zu vergleichen, unter Rezipienten der Sondersendung erheblich schlechter aus als bei Personen, die diese Sendung nicht verfolgt haben (Faas und Maier 2011a).

Für die USA wurde zudem beobachtet, dass solche Sendungen auch politische Einstellungen und Verhaltensabsichten, nicht aber politische Kognitionen (Newton et al. 1987) beeinflussen. Die Richtung der Effekte auf Einstellungen und Verhaltensabsichten ist allerdings nicht einheitlich – eine Studie berichtet von günstigen Effekten für alle Kandidaten (Lowry et al. 1990), eine andere Studie von negativen Effekten für alle Debattenteilnehmer (Newton et al. 1987). Eine Analyse für Deutschland zeigt eher, dass sich die Einstellung zu den Kandidaten durch die Rezeption einer Sondersendung tendenziell verbessert (Faas und Maier 2017a). Fridkin et al. (2007) zeigen, dass Kandidatenbewertungen vom Tenor der unmittelbaren Nachberichterstattung beeinflusst werden. Wohlwollende Medienberichte verbessern Urteile über die Persönlichkeit der Kandidaten, ihre Sachfragenpositionen, die Zufriedenheit über ihre politischen Leistungen und erhöhen die Wahrscheinlichkeit, dass der Kandidat als Debattensieger wahrgenommen wird. Besonders stark werden unabhängige bzw. politisch weniger interessierte Wähler von Sondersendungen beeinflusst (Lowry et al. 1990; Newton et al. 1987).

Die größte Wirkung geht dabei von in den Sendungen präsentierten Meinungsumfragen aus: „instant surveys […] may be more influential, at least in the short run, than anything else that is said during post-debate analysis and criticism" (Lowry et al. 1990, S. 824–825). Fridkin et al. (2007) zeigen, dass für die Beurteilung der Kandidaten vor allem die Politikfelder herangezogen werden, die in den Sondersendungen thematisiert werden. Norton und Goethals (2004) demonstrieren, dass die Wirkung der Nachberichterstattung über die Debattenperformanz der Kandidaten auch davon abhängt, welche Erwartungen zuvor an diese gerichtet wurden. Die Tendenz von Wahlkampfteams, den eigenen Kandidaten als Außenseiter darzustellen, um im Anschluss an eine Debatte hervorzuheben, wie gut – gemessen an den Erwartungen – sich dieser geschlagen hat, führt nur dann zu positiven Effekten, wenn die Information aus einer als glaubwürdig erachteten Quelle kommt.

Die Wirkung der Sondersendungen ist bei politisch weniger versierten Zuschauern an stärksten (Fridkin et al. 2008). Auf Rezipienten, die sich sehr gut mit Politik auskennen, hat die direkte Nachberichterstattung hingegen keinen Effekt. Zudem gibt es Hinweise, dass die Parteibindung für eine selektive Verarbeitung der in diesen Sendungen transportierten Informationen sorgt. So zeigen sich für Anhänger der Demokraten sehr starke, für Anhänger der Republikaner hingegen keine Effekte der Sondersendungen. Die Untersuchung von Fridkin et al. (2008) demonstriert zudem, dass von Medienberichten, die direkt nach dem Duell rezipiert werden, deutlich stärkere Effekte auf die Kandidatenbewertung und die Erwartung, wer die Wahl gewinnen wird, ausgehen als von Beiträgen, die erst später zur Kenntnis genommen werden. Dies betrifft vor allem Personen, die ein TV-Duell nicht gesehen haben, sondern sich nur aus den Medien über dieses Ereignis informierten.

Der Einfluss der *Nachberichterstattung* ist für eine breite Palette von politischen Orientierungen und Verhaltensabsichten nachgewiesen: Einstellungen zur rezipierten Debatte (Faas und Maier 2011a; Sears und Chaffee 1979), Wahrnehmungen von Debattenleistungen (vgl. z. B. Elliott und Sothirajah 1993; Faas und Maier 2017a; Lang und Lang 1978b; Maier und Faas 2006), Urteile über den Debattensieger (vgl. z. B. Donsbach und Jandura 2005; Donsbach et al. 2004; Klein und Rosar 2007; Lang und Lang 1978b; Maier und Faas 2006; M. Maier 2007b; Maurer und Reinemann 2003, S. 137–144; Steeper 1978; Tsfati 2003), politische Kenntnisse (M. Maier 2007b), globale Kandidatenbewertungen (vgl. z. B. Fridkin et al. 2008; Lanoue 1991; Maier 2004; Maier und Faas 2003; Maier et al. 2014; M. Maier 2007b; McKinnon und Tedesco 1999), Kandidatenimages (vgl. z. B. Elliott und Sothirajah 1993; Lang und Lang 1978b; Lupfer und Wald 1979; Maier und Faas 2003; Maier et al. 2014; McKinnon und Tedesco 1999; McKinnon et al. 1993; Nimmo et al. 1978; Steeper 1978), Kandidatenpräferenzen (vgl. z. B. Maier et al. 2014; M. Maier 2007b), wahrgenommene Positionen der Kandidaten zu Sachthemen (vgl. z. B. Lanoue 1991; Lupfer und Wald 1979), Erwartungen zum Wahlausgang (vgl. z. B. Fridkin et al. 2008; M. Maier 2007b) und Wahlabsichten (vgl. z. B. Blais und Boyer 1996; Deutschmann 1962; Elliott und Sothirajah 1993; Lang und Lang 1978b; M. Maier 2007b; Shaw 1999; Steeper 1978).

Typischerweise bestätigen diese Studien das bereits von Steeper (1978) gezeichnete Bild: Eigene Überzeugungen werden an den wahrgenommenen Medientenor – und damit die vermeintliche Mehrheitsmeinung – angepasst. Je nach Konstellation und Stärke der Medieneffekte werden dabei die Eindrücke der Fernsehdebatte verstärkt (vgl. z. B. Donsbach et al. 2004; Faas und Maier 2011a; McKinnon und Tedesco 1999; McKinnon et al. 1993), abgeschwächt (vgl. z. B. Lanoue 1991; Maier und Faas 2006; Maier et al. 2014; Maurer und Reinemann 2003) oder sogar in ihr Gegenteil verkehrt (vgl. z. B. McKinnon et al. 1993; Steeper 1978). Studien, die überhaupt keine Medieneffekte berichten, sind eher selten (vgl. z. B. Lupfer und Wald 1979). Insgesamt entsteht so meist der Eindruck, dass direkte Debatteneffekte überaus instabil sind. Studien, die hingegen von einer weitgehenden Stabilität von direkten Debatteneffekten – und damit von einer geringen Bedeutung der Nachberichterstattung – ausgehen, finden sich nur selten (vgl. z. B. Klein und Rosar 2007).

Der Einfluss der Nachberichterstattung der Massenmedien hängt von verschiedenen Faktoren ab. Neben der moderierenden Wirkung des individuellen sozialen und politischen Profils wurden die folgenden Größen als bedeutsam für die Wirkungsweise der Medienberichterstattung identifiziert:

- *Umfang eigener Eindrücke von einem Duell:* Je mehr Wähler von einer Debatte gesehen haben – je umfangreicher also die persönlichen Eindrücke von Inhalt und Verlauf einer Debatte sind –, desto geringer ist der Einfluss der Medienberichterstattung (Tsfati 2003). Wurde eine Debatte nicht verfolgt, ist der Einfluss der Massenmedien maximal. Wähler, die eine Debatte nicht gesehen haben, verändern ihre Wahlabsicht in Reaktion auf Nachberichterstattung in den Tagen nach dem Duell deshalb stärker, als Wähler, die die Debatte verfolgt haben (Blais und Boyer 1996; Holst et al. 2006).
- *Rezeption der Nachberichterstattung:* Unabhängig davon, wie groß der Anteil ist, den Wähler von einer Debatte gesehen haben, können Medien die dabei gesammelten persönlichen Eindrücke nur dann überlagern, wenn die Nachberichterstattung auch intensiv rezipiert wurde. Verschiedene Studien zeigen, dass der Einfluss der Nachberichterstattung bei Personen, die im Nachgang zu einer Debatte einen hohen Medienkonsum aufweisen, stärker ausfällt als bei Personen mit geringer Mediennutzung (Maier 2004; Maier und Faas 2003; Tsfati 2003). Zudem wirkt die Aufnahme von Medienberichten, die mit den eigenen Beobachtungen einer Debatte übereinstimmen, verstärkend. Demgegenüber führen den eigenen Erfahrungen widersprechende Medienberichte zum Verschwinden direkter Debatteneffekte (Maier 2004; Maier und Faas 2003, 2006).

- *Abstand zwischen Medienrezeption und Debatte:* Einige Studien kommen zu dem Ergebnis, dass der Einfluss der Medienberichterstattung mit wachsendem Abstand zu einem TV-Duell sinkt (Blais und Boyer 1996; Fridkin et al. 2008). Andere Untersuchungen dokumentieren den gegenteiligen Effekt (Shaw 1999).

Mit Blick auf die Personalisierung des Wählerverhaltens gibt es Anhaltspunkte, dass die durch die Rezeption von TV-Duellen ausgelöste Tendenz, die Bewertung von Kandidaten eher an unpolitischen als an politischen Merkmalen festzumachen bzw. das Wahlverhalten in stärkerem Maße von der Einstellung zu den Kandidaten abzuleiten, durch die Anschlusskommunikation eher reduziert als verstärkt wird (Maier und Maier 2007).

Gespräche über TV-Duelle
Gemessen an der quantitativen Bedeutung von Gesprächen, die im Anschluss an ein TV-Duell geführt werden, wurde über die Wirkung dieses Kommunikationskanals bislang nur wenig geforscht. Befunde liegen zum Einfluss interpersonaler Anschlusskommunikation auf die Bewertung von Debatten (Lowry et al. 1990), die Wahrnehmung der Debattenperformanz (Leuchte 2017; Maier und Faas 2006) und des Debattensiegers (Donsbach und Jandura 2005; Donsbach et al. 2004; Lowry, Bridges und Barefield 1990; Maier und Faas 2006; Tsfati 2003), globale Kandidatenbewertungen (Lowry et al. 1990; Maier 2004; Maier und Faas 2003), Kandidatenimages (Maier und Faas 2003) und Wahlabsichten vor (Deutschmann 1962; Katz und Feldman 1962; Lowry et al. 1990; McLeod et al. 1979b).

Wenngleich analog zur Wirkung der Nachberichterstattung der Massenmedien der Befund vorherrscht, dass sich Debattenrezipienten an die Meinung ihrer Gesprächspartner anpassen, gibt es auch Hinweise, dass interpersonale Kommunikation die durch die Debattenrezeption ausgelösten Effekte stabilisiert oder verstärkt (vgl. z. B. Deutschmann 1962; Katz und Feldman 1962; Lowry et al. 1990; Maier 2004; Maier und Faas 2003). Im direkten Vergleich wird der Einfluss von Gesprächen im Allgemeinen als geringer eingestuft als die Wirkung der Medienberichterstattung (Donsbach und Jandura 2005; Donsbach et al. 2004; Maurer und Reinemann 2003; andere Befunde berichten Leuchte 2017 und Tsfati 2003; widersprüchliche Ergebnisse präsentieren Maier und Faas 2006). Dieser Befund lässt sich damit erklären, dass Menschen sich lieber mit Menschen umgeben, die vergleichbare Überzeugungen haben. Solche konsonanten sozialen Kontexte führen mit einer größeren Wahrscheinlichkeit zu einer Verstärkung eigener Eindrücke als zu einer Modifikation. Demgegenüber ist es deutlich schwieriger, den Kontakt mit Medienberichten, die – bezogen auf die eigenen Beobachtungen einer Debatte – konträre Einschätzungen über ein Duell liefern, zu unterbinden. Einstellungsänderungen sind deshalb wahrscheinlicher.

Mithilfe der uns vorliegenden Experimentaldaten wollen wir exemplarisch einen Blick auf den Einfluss der Anschlusskommunikation auf politische Einstellungen und die Wahlabsicht werfen. Die Rezeption von *Sondersendungen* führt tendenziell zu anderen Wahrnehmungen des Debattensiegers (Tab. 8.1). Auch wenn für keines der untersuchten TV-Duelle die beobachteten Verschiebungen signifikant sind (wofür allerdings gerade hier auch kleine Fallzahlen in der Gruppe derjenigen, die eine Sondersendung verfolgt haben, verantwortlich sind), zeigt sich konsistent, dass das Verfolgen solcher Sendungen dem Herausforderer schadet. Demgegenüber zeigt sich für den Amtsinhaber kein klares Muster. Weiterhin tragen Sondersendungen dazu bei, dass direkte Debatteneffekte abgeschwächt werden. Sowohl für die Veränderung der Kanzlerpräferenz als auch für die Veränderung der Wahlabsicht ist zu erkennen, dass Debattenzuschauer, die im Anschluss an ein Duell eine Sondersendung gesehen haben, ihre Einstellungen und Verhaltensabsichten seltener verändern als Debattenrezipienten, die diese Sendung nicht gesehen haben.

Deutlich stärker als im Rahmen der Rezeption von Sondersendungen über ein Duell verschiebt sich die Wahrnehmung des Debattensiegers unter dem Eindruck der Anschlusskommunikation über dieses Ereignis. Im Mittel über alle Kanzlerduelle verändert jeder vierte Debattenrezipient in den Tagen nach dem Duell seine Meinung zur Frage, wer als Sieger aus einem Duell hervorgegangen ist (Tab. 8.2). Tendenziell ändern Personen ohne Parteiidentifikation häufiger ihre Position als parteipolitisch gebundene Wähler. Die Unterschiede sind aber nicht besonders groß. Anders liegt der Fall für den Einfluss von Massen- und interpersonaler Kommunikation. Für beide Kanäle gilt, dass Debattenrezipienten ihre eigenen Urteile über den Debattensieger mit größerer Wahrscheinlichkeit dann korrigieren, wenn sie mit Informationen in Kontakt kommen, die eine von den eigenen Beobachtungen abweichende Auffassung zum Ausgang eines Duells beinhaltet. Werden entsprechende Medienhalte rezipiert, entscheiden sich im Mittel knapp ein Drittel aller Zuschauer um, wer für sie der Sieger einer Debatte ist. Für Gespräche liegt der Anteil sogar noch etwas höher; hier wechseln rund 40 % ihre Meinung. Erhalten Rezipienten im Rahmen der Anschlusskommunikation Informationen, die den eigenen Eindruck vom Ausgang einer Debatte bestätigen, sind solche Veränderungen erheblich seltener zu beobachten. Die Durchsicht der einzelnen TV-Duelle zeigt aber auch, dass der Einfluss der Anschlusskommunikation durchaus variiert; der Einfluss von Medien und Gesprächspartnern ist nicht immer gleich groß. Die hinter diesen Anpassungsprozessen

8.2 Wirkungen der Kommunikation über TV-Duelle

Tab. 8.1 Einfluss von Sondersendungen nach einer Debatte auf die Wahrnehmung des Debattensiegers, die Veränderung der Kanzlerpräferenz und die Veränderung der Wahlabsicht bei den TV-Duellen der Bundestagswahlen 2009, 2013 und 2017

	Debattensieger						Veränderung Kanzlerpräferenz		Veränderung Wahlabsicht	
	Sondersendung			Keine Sondersendung			Sondersendung	Keine Sondersendung	Sondersendung	Keine Sondersendung
	Amtsinhaber	Unentschieden	Herausforderer	Amtsinhaber	Unentschieden	Herausforderer				
2009	31,7	41,5	26,8	41,1	28,7	30,2	11,3	17,8	18,0	26,8
2013	43,8	25,0	31,3	29,1	29,6	41,2	9,5	14,8	23,3	23,9
2017	34,8	36,9	28,3	31,9	29,0	39,2	9,0	15,6	19,6	18,5
Mittelwert	36,8	34,5	28,8	34,0	29,1	36,9	9,9	16,1	20,3	23,1

Quelle: Experimentaldaten 2009 (ZA5309), 2013 (ZA5709) und 2017 (ZA6810), eigene Berechnungen. Ausgewiesen sind die Wahrnehmung des Debattensiegers (in Prozent) sowie der Anteil derjenigen, die nach dem Duell eine andere Kanzlerpräferenz bzw. eine andere Wahlabsicht angegeben haben als noch direkt vor dem Duell (in Prozentpunkten). Verglichen werden Personen, die direkt im Anschluss an ein Duell noch Teile einer Sondersendung über die Debatte gesehen haben, und Personen, die diese Sendung nicht gesehen haben. Die Daten wurden so gewichtet, dass für beide Gruppen die drei Lager (CDU/CSU, FDP vs. SPD, Bündnis 90/Die Grünen vs. keine/andere Parteiidentifikation) mit gleichen Anteilen in die Analysen eingehen. Um die Vergleichbarkeit über Zeit zu gewährleisten, haben wir AfD-Anhänger 2017 aus der Analyse ausgeschlossen. Fallzahlen: 2009: N=383 (Wahlabsicht: 339), 2013: N=215 (Wahlabsicht: 187), 2017: N=174 (Wahlabsicht:154). Ausgeschlossen wurden Personen, die bereits Briefwahl gemacht haben (nur für die Analyse der Wahlabsicht). Signifikanzniveau: ^{a}p<0,05, ^{b}p<0,01, ^{c}p<0,001. Signifikanztests beziehen sich auf Unterschiede zwischen Personen, die die Sondersendung gesehen haben, und Personen, die die Sendung nicht gesehen haben.

Tab. 8.2 Einfluss der Anschlusskommunikation in den Tagen nach einem TV-Duell auf die Wahrnehmung des Debattensiegers bei den Bundestagswahlen 2002–2017

	Alle	Parteiidentifikation		Massenkommunikation		Interpersonale Kommunikation	
		Ja	Nein	Gleicher Eindruck	Anderer Eindruck	Gleicher Eindruck	Anderer Eindruck
2002/I	23,8	25,7	20,0	19,6	26,8	7,3[b]	41,1
2002/II	23,3	22,5	25,0	9,2	30,2	9,3[c]	48,2
2005	26,9	22,6	35,7	18,5	31,5	22,8	29,8
2009	33,0	31,0	40,7	17,8[c]	45,3	18,1[c]	45,8
2013	22,7	23,6	20,0	20,7	24,1	14,2[b]	32,4
2017	32,5	32,7	31,8	25,0	36,1	20,1[b]	43,8
Mittelwert	27,0	26,4	28,9	18,5	32,3	15,3	40,2

Quelle: Experimentaldaten 2002, 2005, 2009 (ZA5309), 2013 (ZA5709) und 2017 (ZA6810), eigene Berechnungen. Ausgewiesen ist der Anteil derjenigen, die wenige Tage nach dem Duell einen anderen Debattensieger wahrgenommen haben als noch direkt nach dem Duell. Die Daten wurden so gewichtet, dass die drei Lager (CDU/CSU, FDP vs. SPD, Bündnis 90/Die Grünen vs. keine/andere Parteiidentifikation) mit gleichen Anteilen in die Analysen eingehen. Um die Vergleichbarkeit über Zeit zu gewährleisten, haben wir AfD-Anhänger 2017 aus der Analyse ausgeschlossen. Fallzahlen: 2002/I: N = 52, 2002/II: N = 59, 2005: N = 121, 2009: N = 327, 2013: N = 196, 2017: N = 126. Signifikanzniveau: [a]p < 0,05, [b]p < 0,01, [c]p < 0,001. Ausgeschlossen wurden Personen, die direkt nach dem Duell die Nachberichterstattung über die Debatte verfolgt haben. Signifikanztests beziehen sich auf Unterschiede in der Veränderung des wahrgenommenen Debattensiegers direkt und wenige Tagen nach der Debatte zwischen Personen mit bzw. ohne Parteiidentifikation sowie Personen, die den Eindruck haben, dass die Massenmedien bzw. Dritte, mit denen über das Duell gesprochen wurde, die gleiche bzw. eine andere Auffassung zum Debattensieger hatten.

liegenden Mechanismen sind aus den hier präsentierten Analysen allerdings nicht zu erkennen. Zu vermuten ist aber, dass die Anpassung der eigenen Wahrnehmung an den rezipierten Medientenor bzw. die Einschätzung des Gesprächspartners dominiert. Auch kann aus den Daten nicht entnommen werden, ob die Massenmedien oder interpersonale Kommunikation einen größeren Einfluss auf die Veränderung des wahrgenommenen Debattensiegers haben. Die Erforschung dieser Frage ist besonders interessant für den Fall, wenn Rezipienten aus den beiden Informationsquellen unterschiedliche Signale erhalten.

8.2 Wirkungen der Kommunikation über TV-Duelle

Tab. 8.3 Einfluss der Anschlusskommunikation in den Tagen nach einem TV-Duell auf die Kanzlerpräferenz im Vorfeld der Bundestagswahlen 2002–2017

	Alle		Veränderung Debattensieger W2/W3	
	W1/W2	W2/W3	Ja	Nein
2002/I	5,6	12,3	18,8	10,3
2002/II	9,4	12,1	15,9	11,0
2005	23,9[a]	14,0	19,9	12,1
2009	17,7[b]	11,8	13,1	11,1
2013	15,1[b]	7,9	13,8	6,2
2017	16,0	13,3	21,7	9,2
Mittelwert	14,6	11,9	17,2	10,0

Quelle: Experimentaldaten 2002, 2005, 2009 (ZA5309), 2013 (ZA5709) und 2017 (ZA6810), eigene Berechnungen. Ausgewiesen ist der Anteil derjenigen, die direkt vor dem Duell (W1) eine andere Kanzlerpräferenz angegeben haben als direkt nach dem Duell (W2) bzw. die direkt nach dem Duell (W2) eine andere Kanzlerpräferenz angegeben haben als wenige Tage nach dem Duell (W3). Fallzahlen: 2002/I: N=52, 2002/II: N=59, 2005: N=121, 2009: N=327, 2013: N=196, 2017: N=126. In die Analysen wurden nur Personen einbezogen, die an allen drei Befragungswellen teilgenommen haben. Ausgeschlossen wurden Personen, die direkt nach dem Duell die Nachberichterstattung über die Debatte verfolgt haben. Signifikanzniveau: [a]$p<0,05$, [b]$p<0,01$, [c]$p<0,001$. Signifikanztests beziehen sich auf die Differenz in der Veränderung der Kanzlerpräferenz direkt vor und direkt nach dem Duell (W1/W2) gegenüber der Veränderung direkt nach und wenige Tage nach dem Duell (W2/W3) bzw. auf den Unterschied in der Veränderung der Kanzlerpräferenz direkt nach und wenige Tage nach dem Duell (W2/W3) zwischen Personen, die in den Tagen nach einem Duell ihre Wahrnehmung des Debattensiegers gegenüber ihrer Wahrnehmung direkt nach dem Duell verändert bzw. nicht verändert haben.

Zwei weitere Analysen machen deutlich, dass die Wirkung der Anschlusskommunikation zwar stark ist, aber – entgegen gängiger Überzeugungen – nicht die direkte Wirkung von TV-Debatten übersteigt. So ist sowohl für die Kanzlerpräferenz (Tab. 8.3) als auch für die Wahlabsicht (Tab. 8.4) zu beobachten, dass die durch die Rezeption der Fernsehdebatte verursachten Veränderungen von Einstellungen und Verhaltensabsichten im Mittel und in der Regel höher ausfallen als die Korrektur, die in den Tagen nach einem Duell erfolgt (Kanzlerpräferenz: 14,6 vs. 11,9 Prozentpunkte; Wahlabsicht: 19,1 vs. 18,7 Prozentpunkte). In beiden Fällen werden Anpassungen in den Tagen nach dem Duell wahrscheinlicher, wenn auch die Wahrnehmung des Debattensiegers korrigiert wurde.

Tab. 8.4 Einfluss der Anschlusskommunikation in den Tagen nach einem TV-Duell auf die Wahlabsicht im Vorfeld der Bundestagswahlen 2002–2017

	Alle		Veränderung Debattensieger W2/W3	
	W1/W2	W2/W3	Ja	Nein
2002/I	9,1	15,0	20,4	13,3
2002/II	19,8	12,4	15,9	11,3
2005	12,4	13,2	16,7	12,0
2009	26,9	24,2	24,2	24,3
2013	24,6	20,7	20,8	20,3
2017	21,5	26,9	33,3	24,6
Mittelwert	19,1	18,7	21,9	17,6

Quelle: Experimentaldaten 2002, 2005, 2009 (ZA5309), 2013 (ZA5709) und 2017 (ZA6810), eigene Berechnungen. Ausgewiesen ist der Anteil derjenigen, die direkt vor dem Duell (W1) eine andere Wahlabsicht angegeben haben als direkt nach dem Duell (W2) bzw. die direkt nach dem Duell (W2) eine andere Wahlabsicht angegeben haben als wenige Tage nach dem Duell (W3). Fallzahlen: 2002/I: N = 52, 2002/II: N = 59, 2005: N = 121, 2009: N = 267, 2013: N = 162, 2017: N = 93. In die Analysen wurden nur Personen einbezogen, die an allen drei Befragungswellen teilgenommen haben. Ausgeschlossen wurden Personen, die direkt nach dem Duell die Nachberichterstattung über die Debatte verfolgt haben sowie Personen, die bereits Briefwahl gemacht haben. Signifikanzniveau: [a]p < 0,05, [b]p < 0,01, [c]p < 0,001. Signifikanztests beziehen sich auf die Differenz in der Veränderung der Wahlabsicht direkt vor und direkt nach dem Duell (W1/W2) gegenüber der Veränderung direkt nach und wenige Tage nach dem Duell (W2/W3) bzw. auf den Unterschied in der Veränderung der Wahlabsicht direkt nach und wenige Tage nach dem Duell (W2/W3) zwischen Personen, die in den Tagen nach einem Duell ihre Wahrnehmung des Debattensiegers gegenüber ihrer Wahrnehmung direkt nach dem Duell verändert bzw. nicht verändert haben.

Zusammenfassung

Die in diesem Kapitel zusammengetragenen Untersuchungen belegen, dass im Umfeld von Debatten eine massive massenmediale und interpersonale Kommunikation stattfindet. Während Kommunikation im Vorfeld Erwartungshaltungen generiert und einen Rahmen bietet, in den Aussagen und Auftreten der Kandidaten in einem TV-Duell eingeordnet werden können, kann die Kommunikation während und nach der Debatte die politischen Orientierungen von Wählern beeinflussen. In der Literatur wird häufig davon ausgegangen, dass von der Kommunikation über ein TV-Duell größere Wirkungen ausgehen als von einer Debatte selbst. Die Durchsicht der vorliegenden Studien, aber auch die für die deutschen Kanzlerduelle präsentierten Daten korrigieren dieses Bild ein Stück weit. Denn zum einen hängt die konkrete Wirkung der Anschlusskommunikation von zahlreichen Faktoren ab. Wichtige Größen sind hier der Umfang der eigenen Eindrücke, die Wähler durch die Rezeption eines Duells gewonnen haben, die Intensität, mit der Wähler sich der Anschlusskommunikation aussetzen, und der konkrete Inhalt dieser Kommunikation. Zum anderen zeigen unsere Daten, dass die Wirkung der Anschlusskommunikation in aller Regel die direkten Debatteneffekte nicht übersteigt. Mit anderen Worten: Effekte, die Kandidaten durch ihren Debattenauftritt generieren, haben durchaus die Chance, sich gegen die Anschlusskommunikation durchzusetzen. Diese sind besonders groß, wenn Debattenzuschauer nach einem Duell ihre Einschätzung, welcher Kandidat das Streitgespräch gewonnen hat, nicht korrigieren.

Nach 60 Jahren Debattenforschung: Was gibt es da eigentlich noch zu untersuchen?

9

Die Kennedy-Nixon-Debatten des US-Präsidentschaftswahlkampfes 1960 begründeten ein neues, eigenständiges Forschungsfeld an der Schnittstelle von Politik- und Kommunikationswissenschaft: die Debattenforschung. Seither sind hunderte von Studien erschienen, die dieses zentrale Wahlkampfereignis aus Sicht von Kandidaten, Medien und Wählern untersuchen. Diese Analysen zeigen, dass TV-Duelle von allen Akteuren als bedeutsam erachtet werden: Kandidaten überlegen sich sehr genau, wie sie in solchen Debatten auftreten, Medien begleiten TV-Duelle mit einer umfassenden Berichterstattung, Wähler schenken solchen Sendungen mehr Aufmerksamkeit als jedem anderen im Fernsehen ausgestrahlten Politikformat.

Die vorliegenden Studien zeigen weiterhin, dass Fernsehdebatten eine Wirkung auf Wähler ausüben können. Relativ unbestritten sind die kognitiven und motivationalen Effekte, die von TV-Duellen ausgehen. Umstrittener sind die Wirkungen auf politische Einstellungen und Verhaltensabsichten. Konsens ist, dass von Fernsehdebatten keine für alle Wähler uniformen Effekte ausgehen. Vielmehr gilt, dass TV-Duelle unter bestimmten Rahmenbedingungen Wirkungen entfalten können. Die dabei zugrunde liegenden Wirkungsmechanismen sind vermutlich wesentlich komplexer als von vielen Forschern bislang angenommen. Dafür sprechen jedenfalls die oftmals uneinheitlichen Forschungsergebnisse. Dass Kandidaten und Medien dennoch in besonderer Weise ihren Fokus auf dieses Format richten, ergibt sich aus dem Wirkungspotenzial von Fernsehdebatten – auch wenn die aggregierten Effekte, die Fernsehdebatten auf Wähler ausüben, vielleicht eher bescheiden anmuten und damit vor allem bei den Massenmedien regelmäßig für Ernüchterung sorgen. Ein zweiter Blick – und darauf deuten viele der von uns untersuchten TV-Duelle der Bundestagswahlkämpfe 2002 bis 2017 hin – zeigt aber, dass die Wirkungen solcher Formate auf den einzelnen Wähler durchaus

© Springer Fachmedien Wiesbaden GmbH, ein Teil von Springer Nature 2019
J. Maier und T. Faas, *TV-Duelle,* Grundwissen Politische Kommunikation,
https://doi.org/10.1007/978-3-658-11777-1_9

beachtlich sein können. Selbst bescheidenere Effekte können sich kumulieren und deshalb schon angesichts der schieren Anzahl an Zuschauern, die von solchen Sendungen angezogen werden, politisch relevant werden. Insbesondere bei einem Kopf-an-Kopf-Rennen zwischen den Kandidaten bzw. den politischen Parteien können TV-Debatten den Ausgang einer Wahl entscheidend beeinflussen.

Angesichts der zahlreichen Ergebnisse, die nach fast sechs Jahrzehnten Debattenforschung vorliegen, stellt sich die Frage, ob es bedeutsam ist, weitere Forschungsanstrengungen auf diesem Feld zu unternehmen. Die Antwort auf diese Frage kann nach unserer Auffassung uneingeschränkt mit „Ja" beantwortet werden, da es noch zahlreiche Forschungslücken gibt, die es zu schließen gilt. In diesem abschließenden Kapitel wollen wir den Versuch unternehmen, die aus unserer Sicht bedeutsamsten Defizite der bisherigen Debattenforschung zu skizzieren.

Mit Blick auf *Debatteninhalte und Debattenstrategien* liegen bislang fast nur deskriptive Untersuchungen vor. Abgesehen von wenigen Ausnahmen fehlen multivariate Analysen, die Aufschluss darüber geben, welche Faktoren dazu beitragen, dass Kandidaten bestimmte Inhalte thematisieren und Aussagen eines bestimmten Typs treffen. Von besonderem Interesse ist hier die Verknüpfung von Kandidatenaussagen, Debattenformaten und strategischen Rahmenbedingungen, denen die Kandidaten im Umfeld eines Duells ausgesetzt sind. Die Analyse von Debattenstrategien konzentriert sich vorwiegend auf den Einsatz von verbalen Strategien. Dabei dominiert die Untersuchung von Angriffen. Selbstpräsentationen – die quantitativ bedeutsamste Strategie – sind hingegen ebenso wie Verteidigungen gegen Angriffe bisher kaum untersucht worden. Auch fehlen Studien, die die verschiedenen Strategien deutlich detaillierter untersuchen als dies bisher der Fall ist. Beispielsweise gibt es selbst für Angriffsstrategien nur wenige Hinweise, auf was sich diese genau beziehen (Themen vs. Kandidaten). Wenn Kandidaten ins Visier genommen werden, ist unklar, auf welche Eigenschaften Angriffe abzielen (z. B. rollennahe vs. rollenferne Eigenschaften). Auch ist kaum untersucht, auf welche Art und Weise Angriffe vorgetragen werden (z. B. zivilisiert vs. unzivilisiert). Ein weitgehend blinder Fleck in der Debattenforschung ist die Rolle der Moderatoren. Dies betrifft z. B. ihr soziales, politisches und professionelles Profil, aber auch die Art der Debattenführung, Inhalt und Art der gestellten Fragen, Bevorzugung oder Benachteiligung bestimmter Kandidaten – und die sich daraus ergebenden Konsequenzen für das Verhalten der Kandidaten und die Reaktionen der Debattenzuschauer. Gleiches gilt für die medientechnische Darstellung von TV-Duellen – etwa mit Blick auf die Kameraführung oder den Einsatz von Schnitten.

Struktur und Rezeptionsmotive des Debattenpublikums sind bislang kaum untersuchte Felder der Debattenforschung. Völlig unerforscht sind bislang sogar die Gründe, warum Wähler eine Debatte *nicht* verfolgen. Dies ist einerseits erstaunlich, da die Gruppe der Nicht-Zuschauer in allen uns bekannten Duellen größer ist als die Gruppe der Debattenrezipienten. Andererseits schwanken die Einschaltquoten von Duell zu Duell stark. In den USA war sogar lange Zeit zu beobachten, dass die Bereitschaft, TV-Debatten anzusehen, sinkt. Erst die jüngste Auflage der Clinton-Trump-Debatte konnte diesen Trend stoppen. Untersuchungen, die einerseits Strukturinformationen zu Sehern und Nichtsehern, andererseits Erklärungen zur Höhe der Zuschauerzahlen liefern, würden eine wichtige Forschungslücke schließen. Um Unterschiede in den Einschaltquoten zu erklären, greift die bisher praktizierte Fokussierung auf Individualmerkmale aber zu kurz. Bislang kaum beachtet, aber vermutlich von zentraler Bedeutung dürften Kontextmerkmale sein – etwa das soziale und politische Profil der Kandidaten, die Polarisierung des Wahlkampfs, die erwartete Knappheit des Wahlausgangs oder das verwendete Debattenformat. Die Erkenntnisse aus dieser Forschung hätten unmittelbare praktische Konsequenzen: Wie kann es gelingen, TV-Duelle so zu gestalten, dass sie für möglichst viele Wähler attraktiv sind?

Mit Bezug auf die *Wahrnehmung von TV-Duellen* und insbesondere die *Wahrnehmung des Debattensiegers* erscheint eine genauere Betrachtung der Frage, wie Wähler zu Erwartungen über den Ausgang einer Debatte kommen, bedeutsam. Denn obwohl Wahlkampfteams großen Wert darauf legen, Erwartungen gezielt herauf- oder herunterzuspielen, ist bislang nur wenig darüber bekannt, ob ein solches „debate pitching" auch funktioniert und welche Konsequenzen die Über- oder Untererfüllung von Erwartungen hat. Mit Bezug auf die Wahrnehmung des Debattensiegers ist eine engere Verzahnung von Kommunikationsinhalten und Zuschauerreaktionen wünschenswert. Ansätze hierzu finden sich vor allem in der deutschen Debattenforschung, die oftmals Inhaltsanalysen von TV-Duellen, per *Real-Time-Response*-Technik gemessene Echtzeitreaktionen der Rezipienten und im Rahmen von experimentellen Designs gewonnene Befragungsdaten miteinander kombiniert. Die wachsende Rolle sozialer Medien bei der Begleitung von TV-Duellen stößt hier das Tor zu anderen Datenquellen weit auf und ermöglicht die Anbindung der Informatik und ihrer Verfahren an sozial- und verhaltenswissenschaftliche Disziplinen und die dort diskutierten Themen. Der Fokus liegt hier meist auf der Untersuchung verbaler Kandidatenaussagen, wobei hier häufig eine Verengung auf Angriffe oder ausgewählte (z. B. die am besten oder schlechtesten bewerteten) Aussagen stattfindet. Demgegenüber werden nonverbale Kommunikationsinhalte, Selbstpräsentationen und Verteidigungen sowie detailliertere Analysen zu Debattenstrategien meist vernachlässigt. Allerdings bedürfen einige der vorliegenden *Real-Time-Response-Analysen* einer Revision des bisherigen Wirkungskonzepts (vgl. hierzu auch Maier und Faas 2015).

Die oftmals sehr gemischten Befunde zur *direkten Wirkung von TV-Duellen* und die Beobachtung, dass die gemessenen Effekte in Richtung und Stärke eher selten in allen Wählersegmenten identisch ausfallen, wirft die Frage nach den hier zugrunde liegenden Wirkungsmechanismen auf. Die Beantwortung dieser Frage ist überaus komplex und erfordert eine Ausweitung der untersuchten Moderatorvariablen über die standardmäßig analysierten Sozialstrukturmerkmale, die Parteibindung und die Wahrnehmung des Debattensiegers hinaus. Besonders vielversprechend erscheint hier die Einbeziehung von Emotionen, Persönlichkeitsfaktoren und Informationsverarbeitungsmodi – also Merkmalen, die in der (politischen) Psychologie als zentral für die Urteilsbildung identifiziert wurden. Die systematische Einbindung dieser Merkmale in die Debattenforschung ist daher naheliegend. Weiterhin fällt auf, dass Debattenwirkungen vorwiegend mit Blick auf die Einstellung zu den Spitzenkandidaten und die Wahlabsicht untersucht werden. Demgegenüber liegen Effektstudien zu Sachfragenorientierungen kaum vor. Dies ist nicht nachvollziehbar, da die Diskussion von Sachfragen einerseits TV-Duelle dominiert und hier Wirkungen zu erwarten sind. Andererseits ist der Komplex der Sachfragenorientierungen von anerkannt großer Bedeutung für das Wahlverhalten. Ebenso ist die detaillierte Analyse von Debatteneffekten auf demokratiebezogene Einstellungen dringend geboten. Gerade vor dem Hintergrund erodierender Bindungen an die bestehenden politischen Systeme sollte die Rolle, die TV-Duelle hier mit Blick auf die Stärkung von z. B. Vertrauen in die politischen Institutionen spielen können, systematisch ausgeleuchtet werden.

Die Untersuchung *indirekter Debatteneffekte* konzentriert sich bislang vorwiegend auf die unmittelbare Nachberichterstattung der Massenmedien *(instant analysis)* oder Medienberichte, die in den Tagen nach einem Duell erscheinen. Oftmals beschränken sich die vorliegenden Analysen auf den bloßen Nachweis von Medienwirkungen. Systematische Verknüpfungen von Medieninhalten, Nutzungsmustern und Wahrnehmungen des Medientenors mit politischen Einstellungen fehlen hingegen. Während sich aktuell eine Forschungslinie entwickelt, die sich der medialen Kommunikation während der Debatte und hier insbesondere der Rolle sozialer Medien widmet, ist die Wirkung interpersonaler Kommunikation praktisch unerforscht – obwohl verschiedene Studien zeigen, dass diese für sehr viele Menschen im Umfeld von TV-Duellen relevant ist. Dies betrifft einerseits den Inhalt und die Konsequenzen von Gesprächen, die während der Debattenrezeption mit Dritten geführt werden, andererseits die Kommunikation, die im Anschluss an ein Duell geführt wird. In beiden Fällen ist zudem dringend Forschung zum sozialen und politischen Profil der Kommunikationspartner erforderlich. Methodisch muss mehr Wert als bislang darauf gelegt werden, direkte und indirekte Debatteneffekte zuverlässig voneinander zu trennen. Nur so kann man zuverlässig zwischen Effekten der Debatte selbst und Wirkungen der „debate about debates" (Tsfati 2003) trennen und Unschärfen auflösen, die uns auch bei der Darstellung von Forschungsergebnissen im vorliegenden Buch Schwierigkeiten bereitet haben. An dieser Stelle besteht jedenfalls noch deutlicher Spielraum für methodische Weiterentwicklungen in der Debattenforschung.

Generell fällt auf, dass *Längsschnittuntersuchungen* in der Debattenforschung selten sind. Dies gilt insbesondere mit Blick auf die Wirkungsforschung. Typischerweise werden hier Fallstudien zu TV-Duellen vorgelegt. Trotz aller Relevanz und Berechtigung solcher Studien – ohne den Vergleich zu anderen Debatten und anderen Formaten fehlt der Maßstab, um beurteilen zu können, ob gefundene Effekte in Richtung und Stärke mit bisherigen Befunden übereinstimmen. Dies gilt umso mehr, wenn sich die eingesetzten Instrumente zur Messung von Inhalten, Wahrnehmungen oder Wirkungen unterscheiden. Nachdem TV-Duelle mit Blick auf ihre personelle Zusammensetzung, ihre Inhalte und vor allem ihr Format stark variieren, sind Vergleiche ohne die Kontrolle von Kontextfaktoren methodisch problematisch. Damit befindet sich die Debattenforschung in einer ähnlichen Situation wie die Wahlforschung: „It is only when a number of elections have been studied, some of them taking on one character, some another, that we can begin to assess whether any general statements can be made about the relationship between context and voting behavior" (Curtice 2002, S. 166). Die vergleichende Untersuchung von Debattenwirkungen unter Berücksichtigung solcher Faktoren ist daher dringend notwendig – nicht zuletzt, um auch eine Aussage über die Rolle von Kontextmerkmalen treffen zu können.

Obwohl zwischenzeitlich in zahlreichen Staaten TV-Duelle im Vorfeld von Wahlen ausgestrahlt werden, konzentriert sich ein Großteil der Debattenforschung nach wie vor auf die Vereinigten Staaten. Nachdem die gesellschaftlichen, politischen und medialen Rahmenbedingungen in den USA oftmals nicht mit anderen Ländern – insbesondere nicht mit den Bedingungen in europäischen Demokratien – vergleichbar sind, ist eine Übertragung von amerikanischen Befunden auf andere Regionen nicht ohne weiteres möglich. Aus diesem Grund braucht es *Debattenforschung außerhalb der USA*. Eine solche Forschung ermöglicht *internationale Vergleiche* – und damit die Generalisierbarkeit von Befunden. Während dies mit Blick auf Debatteninhalte, Debattenstrategien und Nutzungsmustern vergleichsweise gut umsetzbar ist, sind internationale Vergleiche von Debattenwirkungen mit großen Schwierigkeiten verbunden. Eine interessante Möglichkeit bieten hier die neu eingeführten Diskussionsformate im Vorfeld von Europawahlen. Neben internationalen Vergleichen ist auch der *Vergleich über verschiedene Systemebenen* innerhalb eines Landes bedeutsam – denn z. B. auch auf der Ebene der deutschen Bundesländer gibt es TV-Duelle und es steht die Vermutung im Raum, dass diese sich in Inhalt und Wirkung von den auf nationaler Ebene angesiedelten Kanzlerduellen unterscheiden (Maier und Jansen 2018; Vögele et al. 2013). Für die USA liegen hier bereits Untersuchungen zu Debatteninhalt und -strategie vor; für andere Länder gibt es dies nur vereinzelt. Vergleichend angelegte Wirkungsstudien sind hingegen flächendeckend Mangelware.

Fernsehdebatten sind nicht nur ein zentrales Element in modernen Wahlkämpfen, sie sind auch ein ideales Feld für die Grundlagenforschung im Bereich der politischen Kommunikation. Als hoch relevantes, klar abgrenzbares Ereignis, in dem die wichtigsten Akteure im Wahlkampf über die zentralen Themen diskutieren, können TV-Duelle als „miniature campaigns" (Maier und Faas 2011a) verstanden werden. Im Unterschied zu vielen anderen Wahlkampfaktivitäten stehen Spitzenkandidaten dabei unter strenger Beobachtung der Massenmedien und eines signifikanten Teils der Wähler. Unter kontrollierbaren Bedingungen können hier politikwissenschaftliche, kommunikationswissenschaftliche und psychologische Hypothesen und Theorien getestet und weiterentwickelt werden. Insbesondere mit Blick auf die Wahrnehmung und Wirkung von Wahlkampfkommunikation können die hierfür gesammelten Daten sehr kleinteilig erfasst und ausgewertet werden. Fernsehdebatten sind also nicht nur ein Gewinn für die Politik, die Medien und die Wähler. Sie sind auch ein Gewinn für die Sozial- und Verhaltenswissenschaften, die an dieser Stelle sogar die oftmals eingeforderte Interdisziplinarität der Forschung einlösen können. Aus der *„win-win-win"*-Situation (Maier und Faas 2011a, S. 76) wird eine *„win-win-win-win-*Situation" (Faas und Maier 2014, S. 164).

Dass die Forschung auf diesem Sektor nicht nur von akademischem Interesse, sondern auch von großer praktischer Relevanz ist, legt der von vielen Forschern erwartete Bedeutungsgewinn politischer Kommunikation nahe. Diese Annahme stützt sich auf die empirisch zu beobachtende Erosion von langfristig stabilen Bindungen an die politischen Parteien, die für viele Menschen als „Leuchtfeuer auf politischer See" (Falter 1977, S. 478) fungieren. Werden diese Signale schwächer oder verschwinden sogar ganz, steigt der Einfluss politischer Kommunikation. Welche Konsequenzen dies für Wähler hat, welche Möglichkeiten sich dabei für die Politik eröffnen und welche Verantwortungen hieraus für politische, aber auch mediale Akteure resultieren, lässt sich in ganz besonders geeigneter Weise am Beispiel von TV-Duellen studieren.

Zusammenfassung
Trotz der kaum noch zu überblickenden Forschung zu TV-Duellen wurden längst nicht alle Fragen zum Inhalt, der Nutzung, der Wahrnehmung und der Wirkung solcher Formate beantwortet. Angesichts des Bedeutungsgewinns von Kommunikation für die politische Urteilsbildung sind Forschungsanstrengungen in all diesen Bereichen wichtig, um die Rolle von TV-Duellen in Wahlkämpfen besser zu verstehen, aber auch, um die Grundlagenforschung im Bereich der politischen Kommunikation voranzutreiben. Von besonderer Dringlichkeit wäre dabei, den Ansatz, TV-Duelle als Fallstudien zu untersuchen, durch Untersuchungsanlagen zu ergänzen, in denen zahlreiche Debatten, die mit vergleichbaren Methoden „vermessen" wurden, gemeinsam analysiert werden. Nur so kann es gelingen, Aussagen über die Rolle von Kontextmerkmalen für die Wahlkampfkommunikation politischer Akteure und die Wirkungen, die sie entfalten, treffen zu können. Weiterhin ist es unbedingt notwendig, die Forschung zu TV-Duellen auch außerhalb der USA weiter voranzutreiben, da die dort herrschenden Rahmenbedingungen typischerweise nicht auf andere Länder zutreffen. Schließlich finden TV-Duelle nicht nur auf der nationalen Ebene, sondern auch auf darunter oder darüber liegenden Systemebenen statt. Ob TV-Duelle hier nach ähnlichem Muster stattfinden und ob sie vergleichbare Wirkungen entfalten, wurde bislang nur punktuell untersucht.

Anhang A – Basisinformationen zu den verwendeten Datensätzen

Inhaltsanalysen

Studienbezeichnung: Kandidatenstrategien in Fernsehdebatten
Erhebungszeitraum: 17.09.1997–10.10.2017
Codiereinheit: Aussagen
N: 28035 Aussagen von 77 Kandidaten und 42 Moderatoren aus 55 TV-Duellen.

Umfragedaten

Studienbezeichnung: Rolling-Cross-Section-Wahlkampfstudie 2009
Erhebungszeitraum: 29.07.2009–26.10.2009
N: 6008
Verfügbarkeit: GESIS, ZA-Nr. 5303

Studienbezeichnung: Rolling-Cross-Section-Wahlkampfstudie 2013
Erhebungszeitraum: 08.07.2013–03.11.2013
N: 7882
Verfügbarkeit: GESIS, ZA-Nr. 5703

Studienbezeichnung: Rolling-Cross-Section-Wahlkampfstudie 2017
Erhebungszeitraum: 24.07.2017–12.11.2017
N: 7650
Verfügbarkeit: GESIS, ZA-Nr. 6803

Experimentaldaten

Studienbezeichnung: Experimentaldaten 2002
Erhebungszeitraum: 25.08.2002–05.09.2002 (1. Duell), 08.09.2002–22.09.2002 (2. Duell)
Design: Pretest-Posttest-Design zzgl. schriftliche Befragung der Untersuchungsteilnehmer wenige Tage nach dem Duell
Experimentalgruppen: 1. Personen, die das TV-Duell gesehen und gehört haben, 2. Personen, die das TV-Duell nur gehört haben
Kontrollgruppe: Nein
Real-Time-Response-Messung: Push-Button-Technik für 67 Befragte
N: 68 (1. Duell), 73 (2. Duell)
Erhebungsorte: Augsburg, Bamberg

Studienbezeichnung: Experimentaldaten 2005
Erhebungszeitraum: 04.09.2005–14.09.2005
Design: Pretest-Posttest-Design zzgl. schriftliche Befragung der Untersuchungsteilnehmer wenige Tage nach dem Duell
Experimentalgruppe: Personen, die das TV-Duell gesehen und gehört haben
Kontrollgruppe: Ja
Real-Time-Response-Messung: Dial-Technik für 127 Befragte
N: 148 (Experimentalgruppe: 127, Kontrollgruppe: 21)
Erhebungsorte: Jena, Mainz

Studienbezeichnung: Experimentaldaten 2009
Erhebungszeitraum: 13.09.2009–12.10.2009
Design: Pretest-Posttest-Design zzgl. schriftliche Befragung der Untersuchungsteilnehmer wenige Tage nach dem Duell sowie direkt nach der Bundestagswahl
Experimentalgruppen: 1. Personen, die das TV-Duell gesehen und gehört haben, 2. Personen, die das TV-Duell nur gehört haben, 3. Personen, die das TV-Duell und Teile einer Sondersendung zum TV-Duell gesehen und gehört haben
Kontrollgruppe: Ja
Real-Time-Response-Messung: Push-Button-Technik für 147 Befragte, Dial-Technik für 232 Befragte
N: 449 (Experimentalgruppe: 398, Kontrollgruppe: 51)
Erhebungsorte: Jena, Landau, Kaiserslautern, Stuttgart, Mannheim
Verfügbarkeit: GESIS, ZA-Nr. 5309 (Befragung), 5310 (RTR)

Anhang A – Basisinformationen zu den verwendeten Datensätzen

Studienbezeichnung: Experimentaldaten 2013
Erhebungszeitraum: 01.09.2013–23.10.2013
Design: Pretest-Posttest-Design zzgl. schriftliche Befragung der Untersuchungsteilnehmer wenige Tage nach dem Duell sowie direkt nach der Bundestagswahl
Experimentalgruppen: 1. Personen, die das TV-Duell gesehen und gehört haben, 2. Personen, die das TV-Duell nur gehört haben, 3. Personen, die das TV-Duell und Teile einer Sondersendung zum TV-Duell gesehen und gehört haben, 4. Personen, die das TV-Duell gesehen und gehört haben und während der TV-Duell-Rezeption mit anderen Untersuchungsteilnehmern sprechen durften
Kontrollgruppe: Ja
Real-Time-Response-Messung: Push-Button-Technik für 116 Befragte, Dial-Technik für 88 Befragte
N: 268 (Experimentalgruppe: 246, Kontrollgruppe: 22)
Erhebungsorte: Koblenz, Landau, Mainz
Verfügbarkeit: GESIS, ZA-Nr. 5709 (Befragung), 5711, 5712 (RTR)

Studienbezeichnung: Experimentaldaten 2017
Erhebungszeitraum: 03.09.2017–30.10.2017
Design: Pretest-Posttest-Design zzgl. schriftliche Befragung der Untersuchungsteilnehmer wenige Tage nach dem Duell sowie direkt nach der Bundestagswahl
Experimentalgruppen: 1. Personen, die das TV-Duell gesehen und gehört haben, 2. Personen, die das TV-Duell und Teile einer Sondersendung zum TV-Duell gesehen und gehört haben, 3. Personen, die das TV-Duell und Teile einer Sondersendung inklusive einer Blitzumfrage zum TV-Duell gesehen und gehört haben, 4. Personen, die das TV-Duell und den am darauffolgenden Tag ausgestrahlten TV-Fünfkampf gesehen und gehört haben
Kontrollgruppe: Ja
Real-Time-Response-Messung: Push-Button-Technik für 57 Befragte, Dial-Technik (2 Varianten) für 138 Befragte
N: 216 (Experimentalgruppe: 195, Kontrollgruppe: 21)
Erhebungsorte: Landau, Mainz
Verfügbarkeit: GESIS, ZA-Nr. 6810 (Befragung), 6812, 6813 (RTR)

Anhang B – Liste aller TV-Duelle in Deutschland (Stand: 30.06.2019)

Wahljahr	Duell-Nr	Sendetermin	Sender	Sende-dauer (Minuten)	Kandidat 1	Kandidat 2	Kandidat 3	Zuschauer (in Mio.)[a]
Bund								
2002	1	25.08.2002	RTL, SAT.1	79	Gerhard Schröder (SPD)	Edmund Stoiber (CSU)	–	15,33
	2	08.09.2002	ARD, ZDF	85	Gerhard Schröder (SPD)	Edmund Stoiber (CSU)	–	15,60
2005	1	04.09.2005	ARD, ZDF, RTL, SAT.1	93	Gerhard Schröder (SPD)	Angela Merkel (CDU)	–	20,98
2009	1	13.09.2009	ARD, ZDF, RTL, SAT.1	92	Angela Merkel (CDU)	Frank-Walter Steinmeier (SPD)	–	14,21
2013	1	01.09.2013	ARD, ZDF, Phoenix, ProSieben, RTL	93	Angela Merkel (CDU)	Peer Steinbrück (SPD)	–	17,70
2017	1	03.09.2017	ARD, ZDF, Phoenix, RTL, SAT.1	98	Angela Merkel (CDU)	Martin Schulz (SPD)	–	16,30
Baden-Württemberg								
2001	1	16.11.2000	SWR BW	72	Erwin Teufel (CDU)	Ute Vogt (SPD)	–	0,56
2006	1	02.03.2006	SWR BW	62	Günther Öttinger (CDU)	Ute Vogt (SPD)	–	0,62
2011	1	16.03.2011	SWR BW	60	Stefan Mappus (CDU)	Nils Schmid (SPD)	–	0,54
2016	1	14.01.2016	SWR BW	45	Winfried Kretschmann (B90/Die Grünen)	Guido Wolf (CDU)	–	0,52

Anhang B – Liste aller TV-Duelle in Deutschland (Stand: 30.06.2019)

Wahljahr	Duell-Nr	Sendetermin	Sender	Sendedauer (Minuten)	Kandidat 1	Kandidat 2	Kandidat 3	Zuschauer (in Mio.)[a]
Bayern								
2008	1	18.09.2008	BR	48	Günther Beckstein (CSU)	Franz Maget (SPD)	–	0,90
2013	1	04.09.2013	BR	79	Horst Seehofer (CSU)	Christian Ude (SPD)	–	0,96
2018	1	26.09.2018	BR	70	Markus Söder (CSU)	Ludwig Hartmann (Bündnis 90/Die Grünen)	–	0,93
Berlin								
2006	1	12.09.2006	RBB	56	Klaus Wowereit (SPD)	Friedbert Pflüger (CDU)	–	0,21
2011	1	06.09.2011	RBB	47	Klaus Wowereit (SPD)	Frank Henkel (CDU)	–	0,21
2011	2	08.09.2011	RBB	46	Klaus Wowereit (SPD)	Renate Künast (Grüne)	–	0,19
2016	1	12.09.2016	n-tv	40	Michael Müller (SPD)	Frank Henkel (CDU)	–	0,13
Brandenburg								
2004	1	13.09.2004	RBB	54	Matthias Platzeck (SPD)	Jörg Schönbohm (CDU)	Dagmar Enkelmann (PDS)	0,19
2009	1	24.09.2009	RBB	60	Matthias Platzeck (SPD)	Johanna Wanka (CDU)	Kerstin Kaiser (Die Linke)	0,15

Wahljahr	Duell-Nr	Sendetermin	Sender	Sendedauer (Minuten)	Kandidat 1	Kandidat 2	Kandidat 3	Zuschauer (in Mio.)[a]
2014	1	09.09.2014	RBB	49	Dietmar Woidke (SPD)	Michael Schierack (CDU)	Christian Görke (Die Linke)	0,11
Hamburg								
1997	1	17.09.1997	N3	46	Henning Voscherau (SPD)	Ole von Beust (CDU)	–	0,50
2008	1	17.02.2008	NDR	64	Ole von Beust (CDU)	Michael Naumann (SPD)	–	0,31
2011	1	06.01.2011	Hamburg 1	75	Christoph Ahlhaus (CDU)	Olaf Scholz (SPD)	–	k.A.
	2	16.02.2011	NDR	59	Christoph Ahlhaus (CDU)	Olaf Scholz (SPD)	–	0,41
2015	1	27.01.2015	Hamburg 1	69	Olaf Scholz (SPD)	Dietrich Wersich (CDU)	–	k.A.
	2	11.02.2015	NDR	61	Olaf Scholz (SPD)	Dietrich Wersich (CDU)	–	0,28
Hessen								
2008	1	20.01.2008	HR	90	Roland Koch (CDU)	Andrea Ypsilanti (SPD)	–	0,56
2013	1	13.09.2013	HR	81	Volker Bouffier (CDU)	Thorsten Schäfer-Gümbel (SPD)	–	0,15

Anhang B – Liste aller TV-Duelle in Deutschland (Stand: 30.06.2019)

Wahljahr	Duell-Nr	Sendetermin	Sender	Sende-dauer (Minuten)	Kandidat 1	Kandidat 2	Kandidat 3	Zuschauer (in Mio.)[a]
2018	1	17.10.2018	HR	62	Volker Bouffier (CDU)	Thorsten Schäfer-Gümbel (SPD)	–	0,29[b]
Mecklenburg-Vorpommern								
2002	1	18.09.2002	NDR	46	Harald Ringstorff (SPD)	Eckhardt Rehberg (CDU)	–	0,30
2006	1	13.09.2006	NDR	47	Harald Ringstorff (SPD)	Jürgen Seidel (CDU)	–	0,40
2011	1	30.08.2011	NDR	60	Erwin Sellering (SPD)	Lorenz Caffier (CDU)	–	0,24
2016	1	23.08.2016	NDR	60	Erwin Sellering (SPD)	Lorenz Caffier (CDU)	–	0,38
Niedersachsen								
1998	1	25.02.1998	N3	45	Gerhard Schröder (SPD)	Christian Wulff (CDU)	–	1,83
2003	1	19.01.2003	RTL	60	Sigmar Gabriel (SPD)	Christian Wulff (CDU)	–	1,75
	2	29.01.2003	NDR	60	Sigmar Gabriel (SPD)	Christian Wulff (CDU)	–	0,30
2008	1	23.01.2008	NDR	60	Christian Wulff (CDU)	Wolfgang Jüttner (SPD)	–	0,90
2013	1	10.01.2013	NDR	60	David McAllister (CDU)	Stephan Weil (SPD)	–	0,46

Wahljahr	Duell-Nr	Sendetermin	Sender	Sendedauer (Minuten)	Kandidat 1	Kandidat 2	Kandidat 3	Zuschauer (in Mio.)[a]
2017	1	10.10.2017	NDR	75	Stephan Weil (SPD)	Bernd Althusmann (CDU)	–	0,35[b]
Nordrhein-Westfalen								
2005	1	05.05.2005	RTL	54	Peer Steinbrück (SPD)	Jürgen Rüttgers (CDU)	–	0,93
	2	17.05.2005	ZDF, WDR	58	Peer Steinbrück (SPD)	Jürgen Rüttgers (CDU)	–	2,69
2010	1	26.04.2010	WDR	66	Jürgen Rüttgers (CDU)	Hannelore Kraft (SPD)	–	0,85
2012	1	30.04.2012	WDR	60	Hannelore Kraft (SPD)	Norbert Röttgen (CDU)	–	0,89
2017	1	02.05.2017	WDR	64	Hannelore Kraft (SPD)	Armin Laschet (CDU)	–	0,79
Rheinland-Pfalz								
2011	1	16.03.2011	SWR RP	60	Kurt Beck (SPD)	Julia Klöckner (CDU)	–	0,29
2016	1	01.03.2016	SWR RP	59	Malu Dreyer (SPD)	Julia Klöckner (CDU)	–	0,38
Saarland								
2012	1	13.02.2012	SR	66	Annegret Kramp-Karrenbauer (CDU)	Heiko Maas (SPD)	–	0,05

Anhang B – Liste aller TV-Duelle in Deutschland (Stand: 30.06.2019)

Wahljahr	Duell-Nr	Sendetermin	Sender	Sende-dauer (Minuten)	Kandidat 1	Kandidat 2	Kandidat 3	Zuschauer (in Mio.)[a]
2017	1	02.02.2017	SR	45	Annegret Kramp-Karren-bauer (CDU)	Anke Rehlinger (SPD)	–	0,08
Sachsen								
2004	1	13.09.2004	MDR	44	Georg Milbradt (CDU)	Thomas Jurk (SPD)	Peter Porsch (PDS)	0,35
Sachsen-Anhalt								
2011	1	13.03.2011	MDR	60	Reiner Haseloff (CDU)	Jens Bullerjahn (SPD)	Wulf Gallert (Die Linke)	0,28
Schleswig-Holstein								
2000	1	23.02.2000	N3	46	Heide Simonis (SPD)	Volker Rühe (CDU)	–	0,62
2005	1	15.02.2005	NDR	46	Heide Simonis (SPD)	Peter Harry Cars-tensen (CDU)	–	0,44
2009	1	23.09.2009	NDR	63	Peter Harry Cars-tensen (CDU)	Ralf Stegner (SPD)	–	0,23
2012	1	02.05.2012	NDR	61	Jost de Jager (CDU)	Torsten Albig (SPD)	–	0,63
2017	1	25.04.2017	NDR	60	Torsten Albig (SPD)	Daniel Günther (CDU)	–	0,33

Wahljahr	Duell-Nr	Sendetermin	Sender	Sendedauer (Minuten)	Kandidat 1	Kandidat 2	Kandidat 3	Zuschauer (in Mio.)[a]
Thüringen								
2004	1	07.06.2004	MDR	44	Dieter Althaus (CDU)	Christoph Matschie (SPD)	Bodo Ramelow (PDS)	0,24
2009	1	24.08.2009	MDR	45	Dieter Althaus (CDU)	Christoph Matschie (SPD)	Bodo Ramelow (Die Linke)	0,31

[a]Arbeitsgemeinschaft Fernsehforschung (AGF), eigene Recherchen; für alle TV-Duelle sind – sofern nicht anders angegeben – die bundesweiten Zuschauerzahlen ausgewiesen.
[b]Landesweite Zuschauerzahlen

Literatur

Aalberg, T., & Jenssen, A. T. (2007). Do television debates in multiparty systems affect viewers? A quasi-experimental study with first-time voters. *Scandinavian Political Studies, 30*(1), 115–135.

Aalberg, T., de Vreese, C., & Strömbäck, J. (2017). Strategy and game framing. In C. de Vreese, F. Esser, & D. N. Hopmann (Hrsg.), *Comparing political journalism* (S. 33–49). London: Routledge.

Abramowitz, A. (1978). The impact of a presidential debate on voter rationality. *American Journal of Political Science, 22*, 680–690.

ACE Electoral Knowledge Network (2019). *Media and elections* [Television debates]. http://aceproject.org/epic-en/CDTable?view=country&question=ME059. Zugegriffen: 12. Sept. 2019.

Alavi-Nia, M., & Jalilifar, A. (2013). We believe the Iranian nation can. The manifestation of power in Iranian televised presidential debates. *Language & Communication, 33*, 8–25.

Alletsee, M. (2015). Informationsverarbeitung in TV-Duellen. Ein mikrofundierter Mehrebenen-Ansatz zur Analyse der Echtzeit-Reaktionen auf Kandidatenaussagen. *Politische Psychologie, 4*, 275–291.

Annenberg Working group on presidential campaign debate reform. (2015). *Democratizing the debates. A report of the Annenberg working group on Presidential campaign debate reform*. Philadelphia: Annenberg Public Policy Centre of the University of Pennsylvania.

Anstead, N. (2016). A different beast? Televised election debates in parliamentary democracies. *International Journal of Press/Politics, 21*, 508–526.

Auer, J. J. (1962). The counterfeit debates. In S. Kraus (Hrsg.), *The great debates. Kennedy vs. Nixon, 1960* (S. 142–150). Bloomington: Indiana University Press.

Baboš, P., & Világi, A. (2018). Just a show? Effects of televised debates on political attitudes and preferences in Slovakia. *East European Politics and Societies and Cultures, 32*, 720–742.

Bachl, M. (2013a). Die Wahrnehmung des TV-Duells. In M. Bachl, F. Brettschneider, & S. Ottler (Hrsg.), *Das TV-Duell in Baden-Württemberg 2011. Inhalte, Wahrnehmungen und Wirkungen* (S. 135–169). Wiesbaden: Springer VS.

Bachl, M. (2013b). Die Wirkung des TV-Duells auf die Bewertung der Kandidaten und die Wahlabsicht. In M. Bachl, F. Brettschneider, & S. Ottler (Hrsg.), *Das TV-Duell in Baden-Württemberg 2011. Inhalte, Wahrnehmungen und Wirkungen* (S. 171–198). Wiesbaden: Springer VS.

Bachl, M. (2014). *Analyse rezeptionsbegleitend gemessener Kandidatenbewertungen in TV-Duellen. Erweiterung etablierter Verfahren und Vorschlag einer Mehrebenenmodellierung*. Berlin: epubli.

Bachl, M. (2016). Duett vs. Duell? Rezeption und Wirkung der TV-Duelle vor den Bundestagswahlen 2009 und 2013 im Vergleich. In J. Tenscher & U. Rußmann (Hrsg.), *Vergleichende Wahlkampfforschung. Studien anlässlich der Bundestags- und Europawahlen 2013 und 2014* (S. 233–258). Wiesbaden: Springer.

Bachl, M. (2017). How attacks and defenses resonate with viewers' political attitudes in televised debates. An empirical test of the resonance model of campaign effects. In D. Schill, R. Kirk, & A. E. Jasperson (Hrsg.), *Political communication in real time. Theoretical and applied research approaches* (S. 225–248). New York: Routledge.

Bachl, M., & Brettschneider, F. (2013). Das TV-Duell Mappus gegen Schmid – Wahrnehmungen und Wirkungen. In U. Wagschal, U. Eith, & M. Wehner (Hrsg.), *Der historische Machtwechsel. Grün-Rot in Baden-Württemberg* (S. 93–118). Baden-Baden: Nomos.

Bachl, M., & Vögele, C. (2013). „Ich habe die Möglichkeiten in diesem großartigen Land bekommen durch eine tolle Bildung". Inhalte, Wahrnehmung und Wirkungen des bildungspolitischen Debattenteils im TV-Duell vor der Landtagswahl 2011 in Baden-Württemberg. *Studies in Communication | Media, 2*(3), 367–400.

Bachl, M., Brettschneider, F., & Ottler, S. (Hrsg.). (2013). *Das TV-Duell in Baden-Württemberg 2011. Inhalte, Wahrnehmungen und Wirkungen*. Wiesbaden: Springer VS.

Barkela, B., & Maier, J. (2017). Das Studiendesign. In T. Faas, J. Maier, & M. Maier (Hrsg.), *Merkel gegen Steinbrück. Analysen zum TV-Duell vor der Bundestagswahl 2013* (S. 11–29). Wiesbaden: Springer VS.

Barrow, L. C. (1961). Factors related to attention to the first Kennedy Nixon debate. *Journal of Broadcasting, 5*(3), 229–238.

Becker, L. B., Sobowale, I. A., Cobbey, R. E., & Eyal, C. H. (1979a). Debates' effects on voters' understanding of candidates and issues. In G. F. Bishop, R. G. Meadow, & M. Jackson-Beeck (Hrsg.), *The Presidential debates. Media, electoral, and policy perspectives* (S. 126–139). New York: Prager.

Becker, S. L., Pepper, R., Wenner, L. A., & Kim, J. K. (1979b). Information flow and the shaping of meanings. In S. Kraus (Hrsg.), *The great debates. Carter vs. Ford, 1976* (S. 384–397). Bloomington: Indiana University Press.

Belok, F., & Heinrich, T. (2017). Alles nur Show? Effekt des TV-Duells auf Performanz- und Positionssachfragen. In T. Faas, J. Maier, & M. Maier (Hrsg.), *Merkel gegen Steinbrück. Analysen zum TV-Duell vor der Bundestagswahl 2013* (S. 125–138). Wiesbaden: Springer VS.

Benoit, W. L. (2007a). *Communication in political campaigns*. New York: Oxford University Press.

Benoit, W. L. (2007b). Determinants of defense in presidential debates. *Communication Research Reports, 24*, 319–325.

Benoit, W. L. (2014). *Political election debates. Informing voters about policy and character*. Lanham: Lexington Books.

Benoit, W. L. (2017). Meta-analysis of research on the functional theory of political campaign discourse. *Speaker & Gavel, 54*, 7–50.

Benoit, W. L. (2018). Issue ownership in the 2016 presidential debates. *Argumentation & Advocacy, 54*, 95–103.

Benoit, W. L., & Currie, H. (2001). Inaccuracies in media coverage of the 1996 and 2000 presidential debates. *Argumentation & Advocacy, 38*, 28–39.

Benoit, W. L., & Hansen, G. J. (2001). Presidential debate questions and the public agenda. *Communication Quarterly, 49*, 130–141.

Benoit, W. L., & Hansen, G. J. (2004a). Issue ownership in primary and general presidential debates. *Argumentation & Advocacy, 40*, 143–154.

Benoit, W. L., & Hansen, G. J. (2004b). Presidential debate watching, issue knowledge, character evaluation, and vote choice. *Human Communication Research, 30*, 121–144.

Benoit, W. L., Blaney, J. R., & Pier, P. M. (1998a). *Campaign '96. A functional analysis of acclaiming, attacking, and defending*. Westport: Praeger.

Benoit, W. L., Webber, D. J., & Berman, J. (1998b). Effects of presidential debate watching and ideology on attitudes and knowledge. *Argumentation & Advocacy, 34*, 163–172.

Benoit, W. L., McKinney, M. S., & Holbert, R. L. (2001). Beyond learning and persona. Extending the scope of presidential debates effects. *Communication Monographs, 68*, 259–273.

Benoit, W. L., McKinney, M. S., & Stephenson, M. T. (2002). Effects of watching primary debates in the 2000 U.S. presidential campaign. *Journal of Communication, 52*, 316–331.

Benoit, W. L., Hansen, G. J., & Verser, R. M. (2003a). A meta-analysis of the effects viewing U.S. presidential debates. *Communication Monographs, 70*, 335–350.

Benoit, W. L., McHale, J. P., Hansen, G. J., Pier, M. P., & McGuire, J. P. (2003b). *Campaign 2000. A functional analysis of presidential campaign discourse*. Lanham: Rowman & Littlefield.

Ben-Zeev, S., & White, I. (1962). Effects and implications. In S. Kraus (Hrsg.), *The great debates. Kennedy vs Nixon, 1960* (S. 331–337). Bloomington: Indiana University Press.

Berquist, G. F., & Golden, J. L. (1981). Media rhetoric, criticism and the public perception of the 1980 presidential debates. *Quarterly Journal of Speech, 67*, 125–137.

Best, S. J., & Hubbard, C. (1999). Maximizing ‚minimal effects'. The impact of early primary season debates on voter preferences. *American Politics Quarterly, 27*, 450–467.

Bishop, G. F., Oldendick, R. W., & Tuchfarber, A. J. (1978). Debate watching and the acquisition of political knowledge. *Journal of Communication, 28*(4), 99–113.

Bitzer, L., & Rueter, T. (1980). *Carter vs. Ford. The counterfeit debates of 1976*. Madison: University of Wisconsin Press.

Blais, A., & Boyer, M. M. (1996). Assessing the impact of televised debates. The case of the 1988 Canadian election. *British Journal of Political Science, 26*(2), 143–164.

Blumenberg, J. N., Hohmann, D., & Vollnhals, S. (2017). And the winner is …?! Die Entstehung des Siegerbildes bei der TV-Debatte 2013. In T. Faas, J. Maier, & M. Maier (Hrsg.), *Merkel gegen Steinbrück. Analysen zum TV-Duell vor der Bundestagswahl 2013* (S. 59–73). Wiesbaden: Springer VS.

Blumenstiel, J. E. (2014). Merkels Triumph und der Albtraum der FDP. Das Ergebnis der Bundestagswahl 2013. In R. Schmitt-Beck, H. Rattinger, S. Roßteutscher, B. Weßels, C. Wolf, I. Bieber, M. S. Blumenberg, J. E. Blumenstiel, T. Faas, A. Förster, H. Giebler, I. Glogger, T. Gummler, S. Huber, M. Krewel, P. Lamers, J. Maier, J. Partheymüller, T. Plischke, J. Roßmann, A. Schäfer, P. Scherer, M. Steinbrecher, A. Wagner, & E. Wiegand (Hrsg.), *Zwischen Fragmentierung und Konzentration. Die Bundestagswahl 2013* (S. 101–117). Baden-Baden: Nomos.

Blumler, J. G., & Katz, E. (Hrsg.). (1974). *The uses of mass communication. Current perspectives on gratification research*. Beverly Hills: Sage.

BMG Research (2017a). *Majority of UK voters want TV debates*. http://www.bmgresearch.co.uk/independentbmg-poll-majority-uk-voters-want-tv-debates/. Zugegriffen: 12. Sept. 2019.

BMG Research (2017b). *Voters back* [TV debates]. http://www.bmgresearch.co.uk/electoral-reform-society-bmg-poll-voters-back-tv-debates/. Zugegriffen: 12. Sept. 2019.

Boydstun, A. E., Glazier, R. A., Pietryka, M. T., & Resnik, P. (2014). Real-time reactions to a 2012 presidential debate. A method for understanding which message matters. *Public Opinion Quarterly, 78*, 330–343.

Brady, H. E., & Johnston, R. (2006). The rolling cross-section and causal attribution. In H. E. Brady & R. Johnston (Hrsg.), *Capturing campaign effects* (S. 164–195). Ann Arbor: University of Michigan Press.

Brettschneider, F. (2001). Candidate-Voting. Die Bedeutung von Spitzenkandidaten für das Wählerverhalten in Deutschland, Großbritannien und den USA von 1960 bis 1998. In H.-D. Klingemann & M. Kaase (Hrsg.), *Wahlen und Wähler. Analysen aus Anlass der Bundestagswahl 1998* (S. 351–400). Wiesbaden: Westdeutscher Verlag.

Brettschneider, F., & Bachl, M. (2013). Kandidaten-Images und ihre Bedeutung für die Wahlabsicht. In M. Bachl, F. Brettschneider, & S. Ottler (Hrsg.), *Das TV-Duell in Baden-Württemberg 2011. Inhalte, Wahrnehmungen und Wirkungen* (S. 199–217). Wiesbaden: Springer VS.

Bryski, B. G. (1978). An analysis of evidence in the first Ford-Carter debate. *Journal of Applied Communication Research, 6*, 19–30.

Bucy, E. P., & Grabe, M. E. (2008). „Happy warriors" revisited. Hedonic and agonic display repertoires of presidential candidates in the evening news. *Politics and the Life Sciences, 27*, 78–98.

Bundesverfassungsgericht (1981). *BVerfGE 57, 295 – 3. Rundfunkentscheidung vom 16. Juni 1981*.

Bundesverfassungsgericht (1986). *BVerfGE 73, 118 – 4. Rundfunkentscheidung vom 4. November 1986*.

Bundesverfassungsgericht (2002). *2 BvR 1332/02 vom 30. August 2002, Rn (1–10)*.

Carlin, D. B. (1999). Constructing the 1996 debates. Determining the settings, formats, and participants. In L. L. Kaid & D. G. Bystrom (Hrsg.), *The electronic election. Perspectives on the 1996 campaign communication* (S. 133–148). Mahwah: Erlbaum.

Carlin, D. B., & McKinney, M. S. (Hrsg.). (1994). *The 1992 presidential debates in focus*. Westport: Praeger.

Chadwick, A., O'Loughlin, B., & Vaccari, C. (2017). Why people dual screen political debates and why it matters for democratic engagement. *Journal of Broadcasting & Electronic Media, 61*(2), 220–239.

Chaffee, S. H. (1978). Presidential debates – are they helpful to voters? *Communication Monographs, 45,* 330–346.
Chaffee, S. H., Zhao, X., & Lesner, G. (1994). Political knowledge and the campaign of 1992. *Communication Research, 21,* 305–324.
Cho, J. (2009). Disentangling media effects from debate effects. The presentation mode of televised debates and viewer decision making. *Journalism & Mass Communication Quarterly, 86*(2), 383–400.
Cho, J., & Choy, S. P. (2011). From podium to living room. Elite debates as a catalyst for citizen communicative engagements. *Communication Research, 38*(6), 778–804.
Cho, J., & Ha, Y. (2012). On the communicative underpinnings of campaign effects. Presidential debates, citizen communication, and polarization in evaluations of candidates. *Political Communication, 29,* 184–204.
Cho, J., Shah, D. V., Nah, S., & Brossard, D. (2009). „Split screens" and „spinning rooms". Debate modality, post-debate coverage, and the new videomalaise. *Journal of Broadcasting & Electronic Media, 53*(2), 242–261.
Cienki, A. J. (2004). Bush's and Gore's language and gestures in the 2000 US presidential debates. A test case for two models of metaphors. *Journal of Language & Politics, 3,* 409–440.
Clauß, U., & Gradl, B. (2013). „Larifari"-Streit der Moderatoren vor dem TV-Duell. http://www.welt.de/politik/deutschland/article119562920/Larifari-Streit-der-Moderatoren-vor-dem-TV-Duell.html. Zugegriffen: 12. Sept. 2019.
Clayman, S. E. (1995). Defining moments, presidential debates, and the dynamics of quotability. *Journal of Communication, 45*(3), 118–147.
Coleman, S. (2000). Meaningful political debate in the age of the soundbite. In S. Coleman (Hrsg.), *Televised election debates. International perspectives* (S. 1–24). Houndmills: Macmillan.
Coleman, S., Steibel, F., & Blumler, J. G. (2011). Media coverage of the prime ministerial debates. In D. Wring, R. Mortimore, & S. Atkinson (Hrsg.), *Political communication in Britain. The leader debates, the campaign and the media in the 2010 general election* (S. 37–55). Houndsmills: Palgrave Macmillan.
Commission on Presidential Debates (2015). *October 6, 1976 debate transcript.* http://www.debates.org/index.php?page=october-6-1976-debate-transcript. Zugegriffen: 12. Sept. 2019.
Cordes, M., Mohr, P., & Völkl, K. (2015). „Das sind ja alles schöne Schachteln, Frau Merkel!" Eine Methaphernanalyse der Sprache der Kanzlerkandidaten im TV-Duell 2013. *Politische Psychologie, 4,* 292–308.
Curtice, J. (2002). The state of election studies. Mid-life crisis or new youth? *Electoral Studies, 21,* 161–168.
Davis, L. K. (1978). Camera eye-contact by the candidates in the presidential debates of 1976. *Journalism Quarterly, 55*(431–437), 455.
Davis, D. (1979). Influence on voting decisions. In S. Kraus (Hrsg.), *The great debates. Carter vs. Ford, 1976* (S. 331–347). Bloomington: Indiana University Press.
Davis, M. H. (1982). Voting intentions and the 1980 Carter-Reagan debate. *Journal of Applied Social Psychology, 12,* 481–492.
Davis, C. J., Bowers, J. S., & Memon, A. (2011). Social influence in televised election debates. A potential distortion of democracy. *PLoS ONE, 6*(3), e18154.

De Nooy, W., & Maier, J. (2015). When do attacks work? Moderated effects on voter's candidate evaluation in a televised debate. In A. Nai & A. S. Walter (Hrsg.), *New perspectives on negative campaigning. Why attack politics matters* (S. 285–304). Colchester: ECPR Press.

de Vreese, C.H. (2008). Political cynicism. In W. Donsbach (Hrsg.), *The international encyclopaedia of communication*. Hoboken: Blackwell (http://www.communicationencyclopedia.com/subscriber/tocnode.html?id=g9781405131995_chunk_g978140513199521_ss55-1. Zugegriffen: 12. Sept. 2019).

de' Galli Paratesi, N., & Giuliano, L. (2009). Pronoun morphology, modality and semantics of political communication in presidential debate of two Italian political leaders. *International Review of Sociology, 19*(3), 401–410.

Decker, W. (1994). The 1988 Quayle-Bentsen vice presidential debate. In R. V. Friedenberg (Hrsg.), *Rhetorical studies of national political debates, 1960–1992* (S. 211–234). Westport: Praeger.

Dehm, U. (2002). Fernsehduelle im Urteil der Zuschauer. Eine Befragung des ZDF zu einem neuen Sendungsformat bei der Bundestagswahl 2002. *Media Perspektiven, 12*(2002), 600–609.

Dehm, U. (2005). Das TV-Duell 2005 aus Zuschauersicht. Eine Befragung des ZDF zum Wahlduell zwischen Herausforderin Angela Merkel und Kanzler Gerhard Schröder. *Media Perspektiven, 12*(2005), 627–637.

Dehm, U. (2009). Das TV-Duell 2009 aus Zuschauersicht. Dreistufige Befragung zum Wahlduell zwischen Kanzlerin Angela Merkel und Herausforderer Frank-Walter Steinmeier. *Media Perspektiven, 12*(2009), 651–661.

Delli Carpini, M. X., & Keeter, S. (1996). *What Americans know about politics and why it matters*. New Haven: Yale University Press.

Delli Carpini, M. X., Keeter, S., & Webb, S. (1997). The impact of presidential debates. In P. Norris (Hrsg.), *Politics and the press. The news media and their influences* (S. 145–164). London: Lynne Rienner Publishers.

Dennis, J., Chaffee, S. H., & Choe, S. Y. (1979). Impact on partisan, image and issue voting. In S. Kraus (Hrsg.), *The great debates. Carter vs. Ford, 1976* (S. 314–330). Bloomington: Indiana University Press.

Der Tagesspiegel (2013). *Die Grünen brechen ein – TV-Duell ohne Wirkung*. http://www.tagesspiegel.de/politik/politbarometer-die-gruenen-brechen-ein-tv-duell-ohne-wirkung/8744190.html. Zugegriffen: 12. Sept. 2019.

Deutschmann, P. J. (1962). Viewing, conversation, and voting intentions. In S. Kraus (Hrsg.), *The great debates. Kennedy vs. Nixon, 1960* (S. 232–252). Bloomington: Indiana University Press.

Diakopoulos, N.A. & Shamma, D.A. (2010). Characterizing debate performance via aggregated twitter sentiment. In *Proceedings of the SIGCHI conference on human factors in computing systems, Association for Computer Machinery, New York* (S. 1195–1198).

Die Welt (2013). *So kann Steinbrück seine letzte Chance nutzen*. http://www.welt.de/politik/deutschland/article119592751/So-kann-Steinbrueck-seine-letzte-Chance-nutzen.html. Zugegriffen: 12. Sept. 2019.

Dinter, J., & Weissenbach, K. (2015). Alles neu! Das Experiment TV-Debatte im Europawahlkampf 2014. In M. Kaeding (Hrsg.), *Die Europawahl 2014. Spitzenkandidaten, Protestparteien, Nichtwähler* (S. 233–245). Wiesbaden: Springer VS.

Literatur

Doerfel, M. L., & Connaughton, S. L. (2009). Semantic networks and competition. Election year winners and losers in U.S. televised presidential debates, 1960–2004. *Journal of the American Society for Information Science and Technology, 60*(1), 201–218.

Donsbach, W. (1991). *Medienwirkung trotz Selektion. Einflussfaktoren auf die Zuwendung von Zeitungsinhalten.* Köln: Böhlau.

Donsbach, W. (2002). Sechs Gründe gegen TV-Duelle. Zur politischen Bewertung einer medialen Inszenierung. *Die politische Meinung, 396*, 19–25.

Donsbach, W., & Jainsch, R. (2011). Talkshows und TV-Duelle in der Mediendemokratie. In R. Grünewald, R. Güldenzopf, & M. Piepenschneider (Hrsg.), *Politische Kommunikation* (S. 191–200). Berlin: LIT.

Donsbach, W., & Jandura, O. (2005). Urteile mit Verfallsdatum. Einflüsse auf die Wahrnehmung des ersten Fernsehduells. In E. Noelle-Neumann, W. Donsbach, & H. M. Kepplinger (Hrsg.), *Wählerstimmungen in der Mediendemokratie. Analysen auf der Basis des Bundestagswahlkampfs 2002* (S. 141–163). Freiburg: Alber.

Donsbach, W., Jandura, O., & Hastall, M. (2004). Neues aus der Fernsehdemokratie – Wahrnehmung und Wirkung des ersten TV-Duells. In H. Oberreuter (Hrsg.), *Der versäumte Wechsel. Eine Bilanz des Wahljahres 2002* (S. 136–156). München: Olzog.

Drew, D., & Weaver, D. (1991). Voter learning in the 1988 presidential election. Did the debates and the media matter? *Journalism Quarterly, 68*, 27–37.

Drew, D., & Weaver, D. (1998). Voter learning in the 1996 presidential election. Did the media matter? *Journalism and Mass Communication Quarterly, 75*, 292–301.

Drew, D., & Weaver, D. (2006). Voter learning in the 2004 presidential election. Did the media matter? *Journalism & Mass Communication Quarterly, 83*(1), 25–42.

Druckman, J. N. (2003). The power of television images. The first Kennedy-Nixon debate revisited. *Journal of Politics, 65*(2), 559–571.

Eagly, A. H., & Chaiken, S. (1998). Attitude structure and function. In D. Gilbert, S. T. Fiske, & G. Lindzey (Hrsg.), *Handbook of social psychology* (4. Aufl., S. 269–322). New York: McGraw-Hill.

Ehrenberg, M., & Sagatz, K. (2013). *Spielregeln, Ablauf: Alles geplant.* https://www.tagesspiegel.de/politik/btw13/tv-duell-spielregeln-ablauf-alles-geplant/8722462.html. Zugegriffen: 12. Sept. 2019.

Ekman, P., & Friesen, W. V. (1969). The repertoire of nonverbal behavior. *Semiotica, 1*, 49–98.

Elliott, W. R., & Sothirajah, J. (1993). Post-debate analysis and media reliance. Influences on candidate image and voting probabilities. *Journalism Quarterly, 70*(2), 321–335.

Ellsworth, J. W. (1965). Rationality and campaigning. A content analysis of the 1960 presidential campaign debates. *Western Political Quarterly, 43*, 794–802.

Elmelund-Præstekær, C. (2010). Beyond American negativity. Toward a general understanding of the determinants of negative campaigning. *European Political Science Review, 2*, 137–156.

Elmelund-Præstekær, C., & Mølgaard-Svensson, H. (2014a). Ebbs and flows of negative campaigning. A longitudinal study of the influence of contextual factors on Danish campaign rhetoric. *European Journal of Communication, 29*(2), 230–239.

Elmelund-Præstekær, C., & Mølgaard-Svensson, H. (2014b). Negative and personalized campaign rhetoric. Party communication and media coverage of Danish parliamentary elections 1994–2011. *World Political Science Review, 10*, 365–384.

Elmer, G. (2013). Live research. Twittering an election debate. *New Media & Society, 15*, 18–30.
Erikson, R. S. (2002). National election studies and macro analysis. *Electoral Studies, 21*, 269–281.
Eveland, W. P., McLeod, D. M., & Nathanson, A. I. (1994). Reporters vs. undecided voters. An analysis of the questions asked during the 1992 presidential debates. *Communication Quarterly, 42*(4), 390–406.
Exline, R. V. (1985). Multichannel transmission of nonverbal behavior and the perception of powerful men. The presidential debates of 1976. In S. L. Ellyson & J. F. Dovidio (Hrsg.), *Power, dominance, and nonverbal behavior* (S. 183–206). New York: Springer.
Faas, T. (2006). Schröder gegen Merkel – Das TV-Duell 2005. In W. Gellner & M. Reichinger (Hrsg.), *Deutschland nach der Bundestagswahl 2005. Fit für die globalen Aufgaben der erweiterten EU?* (S. 59–68). Baden-Baden: Nomos.
Faas, T. (2015). Raabisierung von Wahlkämpfen in Zeiten rückläufiger Wahlbeteiligung? Ein Blick auf das Fernsehduell 2013. In U. Münch & H. Oberreuter (Hrsg.), *Die neue Offenheit. Wahlverhalten und Regierungsoptionen im Kontext der Bundestagswahl 2013* (S. 287–308). Frankfurt a. M.: Campus.
Faas, T., & Maier, J. (2004a). Mobilisierung, Verstärkung, Konversion? Ergebnisse eines Experiments zur Wahrnehmung der Fernsehduelle im Vorfeld der Bundestagswahl 2002. *Politische Vierteljahresschrift, 45*, 55–72.
Faas, T., & Maier, J. (2004b). Chancellor-candidates in the 2002 televised debates. *German Politics, 13*, 300–316.
Faas, T., & Maier, J. (2004c). Schröders Stimme, Stoibers Lächeln. Wahrnehmungen von Gerhard Schröder und Edmund Stoiber bei Sehern und Hörern der Fernsehdebatten im Vorfeld der Bundestagswahl 2002. In T. Knieper & M. G. Müller (Hrsg.), *Visuelle Wahlkampfkommunikation* (S. 186–209). Köln: von Halem.
Faas, T., & Maier, J. (2011a). Medienwahlkampf: Sind TV-Duelle nur Show und damit nutzlos? In E. Bytzek & S. Roßteutscher (Hrsg.), *Der unbekannte Wähler. Mythen und Fakten über das Wahlverhalten der Deutschen* (S. 99–114). Frankfurt a. M.: Campus.
Faas, T., & Maier, J. (2011b). Das TV-Duell. In H. Rattinger, S. Roßteutscher, R. Schmitt-Beck, B. Weßels, I. Bieber, J. E. Blumenstiel, E. Bytzek, T. Faas, S. Huber, M. Krewel, J. Maier, T. Rudi, P. Scherer, A. Wagner, & A. Wolsing (Hrsg.), *Zwischen Langeweile und Extremen. Die Bundestagswahl 2009* (S. 223–236). Baden-Baden: Nomos.
Faas, T., & Maier, J. (2014). Wahlkämpfe im Miniaturformat. Fernsehdebatten und ihre Wirkung am Beispiel des TV-Duells 2013 zwischen Angela Merkel und Peer Steinbrück. *Information, Wissenschaft & Praxis, 65*(3), 163–168.
Faas, T., & Maier, J. (2015). Wahrnehmungen der Wirtschaftslage, Zuschreibungen von Verantwortung und die Auswirkungen auf das Wahlverhalten im Kontext der Fernsehdebatte Merkel-Steinbrück 2013. In H. Giebler & A. Wagner (Hrsg.), *Wirtschaft, Krise und Wahlverhalten* (S. 237–266). Baden-Baden: Nomos.
Faas, T., & Maier, J. (2017a). It's the media, stupid? Die Bedeutung der medialen Nachberichterstattung des Duells. In T. Faas, J. Maier, & M. Maier (Hrsg.), *Merkel gegen Steinbrück. Analysen zum TV-Duell vor der Bundestagswahl 2013* (S. 191–206). Wiesbaden: Springer VS.
Faas, T., & Maier, J. (2017b). TV-Duell und TV-Dreikampf im Vergleich. Wahrnehmungen und Wirkungen. In T. Faas, J. Maier, & M. Maier (Hrsg.), *Merkel gegen Steinbrück.*

Analysen zum TV-Duell vor der Bundestagswahl 2013 (S. 207–2017). Wiesbaden: Springer VS.
Faas, T., & Schliephake, J. (2015). Affective Intelligence und Debattenrezeption. Eine experimentelle Studie zum Einfluss von Emotionen auf die Informationsverarbeitung und Entscheidungsfindung am Beispiel eines Fernsehduells. *Politische Psychologie, 4*, 252–274.
Faas, T., Schmitt-Beck, R., & Wolsing, A. (2010). Rolling Cross-Section Survey. Dynamische Analyse von Wahlkampfprozessen. *Stadtforschung und Statistik, 2*, 32–44.
Faas, T., Maier, J., & Maier, M. (Hrsg.). (2017a). *Merkel gegen Steinbrück. Analysen zum TV-Duell vor der Bundestagswahl 2013*. Wiesbaden: Springer VS.
Faas, T., Maier, J., Maier, M., & Richter, S. (2017b). Populismus in Echtzeit. Analyse des TV-Duells und des TV-Fünfkampfs im Vorfeld der Bundestagswahl 2017. *Aus Politik und Zeitgeschichte, B44–B45*, 17–24.
Falter, J. W. (1977). Einmal mehr: Läßt sich das Konzept der Parteiidentifikation auf deutsche Verhältnisse übertragen? Theoretische, methodologische und empirische Probleme einer Validierung des Konstrukts „Parteiidentifikation" für die Bundesrepublik Deutschland. *Politische Vierteljahresschrift, 18*, 476–500.
Falter, J. W., & Schoen, H. (Hrsg.). (2014). *Handbuch Wahlforschung* (2. Aufl.). Wiesbaden: Springer VS.
Fein, S., Goethals, G. R., & Kugler, M. B. (2007). Social influence on political judgments. The case of presidential debates. *Political Psychology, 28*(2), 165–192.
Festinger, L. (1957). *A theory of cognitive dissonance*. Stanford: Stanford University Press.
Fiske, S. T., & Taylor, S. E. (2013). *Social cognitions from brain to culture* (2. Aufl.). London: Sage.
Frankfurter Rundschau. (2013). *Letzte Chance für Steinbrück*. https://www.fr.de/politik/letzte-chance-steinbrueck-11282187.html. Zugegriffen: 12. Sept. 2019.
Frey, D. (1986). Recent research on selective exposure to information. In L. Berkowitz (Hrsg.), *Advances in experimental social psychology* (S. 41–80). New York: Academic Press.
Frey, S. (1999). *Die Macht des Bildes. Der Einfluß der nonverbalen Kommunikation auf Kultur und Politik*. Bern: Huber.
Fridkin, K. L., & Kenney, P. J. (2012). The impact of negative campaigning on citizens' actions and attitudes. In H. A. Semetko & M. Scammell (Hrsg.), *The SAGE handbook of political communication* (S. 173–185). Los Angeles: Sage.
Fridkin, K. L., Kenney, P. J., Gershon, S. A., Shafer, K., & Woodall, G. S. (2007). Capturing the power of a campaign event. The 2004 presidential debate in Tempe. *Journal of Politics, 69*(3), 770–785.
Fridkin, K. L., Kenney, P. J., Gershon, S. A., & Woodall, G. S. (2008). Spinning debates. The impact of the news media's coverage of the final 2004 presidential debate. *International Journal of Press/Politics, 13*(1), 29–51.
Fridkin, K. L., Gershon, S. A., Courey, J., & LaPlant, K. (2019). Gender differences in emotional reactions to the first 2016 presidential debate. *Political Behavior*. https://doi.org/10.1007/s11109-019-09546-9.
Friedenberg, R. V. (1997). Patterns and trends in national political debates, 1960–1996. In R. V. Friedenberg (Hrsg.), *Rhetorical Studies in National Political Debates – 1996* (S. 61–90). Westport: Praeger.

Früh, W. (2004). *Inhaltsanalyse. Theorie und Praxis*. Konstanz: UVK.
Gallup, G. (1987). The impact of presidential debates on the vote and turnout. In J. L. Swerdlow (Hrsg.), *Presidential debates and beyond* (S. 34–42). Washington: Congressional Quarterly.
Geer, J. G. (1988). The effects of presidential debates on the electorate's preferences for candidates. *American Politics Quarterly, 16*, 486–501.
Geese, S., C, Zubayr, & Gerhard, H. (2009). Berichterstattung zur Bundestagswahl 2009 aus Sicht der Zuschauer. Ergebnisse einer Repräsentativbefragung und der AGF/GfK Fernsehforschung. *Media Perspektiven, 12*, 637–650.
Gentry, W. A., & Duke, M. P. (2009). A historical perspective on nonverbal communication in debates. Implications for elections and leadership. *Journal of Leadership Studies, 2*(4), 36–47.
Gidenstam, G. (2015). *Fifty years of negativity. An assessment of negative campaigning in Swedish parliamentary election campaigns 1956–2006*. London: London School of Economics.
Goodman, M., Gring, M., & Anderson, B. (2007). The visual byte. Bill Clinton and his town hall meeting style. *Journal of Humanities & Social Sciences, 1*(1), 1–31.
Gordon, A., & Miller, J. L. (2004). Values and persuasion during the first Bush-Gore presidential debate. *Political Communication, 21*, 71–92.
Gottfried, J. A., Hardy, B. W., Winneg, K. M., & Jamieson, K. H. (2014). All knowledge is not created equal. Knowledge effects and the 2012 presidential debates. *Presidential Studies Quarterly, 44*, 389–409.
Gottfried, J. A., Hardy, B. W., Holbert, R. L., Winneg, K. M., & Jamieson, K. H. (2017). The changing nature of political debate consumption. Social media, multitasking, and knowledge acquisition. *Political Communication, 34*, 172–199.
Graber, D. A. (1993). Political communication. Scope, progress, promise. In A. W. Finifter (Hrsg.), *Political science. The state of the discipline* (S. 305–332). Washington: American Political Science Association.
Graber, D. A., & Kim, Y. Y. (1978). Why John Q. Voter did not learn much from the 1976 presidential debates. In B. D. Ruben (Hrsg.), *Communication Yearbook 2* (S. 407–421). New Brunswick: Transaction Books.
Grebelsky-Lichtman, T. (2016). The role of verbal and nonverbal behavior in televised political debates. *Journal of Political Marketing, 15*, 362–287.
Gscheidle, C., & Gerhard, H. (2013). Berichterstattung zur Bundestagswahl 2013 aus Sicht der Zuschauer. Ergebnisse einer Repräsentativbefragung und des AGF-Fernsehpanels. *Media Perspektiven, 12*, 558–573.
Gscheidle, C., Geese, S., & Gerhard, H. (2017). Berichterstattung zur Bundestagswahl 2017 aus Sicht der Zuschauer. *Media Perspektiven Heft, 12*(2017), 594–606.
Hagner, P. R., & Rieselbach, L. N. (1978). The impact of the 1976 presidential debates. Conversion of reinforcement? In G. F. Bishop, R. G. Meadow, & M. Jackson-Beeck (Hrsg.), *The Presidential debates. Media, electorate and policy perspectives* (S. 157–178). New York: Praeger.
Hahn, K. S., Lee, H.-Y., Ha, S., Jang, S., & Lee, J. (2018). The influence of „social viewing" on televised debate viewers' political judgment. *Political Communication, 35*, 287–305.
Hansen, K. M., & Pedersen, R. T. (2008). Negative campaigning in a multiparty system. *Scandinavian Political Studies, 31*(4), 408–427.

Hart, R. P., & Jarvis, S. E. (1997). Political debate. Forms, styles, and media. *American Behavioral Scientist, 40*, 1095–1122.
Hellweg, S. A., Pfau, M., & Brydon, S. R. (1992). *Televised presidential debates. Advocacy in contemporary America*. New York: Praeger.
Hillygus, D. S., & Jackman, S. (2003). Voter decision making in election 2000. Campaign effects, partisan activation, and the Clinton legacy. *American Journal of Political Science, 47*(4), 583–596.
Hinton, M., & Budzyńska-Daca, A. (2019). A comparative study of political communication in televised pre-election debates in Poland and the United States of America. *Research in Language, 17*, 1–19.
Hodgkinson, G., & Leland, C. M. (1999). Metaphors in the 1996 presidential debates. An analysis of themes. In L. L. Kaid & D. G. Bystrom (Hrsg.), *The electronic election. Perspectives on the 1996 campaign communication* (S. 149–161). Mahwah: Erlbaum.
Hofrichter, J. (2004). Die Rolle der TV-Duelle im Bundestagswahlkampf 2002. In F. Brettschneider, J. van Deth, & E. Roller (Hrsg.), *Die Bundestagswahl 2002. Analysen der Wahlergebnisse und des Wahlkampfes* (S. 51–73). Wiesbaden: VS Verlag.
Holbert, R. L., Benoit, W. L., Hansen, G. J., & Wen, W.-C. (2002). The role of communication in the formation of an issue-based citizenry. *Communication Monographs, 69*(4), 296–310.
Holbrook, T. M. (1996). *Do Campaigns Matter?* Thousand Oaks: Sage.
Holbrook, T. M. (1999). Political learning from presidential debates. *Political Behavior, 21*, 67–89.
Holbrook, T. M. (2002). Presidential campaigns and the knowledge gap. *Political Communication, 19*, 437–454.
Höll, S. (2018). TV-Duell von gestern. Warum der Fernseh-Wahlkampf dringend neue Formate braucht. *Süddeutsche Zeitung* (online-Ausgabe). http://sz.de/1.4175349. Zugegriffen: 12. Sept. 2019.
Holst, C., Schmitt-Beck, R., & Faas, T. (2006). Kampagnendynamik! Der Nutzen von Rolling-Cross-Section Designs für die Kommunikationsforschung mit einem Beispiel aus der Wahlforschung. *Planung & Analyse, 5*, 54–58.
Holtz-Bacha, C. (2000). *Wahlwerbung als politische Kultur. Parteienspots im Fernsehen 1957–1998*. Wiesbaden: Westdeutscher Verlag.
Holtz-Bacha, C. (2010). Politik häppchenweise. Die Fernsehwahlwerbung der Parteien zur Europa- und Bundestagswahl. In C. Holtz-Bacha (Hrsg.), *Die Massenmedien im Wahlkampf. Das Wahljahr 2009* (S. 166–188). Wiesbaden: VS Verlag.
Holtz-Bacha, C., & Lessinger, E.-M. (2015). Die Königin, der Rausschmeißer und die Gemeine Filzlaus. Die Wahlspots der Parteien im Bundestagswahlkampf 2013. In C. Holtz-Bacha (Hrsg.), *Die Massenmedien im Wahlkampf. Die Bundestagswahl 2013* (S. 71–90). Wiesbaden: Springer VS.
Holz, J., Akin, H., & Jamieson, K. H. (2016). *Presidential debates. What's behind the numbers?* Philadelphia: Annenberg Public Policy Center of the University of Pennsylvania.
Houston, J. B., Hawthorne, J., Spialek, M. L., Greenwood, M., & McKinney, M. S. (2013a). Tweeting during presidential debates. Effect on candidate evaluations and debate attitudes. *Argumentation & Advocacy, 49*, 301–311.

Houston, J. B., McKinney, M. S., Hawthorne, J., & Spialek, M. L. (2013b). Frequency of tweeting during presidential debates. Effect on debate attitudes and knowledge. *Communication Studies, 64*(5), 548–560.

Hughes, S. R., & Bucy, E. P. (2017). Moments of partisan divergence in presidential debates. Indicators of verbal and nonverbal influence. In D. Schill, R. Kirk, & A. E. Jasperson (Hrsg.), *Political communication in real time. Theoretical and applied research approaches* (S. 249–273). New York: Routledge.

Jackob, N. (2007). Die aristotelische Rhetorik als Theorie persuasiver Kommunikation. Zur kommunikationswissenschaftlichen Kontinuität zwischen antiker und moderner Persuasionsforschung. In T. Roessing (Hrsg.), *Politik und Kommunikation. Interdisziplinär betrachtet* (S. 117–141). Baden-Baden: Nomos.

Jackson-Beeck, M., & Meadow, R. G. (1979a). The triple agenda of presidential debates. *Public Opinion Quarterly, 43*(2), 173–180.

Jackson-Beeck, M., & Meadow, R. G. (1979b). Content analysis of televised communication events. The presidential debates. *Communication Research, 6*, 321–344.

Jacoby, J., Troutman, T. R., & Whittler, T. E. (1986). Viewer miscomprehension of the 1980 presidential debate. A research note. *Political Psychology, 7*, 297–308.

Jalilifar, A., & Alavi-Nia, M. (2012). We are surprised; wasn't Iran disgraced there? A functional analysis of hedges and boosters in televised Iranian and American presidential debates. *Discourse & Communication, 6*(2), 135–161.

Jamieson, K. H. (1988). *Eloquence in an electronic age. The transformation of political speech making*. New York: Oxford University Press.

Jamieson, K. H. (2015). The discipline's debate contributions. Then, now, and next. *Quarterly Journal of Speech, 101*, 85–97.

Jamieson, K. H., & Adasiewicz, C. (2000). What can voters learn from election debates? In S. Coleman (Hrsg.), *Televised election debates. International perspectives* (S. 25–42). New York: Palgrave Macmillan.

Jamieson, K. H., & Birdsell, D. S. (1988). *Presidential debates. The challenge of creating an informed electorate*. New York: Oxford University Press.

Jansen, C. (2018). *„Do they reflect the public interest?" Eine Langzeituntersuchung der sachpolitischen Repräsentativität deutscher TV-Duelle und ihrer Effekte auf die politische Unterstützung*. Landau: Universität Koblenz-Landau.

Jansen, C., & Glogger, I. (2017). Von Schachteln in Schaufenstern, Kreisverkehren und (keiner) PKW-Maut. Kandidatenagenda, -strategien und ihre Effekte. In T. Faas, J. Maier, & M. Maier (Hrsg.), *Merkel gegen Steinbrück. Analysen zum TV-Duell vor der Bundestagswahl 2013* (S. 31–58). Wiesbaden: Springer VS.

Jarman, J. W. (2005). Political affiliation and presidential debates. A real-time analysis of the effects of the arguments used in the presidential debates. *American Behavioral Scientist, 49*, 229–242.

Jasperson, A. E., Gollins, J., & Walls, D. (2017). Polarization in the 2012 presidential debates. A moment to moment, dynamic analysis of audience reactions in Ohio and Florida. In D. Schill, R. Kirk, & A. E. Jasperson (Hrsg.), *Political communication in real time. Theoretical and applied research approaches* (S. 196–224). New York: Routledge.

Johnson, D. I. (2005). Feminine style in presidential debate discourse, 1960–2000. *Communication Quarterly, 53*, 3–20.

Johnston, R., Blais, A., Brady, H., & Crête, J. (1992). *Letting the people decide. The dynamics of a Canadian election*. Stanford: Stanford University Press.
Jones, J. J. (2016). Talk „like a man". The linguistic styles of Hillary Clinton, 1992–2013. *Perspectives on Politics, 14*, 625–642.
Jürgens, P., & Jungherr, A. (2011). Wahlkampf vom Sofa aus – Twitter im Bundestagswahlkampf 2009. In E. J. Schweitzer & S. Albrecht (Hrsg.), *Das Internet im Wahlkampf – Analysen zur Bundestagswahl 2009* (S. 201–225). Wiesbaden: VS Verlag.
Just, M., Crigler, A., & Wallach, L. (1990). Thirty seconds or thirty minutes. What viewers learn from spot advertisement and candidate debates. *Journal of Communication, 40*, 120–133.
Kaid, L. L. (2003). Effects of political information in the 2000 presidential campaign. Com-paring traditional television and Internet exposure. *American Behavioral Scientist, 46*, 677–691.
Kaid, L. L., McKinney, M. S., & Tedesco, J. C. (2000). *Civic dialogue in the 1996 presidential campaign. Candidates, media, and public voices*. Creskill: Hampton Press.
Kalsnes, B., Krumsvik, A. H., & Storsul, T. (2014). Social media as a political backchannel. Twitter use during televised election debates in Norway. *Aslib Journal of Information Management, 66*(3), 313–328.
Katz, E., & Dayan, D. (1992). *Media events. The live broadcasting of history*. Cambridge: Harvard University Press.
Katz, E., & Feldman, J. J. (1962). The debates in the light of research. A survey of surveys. In S. Kraus (Hrsg.), *The Great Debates. Kennedy vs. Nixon, 1960* (S. 173–223). Bloomington: Indiana University Press.
Kendall, K. E. (1997). The 1996 Clinton-Dole presidential debates: Through media eyes. In R. V. Friedenberg (Hrsg.), *Rhetorical Studies in National Political Debates – 1996* (S. 1–19). Westport: Praeger.
Kennamer, J. D. (1987). Debate viewing and debate discussion as predictors of campaign cognition. *Journalism Quarterly, 64*, 114–118.
Kennamer, J. D. (1990). Political discussion and cognition. A 1988 look. *Journalism Quarterly, 67*, 348–352.
Kenski, K., & Jamieson, K. H. (2011). Presidential and vice presidential debates in 2008. A profile of audience composition. *American Behavioral Scientist, 55*(3), 307–324.
Kenski, K., & Stroud, N. J. (2005). Who watches presidential debates? A comparative analysis of presidential debate viewing in 2000 and 2004. *American Behavioral Scientist, 49*(2), 213–228.
Kepplinger, H. M., Brosius, H.-B., Staab, J. F., & Linke, G. (1992). Instrumentelle Aktualisierung. Grundlagen einer Theorie kognitiv-affektiver Medienwirkungen. In W. Schulz (Hrsg.), *Medienwirkungen. Einflüsse von Presse, Radio und Fernsehen auf Individuum und Gesellschaft* (S. 161–189). Weinheim: VCH Verlagsgesellschaft.
Khang, H. (2008). A cross-cultural perspective on videostyles of presidential debates in the US and Korea. *Asian Journal of Communication, 18*, 47–63.
Kim, Y. M., & Garrett, K. (2012). On-line and memory-based. Revisiting the relationship between candidate evaluation processing models. *Political Behavior, 34*, 345–368.
King, G. (1995). Replication, replication. *Political Science & Politics, 28*, 444–452.
Klapper, J. T. (1960). *The effects of mass communication*. New York: Free Press.

Klein, J. (1990). Elefantenrunden „Drei Tage vor der Wahl". Die ARD-ZDF-Gemeinschaftssendung 1972–1987. Baden-Baden: Nomos.
Klein, M. (2005a). Die TV-Duelle. Events ohne Effekt? In M. Güllner, H. Dülmer, M. Klein, D. Ohr, M. Quandt, U. Rosar, & H.-D. Klingemann (Hrsg.), *Die Bundestagswahl 2002. Eine Untersuchung im Zeichen hoher politischer Dynamik* (S. 143–159). Wiesbaden: VS Verlag.
Klein, M. (2005b). Der Einfluss der beiden TV-Duelle im Vorfeld der Bundestagswahl 2002 auf die Wahlbeteiligung und die Wahlentscheidung. Eine log-lineare Pfadanalyse auf der Grundlage von Paneldaten. *Zeitschrift für Soziologie, 34*, 207–222.
Klein, M., & Pötschke, M. (2005). Haben die beiden TV-Duelle im Vorfeld der Bundestagswahl 2002 den Wahlausgang beeinflusst? Eine Mehrebenenanalyse auf der Grundlage eines 11-Wellen-Kurzfristpanels. In J. W. Falter, O. W. Gabriel, & B. Weßels (Hrsg.), *Wahlen und Wähler. Analysen aus Anlass der Bundestagswahl 2002* (S. 357–370). Wiesbaden: VS Verlag.
Klein, M., & Rosar, U. (2007). Wirkungen des TV-Duells im Vorfeld der Bundestagswahl 2005 auf die Wahlentscheidung. Eine empirische Analyse unter besonderer Berücksichtigung von Medieneinflüssen auf die Siegerwahrnehmung und subjektiven Erwartungshaltungen an die Debattenperformance der Kandidaten. *Kölner Zeitschrift für Soziologie und Sozialpsychologie, 59*, 81–104.
Klein, M., Springer, F., Masch, L., Ohr, D., & Rosar, U. (2019). Die politische Urteilsbildung im Vorfeld der Bundestagswahl 2017. Eine empirische Analyse in der Tradition von „The People's Choice". *Zeitschrift für Parlamentsfragen, 50*, 22–41.
König, M., & König, W. (2017). Social TV – Die Twitter-Debatte zum TV-Duell. Untersuchung der programmbegleitenden Kommunikation zum Hashtag #tvduell bei der Bundestagswahl 2017. *Media Perspektiven, 12*, 630–638.
Kraus, S. (Hrsg.). (1962). *The great debates. Kennedy vs. Nixon, 1960*. Bloomington: Indiana University Press.
Kraus, S. (2000). *Televised presidential debates and public policy* (2. Aufl.). Mahwah: Erlbaum.
Kraus, S., & Dennis, D. (1981). Political debates. In D. Nimmo & K. Sanders (Hrsg.), *Handbook of Political Communication* (S. 273–296). Beverly Hills: Sage.
Kraus, S., & Smith, R. G. (1962). Issues and images. In S. Kraus (Hrsg.), *The Great debates. Kennedy vs. Nixon, 1960* (S. 289–312). Bloomington: Indiana University Press.
Krauss, R. M., Apple, W., Morency, N., Wenzel, C., & Winton, W. (1981). Verbal, vocal, and visible factors in judgments of another's affect. *Journal of Personality and Social Psychology, 40*(2), 312–320.
Kropf, M. E., & Grassett, E. (2016). Gendered linguistics. A large-scale text analysis of U.S. Senate candidate debates. In R. X. Browning (Hrsg.), *Advances in research using the C-Span archives* (S. 83–101). Purdue University Press: West Lafayette.
Lamers, P., & Roßteutscher, S. (2014). Die Wahlbeteiligung. In R. Schmitt-Beck, H. Rattinger, S. Roßteutscher, B. Weßels, C. Wolf, I. Bieber, M. S. Blumenberg, J. E. Blumenstiel, T. Faas, A. Förster, H. Giebler, I. Glogger, T. Gummler, S. Huber, M. Krewel, P. Lamers, J. Maier, J. Partheymüller, T. Plischke, J. Roßmann, A. Schäfer, P. Scherer, M. Steinbrecher, A. Wagner, & E. Wiegand (Hrsg.), *Zwischen Fragmentierung und Konzentration. Die Bundestagswahl 2013* (S. 131–199). Baden-Baden: Nomos.

Lang, G. (1987). Still seeking answers. *Critical Studies in Mass Communication, 4,* 211–214.

Lang, K., & Lang, G. E. (1962). Reaction of viewers. In S. Kraus (Hrsg.), *The great debates. Kennedy vs. Nixon, 1960* (S. 313–330). Bloomington: Indiana University Press.

Lang, G. E., & Lang, K. (1978a). The formation of public opinion Direct and mediated effects of the first debate. In G. F. Bishop, R. G. Meadow, & M. Jackson-Beeck (Hrsg.), *The presidential debates. Media, electoral, and policy perspectives* (S. 61–80). New York: Praeger.

Lang, G. E., & Lang, K. (1978b). Immediate and delayed responses to a Carter-Ford debate. Assessing public opinion. *Public Opinion Quarterly, 42*(3), 322–341.

Lanoue, D. J. (1991). The „turning point". Viewer's reactions to the second 1988 presidential debate. *American Politics Quarterly, 19,* 80–95.

Lanoue, D. J. (1992). One that made a difference. Cognitive consistency, political knowledge, and the 1980 presidential debate. *Public Opinion Quarterly, 56,* 168–184.

Lanoue, D. J., & Schrott, P. R. (1989a). The effects of primary season debates on public opinion. *Political Behavior, 11,* 289–306.

Lanoue, D. J., & Schrott, P. R. (1989b). Voter's reactions to televised presidential debates. Measurement of the source and magnitude of opinion change. *Political Psychology, 2,* 275–285.

Lanoue, D. J., & Schrott, P. R. (1991). *The joint press conference. The history, impact, and prospects of American presidential debates.* New York: Greenwood.

Lau, R. R., & Pomper, G. M. (2004). *Negative campaigning. An analysis of U.S. Senate elections.* Oxford: Rowman & Littlefield.

Lawes, C., & Hawkins, A. (2011). The polls, the media and voters. The leader debates. In D. Wring, R. Mortimore, & S. Atkinson (Hrsg.), *Political communication in Britain. The leader debates, the campaign and the media in the 2010 general election* (S. 56–73). Houndsmills: Palgrave Macmillan.

Lazarsfeld, P. F., Berelson, B., & Gaudet, H. (1944). *The people's choice. How the voter makes up his mind in a presidential campaign.* New York: Columbia University Press.

LeDuc, L. (1990). Party strategies and the use of televised campaign debates. *European Journal of Political Research, 18,* 121–141.

LeDuc, L., Niemi, R. G., & Norris, P. (1996). Introduction. The present and the future of democratic elections. In L. LeDuc, R. G. Niemi, & P. Norris (Hrsg.), *Comparing democracies. Elections and voting in global perspective* (S. 1–48). Thousand Oaks: Sage.

Lee, H. S., & Lee, J. M. (2015). Televised presidential debates and learning in the 2012 Korean presidential election. Does political knowledge condition information acquisition? *International Journal of Communication, 9,* 2693–2712.

Lemert, J. B. (1993). Do televised presidential debates help inform voters? *Journal of Broadcasting & Electronic Media, 37,* 83–94.

Lemert, J. B., Elliott, W. R., Nestvold, K. J., & Rarick, G. R. (1983). Effects of viewing a presidential primary debate. An experiment. *Communication Research, 10,* 155–173.

Lemert, J. B., Elliot, W. R., Bernstein, J. M., Rosenberg, W. L., & Nestvold, K. L. (1991). *News verdicts, the debates and presidential campaigns.* New York: Praeger.

Lemert, J. B., Wanta, W., & Lee, T.-T. (1999). Winning by staying ahead. 1996 debate performance verdicts. In L. L. Kaid & D. G. Bystrom (Hrsg.), *The electronic election. Perspectives on the 1996 campaign communication* (S. 179–189). Mahwah: Erlbaum.

Leuchte, J. (2017). Interpersonale Kommunikation während und nach der Rezeption des TV-Duells. In T. Faas, J. Maier, & M. Maier (Hrsg.), *Merkel gegen Steinbrück. Analysen zum TV-Duell vor der Bundestagswahl 2013* (S. 173–189). Wiesbaden: Springer VS.

Levasseur, D., & Dean, K. W. (1996). The use of evidence in presidential debates. A study of evidence levels and types from 1960 to 1988. *Argumentation & Advocacy, 32*(3), 129–142.

Lichtenstein, A. (1982). Differences in impact between local and national televised political candidates' debates. *Western Journal of Speech Communication, 46*, 291–298.

Liesching, M., & Hooffacker, G. (2019). *Agenda-Setting bei ARD und ZDF? Analyse politischer Sendungen vor der Bundestagswahl 2017*. Frankfurt a. M.: Otto Brenner Stiftung.

Lin, Y.-R., Keegan, B., Margolin, D., & Lazer, D. (2014). Rising tides or rising stars? Dynamics of shared attention on twitter during media events. *PLoS ONE, 9*(5), e94093.

Lowry, D. T., Bridges, J. A., & Barefield, P. A. (1990). Effects of TV „instant analysis and querulous criticism": Following the first Bush-Dukakis debate. *Journalism Quarterly, 67*(4), 814–825.

Lupfer, M., & Wald, K. (1979). An experimental study of the first Carter-Ford debate. *Experimental Study of Politics, 7*(1), 20–40.

Maier, J. (2004). Wie stabil ist die Wirkung von Fernsehduellen? Eine Untersuchung zum Effekt der TV-Debatten 2002 auf die Einstellungen zu Gerhard Schröder und Edmund Stoiber. In F. Brettschneider, J. W. van Deth, & E. Roller (Hrsg.), *Die Bundestagswahl 2002. Analysen der Wahlergebnisse und des Wahlkampfes* (S. 75–94). Wiesbaden: VS Verlag.

Maier, J. (2005). Die Fernsehdebatten im US-Präsidentschaftswahlkampf 2004. Inhalt – Nutzung – Wahrnehmung – Wirkung. In T. Oppelland & W. Kremp (Hrsg.), *Die USA im Wahljahr 2004* (S. 47–62). Trier: Wissenschaftlicher Verlag Trier.

Maier, J. (2006). Deutschland auf dem Weg zur „Kanzlerdemokratie"? Zur Bedeutung der Kanzlerkandidaten für das Wahlverhalten bei den Bundestagswahlen 1990 bis 2005. In J. W. Falter, O. W. Gabriel, H. Rattinger, & H. Schoen (Hrsg.), *Sind wir ein Volk? Ost- und Westdeutschland im Vergleich* (S. 158–187). München: Beck.

Maier, J. (2007a). Wahlkampfkommunikation und Wahlverhalten. In H. Rattinger, J. W. Falter, & O. W. Gabriel (Hrsg.), *Der gesamtdeutsche Wähler. Stabilität und Wandel des Wählerverhaltens im wiedervereinigten Deutschland* (S. 385–411). Baden-Baden: Nomos.

Maier, J. (2007b). Erfolgreiche Überzeugungsarbeit. Urteile über den Debattensieger und die Veränderung der Kanzlerpräferenz. In M. Maurer, C. Reinemann, J. Maier, & M. Maier (Hrsg.), *Schröder gegen Merkel. Wahrnehmung und Wirkung des TV-Duells 2005 im Ost-West-Vergleich* (S. 91–109). Wiesbaden: VS Verlag.

Maier, J. (2007c). Eine Basis für rationale Wahlentscheidungen? Die Wirkungen des TV-Duells auf politische Kenntnisse. In M. Maurer, C. Reinemann, J. Maier, & M. Maier (Hrsg.), *Schröder gegen Merkel. Wahrnehmung und Wirkung des TV-Duells 2005 im Ost-West-Vergleich* (S. 129–143). Wiesbaden: VS Verlag.

Maier, M. (2007a). Verstärkung, Mobilisierung, Konversion Die Wirkungen des TV-Duells auf die Wahlabsicht. In M. Maurer, C. Reinemann, J. Maier, & M. Maier (Hrsg.), *Schröder gegen Merkel. Wahrnehmung und Wirkung des TV-Duells 2005 im Ost-West-Vergleich* (S. 145–165). Wiesbaden: VS Verlag.

Maier, M. (2007b). Viel Spielraum für die eigene Interpretation. Wahrnehmung und Wirkung der Nachberichterstattung. In M. Maurer, C. Reinemann, J. Maier, & M. Maier (Hrsg.), *Schröder gegen Merkel. Wahrnehmung und Wirkung des TV-Duells 2005 im Ost-West-Vergleich* (S. 195–227). Wiesbaden: VS Verlag.

Maier, J. (2009). „Frau Merkel wird doch noch Kritik ertragen können…". Inhalt, Struktur, Wahrnehmung und Wirkung des wirtschaftspolitischen Teils der Fernsehdebatte 2005. In O. W. Gabriel, B. Weßels, & J. W. Falter (Hrsg.), *Wahlen und Wähler. Analysen aus Anlass der Bundestagswahl 2005* (S. 177–201). Wiesbaden: VS Verlag.

Maier, J. (2015a). Neue Wahlkampfinstrumente als Mittel gegen die Vertrauenskrise der EU? Die Wirkung der „Eurovision Debate" im Europawahlkampf 2014 und die Rolle der sozialen Medien. *Datenschutz und Datensicherheit, 39*, 308–311.

Maier, J. (2015b). Massenmedien und öffentliche Meinung. In S. Zmerli & O. Feldman (Hrsg.), *Politische Psychologie. Handbuch für Studium und Wissenschaft* (S. 218–235). Baden-Baden: Nomos.

Maier, J. (2015c). Do female candidates feel compelled to meet sex-role expectations or are they as tough as men? A content analysis on the gender-specific use of attacks in German televised debates. In A. Nai & A. S. Walter (Hrsg.), *New perspectives on negative campaigning. Why attack politics matters* (S. 129–146). Colchester: ECPR Press.

Maier, J. (2017a). Der Einfluss des TV-Duells auf die Wahlabsicht. In T. Faas, J. Maier, & M. Maier (Hrsg.), *Merkel gegen Steinbrück. Analysen zum TV-Duell vor der Bundestagswahl 2013* (S. 139–155). Wiesbaden: Springer VS.

Maier, J. (2017b). *Smartphone-Studie zum TV-Duell 2017. Erste Ergebnisse.* Landau: Universität Koblenz-Landau. https://rtr.uni-landau.de/download/Ergebnisse%20Smartphone-Studie%20Kanzlerduell%202017.pdf. Zugegriffen: 12. Sept. 2019.

Maier, J., & Faas, T. (2003). The affected German voter. Televized debates, follow-up communication and candidate evaluations. *Communications, 28*, 383–404.

Maier, J., & Faas, T. (2004). Debattenwahrnehmung und Kandidatenorientierung. Eine Analyse von Real-Time-Response- und Paneldaten zu den Fernsehduellen im Bundestagswahlkampf 2002. *Zeitschrift für Medienpsychologie, 16*, 26–35.

Maier, J., & Faas, T. (2005). Schröder gegen Stoiber. Wahrnehmung, Verarbeitung und Wirkung der Fernsehdebatten im Bundestagswahlkampf 2002. In J. W. Falter, O. W. Gabriel, & B. Weßels (Hrsg.), *Wahlen und Wähler. Analysen aus Anlass der Bundestagswahl 2002* (S. 77–101). Wiesbaden: VS Verlag.

Maier, J., & Faas, T. (2006). Debates, media and social networks. How interpersonal and mass communication affected the evaluation of the televised debates in the 2002 German election. In A. Schorr & S. Seltmann (Hrsg.), *Changing media markets in Europe and abroad. New ways of handling information and entertainment content* (S. 43–62). New York: Pabst.

Maier, J., & Faas, T. (2011a). „Miniature campaigns" in comparison. The German televised debates, 2002–09. *German Politics, 20*, 75–91.

Maier, J., & Faas, T. (2011b). Das TV-Duell 2009 – Langweilig, wirkungslos, nutzlos? Ergebnisse eines Experiments zur Wirkung der Fernsehdebatte zwischen Angela Merkel und Frank-Walter Steinmeier. In H. Oberreuter (Hrsg.), *Am Ende der Gewissheiten. Wähler, Parteien und Koalitionen in Bewegung* (S. 147–166). München: Olzog.

Maier, J., & Faas, M. (2015). The impact of personality on viewers' reactions on negative candidate statements in televised debates. *Politische Psychologie, 4*(2), 5–23.

Maier, J., & Jansen, C. (2016). Zerstört Negative Campaigning in TV-Duellen das Vertrauen in die Kanzlerkandidaten? *Politische Psychologie, 5*, 46–65.

Maier, J., & Jansen, C. (2017). When do candidates attack in election campaigns? Exploring the determinants of negative candidate messages in German televised debates. *Party Politics, 23*, 549–559.

Maier, J., & Jansen, C. (2018). Steigert die Rezeption von TV-Duellen das Vertrauen in die Spitzenkandidaten? *Zeitschrift für Politikwissenschaft, 28*, 1–30.

Maier, J., & Maier, M. (2007). Das TV-Duell 2005. Katalysator für die Personalisierung des Wahlverhaltens? In F. Brettschneider, O. Niedermayer, & B. Weßels (Hrsg.), *Die Bundestagswahl 2005. Analysen des Wahlkampfes und der Wahlergebnisse* (S. 219–232). Wiesbaden: VS Verlag.

Maier, J., & Maier, M. (2013). Serving different agendas. How journalists, candidates, and the mass media failed to meet citizens' interests in the 2009 German televised debates. In E. Czerwick (Hrsg.), *Politische Kommunikation in der repräsentativen Demokratie der Bundesrepublik Deutschland* (S. 149–164). Wiesbaden: Springer VS.

Maier, J., & Renner, A.-M. (2018). When a man meets a woman. Comparing the use of negativity of male candidates in single- and mixed-gender televised debates. *Political Communication, 35*, 433–449.

Maier, M., & Strömbäck, J. (2009). Advantages and limitations of comparing audience responses to televised debates. Comparative study of Germany and Sweden. In J. Maier, M. Maier, M. Maurer, C. Reinemann, & V. Meyer (Hrsg.), *Merkel gegen Steinbrück. Analysen zum TV-Duell vor der Bundestagswahl 2013* (S. 97–116). Lang: Frankfurt a. M.

Maier, J., Maurer, M., Reinemann, C., & Faas, T. (2007). Reliability and validity of real-time response measurement. A comparison of two studies of a televised debate in Germany. *International Journal of Public Opinion Research, 19*, 53–73.

Maier, J., Faas, T., & Maier, M. (2013). Mobilisierung durch Fernsehdebatten. Zum Einfluss des TV-Duells auf die politische Involvierung und die Partizipationsbereitschaft. In B. Weßels, H. Schoen, & O. W. Gabriel (Hrsg.), *Wahlen und Wähler. Analysen aus Anlass der Bundestagswahl 2009* (S. 79–96). Wiesbaden: Springer.

Maier, J., Faas, T., & Glogger, I. (2014a). Das TV-Duell. In R. Schmitt-Beck, H. Rattinger, S. Roßteutscher, B. Weßels, C. Wolf, I. Bieber, M. S. Blumenberg, J. E. Blumenstiel, T. Faas, A. Förster, H. Giebler, I. Glogger, T. Gummler, S. Huber, M. Krewel, P. Lamers, J. Maier, J. Partheymüller, T. Plischke, J. Roßmann, A. Schäfer, P. Scherer, M. Steinbrecher, A. Wagner, & E. Wiegand (Hrsg.), *Zwischen Fragmentierung und Konzentration. Die Bundestagswahl 2013* (S. 281–292). Baden-Baden: Nomos.

Maier, J., Faas, T., & Maier, M. (2014b). Aufgeholt, aber nicht aufgeschlossen. Wahrnehmungen und Wirkungen von TV-Duellen am Beispiel von Angela Merkel und Peer Steinbrück 2013. *Zeitschrift für Parlamentsfragen, 45*, 38–56.

Maier, J., Hampe, J. F., & Jahn, N. (2016a). Breaking out of the lab. Measuring real-time responses to televised political content in real-world settings. *Public Opinion Quarterly, 80*(2), 542–553.

Maier, J., Rittberger, B., & Faas, T. (2016b). Debating Europe. Effects of the "Eurovision Debate" on EU attitudes of young German voters and the moderating role played by political involvement. *Politics and Governance, 4*(1), 55–68.

Maier, M., Otto, L., Disch, K., & Ruppert, C. (2017). „Deutschlandkette statt Sachkompetenz". Führt die Rezeption des TV-Duells zu einer personalisierten Wahrnehmung von Politik? In T. Faas, J. Maier, & M. Maier (Hrsg.), *Merkel gegen Steinbrück. Analysen zum TV-Duell vor der Bundestagswahl 2013* (S. 105–124). Wiesbaden: Springer VS.

Maier, J., Faas, T., Rittberger, B., Fortin-Rittberger, J., Agapiou Josifides, K., Banducci, S., Bellucci, P., Blomgren, M., Brikse, I., Chwedczuk-Szulc, K., Costa Lobo, M., Cześnik, M., Deligiaouri, A., Deželan, T., de Nooy, W., Di Virgilio, A., Fesnic, F., Fink-Hafner, D., Grbeša, M., Greab, C., Henjak, A., Hopmann, D. N., Johann, D., Jelenfi, G., Kavaliauskaite, J., Kmetty, Z., Kritzinger, S., Magalhães, P. C., Meyer, V., Mihailova, K., Mirchev, M., Pitkänen, V., Ramonaite, A., Reidy, T., Rybar, M., Sammut, C., Santana-Pereira, J., Spurava, G., Spyridou, L.-P., Stefanel, A., Štětka, V., Surdej, A., Tardos, R., Trimithiotis, D., Vezzoni, C., Világi, A., & Zavecz, G. (2018). This time it's different? Effects of the Eurovision Debate on young citizens' and its consequence for EU democracy – Evidence from a quasi-experiment in 24 countries. *Journal of European Public Policy, 25*(4), 606–629.

Maier, J., Otto, L., Bast, J., & Glogger, I. (2019). *Seeing is believing? Effects of visual and technical characteristics in televised debates on real-time evaluation of candidates.* Washington, DC: Poster präsentiert auf der Jahrestagung der International Communication Association (ICA).

Maricchiolo, F., Gnisci, A., & Bonaiuto, M. (2013). Political leaders' communicative style and audience evaluation in an Italian general election debate. In I. Poggi, F. D'Errico, L. Vincze, & A. Vinciarelli (Hrsg.), *Multimodal communication in political speech. Shaping minds and social action* (S. 114–132). Berlin: Springer.

Martel, M. (1983). *Political campaign debates. Images, strategies, and tactics.* New York: Longman.

Mascaro, C., & Goggins, S. (2012). *Twitter as virtual town square. Citizen engagement during a nationally televised republican primary debate* 2012. Paper präsentiert auf der Jahrestagung der American Political Science Association (APSA), New Orleans.

Matthews, C. (1996). *Kennedy & Nixon. The rivalry that shaped postwar America.* New York: Simon & Schuster.

Maurer, M. (2007). Themen, Argumente, rhetorische Strategien. Die Inhalte des TV-Duells. In M. Maurer, C. Reinemann, J. Maier, & M. Maier (Hrsg.), *Schröder gegen Merkel. Wahrnehmung und Wirkung des TV-Duells 2005 im Ost-West-Vergleich* (S. 33–52). Wiesbaden: VS Verlag.

Maurer, M. (2009). Sagen Bilder mehr als tausend Worte? Die Relevanz verbaler und visueller Informationen für die Urteilsbildung über Personen im Fernsehen. *Medien & Kommunikationswissenschaft, 57,* 198–216.

Maurer, M. (2011). Wahrnehmung und Wirkung von TV-Duellen. In R. Grünewald, R. Güldenzopf, & M. Piepenschneider (Hrsg.), *Politische Kommunikation* (S. 251–266). Münster: LIT.

Maurer, M. (2016). Nonverbal influence during televised debates. Integrating CRM in experimental channel studies. *American Behavioral Scientist, 60,* 1799–1815.

Maurer, M., & Reinemann, C. (2003). *Schröder gegen Stoiber. Nutzung, Wahrnehmung und Wirkung der TV-Duelle.* Wiesbaden: Westdeutscher Verlag.

Maurer, M., & Reinemann, C. (2006a). Learning versus knowing. Effects of misinformation in televised debates. *Communication Research, 33*, 489–506.

Maurer, M., & Reinemann, C. (2006b). *Medieninhalte. Eine Einführung*. Wiesbaden: VS Verlag.

Maurer, M., & Reinemann, C. (2007a). Personalisierung durch Priming. Die Wirkungen des TV-Duells auf die Urteilskriterien der Wähler. In M. Maurer, C. Reinemann, J. Maier, & M. Maier (Hrsg.), *Schröder gegen Merkel. Wahrnehmung und Wirkung des TV-Duells 2005 im Ost-West-Vergleich* (S. 111–128). Wiesbaden: VS Verlag.

Maurer, M., & Reinemann, C. (2007b). TV-Duelle als Instrumente der Wahlkampfkommunikation. Mythen und Fakten. In N. Jackob (Hrsg.), *Wahlkämpfe in Deutschland. Fallstudien zur Wahlkampfkommunikation 1912–2005* (S. 317–331). Wiesbaden: VS Verlag.

Maurer, M., & Reinemann, C. (2009). Schröder gegen Merkel. Eine Analyse der Zuschauereindrücke während des TV-Duells. In H. Oberreuter (Hrsg.), *Unentschieden. Die erzwungene Koalition* (S. 119–140). München: Olzog.

Maurer, M., & Reinemann, C. (2015). Do uninvolved voters rely on visual message elements? A test of a central assumption of the ELM in the context of televised debates. *Politische Psychologie, 4*, 235–251.

Maurer, M., Reinemann, C., Maier, J., & Maier, M. (2007). *Schröder gegen Merkel. Wahrnehmung und Wirkung des TV-Duells 2005 im Ost-West-Vergleich*. Wiesbaden: VS Verlag.

McDuff, D., El Kaliouby, R., Kodra, E., & Picard, R. (2013). Measuring voter's candidate preference based on affective responses to election debates. In *Proceedings of the 2013 humaine association conference on affective computing and intelligent interaction, Los Alamitos: CPS* (S. 369–374).

McKinney, M. S. (2005a). Engaging citizens through presidential debates. Does the format matter? In M. S. McKinney, L. L. Kaid, D. G. Bystrom, & D. B. Carlin (Hrsg.), *Communicating politics. Engaging the public in democratic life* (S. 209–221). New York: Lang.

McKinney, M. S. (2005b). Let the people speak. The public's agenda and presidential town hall debates. *American Behavioral Scientist, 49*(2), 198–212.

McKinney, M. S., & Banwart, M. C. (2005). Rocking the youth vote through debate. Examining the effects of a targeted debate message on the intended audience. *Journalism Studies, 6*(2), 153–163.

McKinney, M. S., & Carlin, D. B. (2004). Political campaign debates. In L. L. Kaid (Hrsg.), *Handbook of political communication research* (S. 203–234). Mahwah: Erlbaum.

McKinney, M. S., & Chattopadhyay, S. (2007). Political engagement trough debates. Young citizen's reactions to the 2004 presidential debates. *American Behavioral Scientist, 50*, 1169–1182.

McKinney, M. S., & Lamoureux, E. R. (1999). Citizen response to the 1996 presidential debate. Focusing on the focus groups. In L. L. Kaid & D. G. Bystrom (Hrsg.), *The electronic election. Perspectives on the 1996 campaign communication* (S. 163–177). Mahwah: Erlbaum.

McKinney, M. S., & Spialek, M. L. (2017). Political debates. In M. Allen (Hrsg.), *The SAGE encyclopedia of communication research methods* (S. 1272–1276). Thousand Oaks: Sage.

McKinney, M. S., & Warner, B. R. (2013). Do presidential debates matter? Examining a decade of campaign debate effects. *Argumentation & Advocacy, 49*, 238–258.
McKinney, M. S., Kaid, L. L., & Robertson, T. A. (2001). The front-runner, contenders, and also-rans. Effects of watching a 2000 Republican primary debate. *American Behavioral Scientist, 44*, 2232–2251.
McKinney, M. S., Dudash, E. A., & Hodgkinson, G. (2003). Viewer reactions to the 2000 presidential debates. Learning issue and image information. In L. L. Kaid, J. C. Tedesco, D. G. Bystrom, & M. S. McKinney (Hrsg.), *The millennium election. Communication in the 2000 campaign* (S. 43–58). Lanham: Rowman & Littlefield.
McKinney, M. S., Rill, L. A., & Watson, R. G. (2011). Who framed Sarah Palin? Viewer reactions to the 2008 vice presidential debate. *American Behavioral Scientist, 55*, 212–231.
McKinney, M. S., Houston, J. B., & Hawthorne, J. (2013). Social watching a 2012 Republican presidential primary debate. *American Behavioral Scientist, 58*, 556–573.
McKinnon, L. M., & Tedesco, J. C. (1999). The influence of medium and media commentary on presidential debate effects. In L. L. Kaid & D. G. Bystrom (Hrsg.), *The electronic election. Perspectives on the 1996 campaign communication* (S. 191–206). Mahwah: Erlbaum.
McKinnon, L. M., Tedesco, J. C., & Kaid, L. L. (1993). The third 1993 presidential debate. Channel and commentary effects. *Argumentation & Advocacy, 30*(2), 106–118.
McLeod, J. M., Bybee, C. R., & Durall, J. A. (1979a). Equivalence of informed political participation. The 1976 presidential debate as source of influence. *Communication Research, 6*, 463–487.
McLeod, J. M., Durrall, J., Ziemke, D., & Bybee, C. (1979b). Reactions of young and older voters. Expanding the context of effects. In S. Kraus (Hrsg.), *The Great Debates. Carter vs. Ford, 1979* (S. 348–367). Bloomington: Indiana University Press.
Meadow, R. G., & Jackson-Beeck, M. (1978). A comparative perspective on presidential debates. Issue evolution in 1960 and 1976. In G. F. Bishop, R. G. Meadow, & M. Jackson-Beeck (Hrsg.), *The presidential debates. Media, electoral, and policy perspectives* (S. 33–58). New York: Praeger.
Meffert, M. F. (2015). Informationsverarbeitung und Entscheidungsfindung. In S. Zmerli & O. Feldman (Hrsg.), *Politische Psychologie. Handbuch für Studium und Wissenschaft* (S. 85–104). Nomos: Baden-Baden.
Messaris, P., Eckman, B., & Gumpert, G. (1979). Editing structure in the televised versions of the 1976 presidential debates. *Journal of Broadcasting, 23*, 359–369.
Milic, L. T. (1979). Grilling the polls. Q & A at the debates. In S. Kraus (Hrsg.), *The great debates. Carter vs. Ford, 1979* (S. 187–208). Bloomington: Indiana University Press.
Miller, A. H., & McKuen, M. (1979). Informing the electorate. A national study. In S. Kraus (Hrsg.), *The great debates. Carter vs. Ford, 1976* (S. 269–297). Bloomington: Indiana University Press.
Mitchell, L. M. (1979). Background report. In Report of the Twentieth Century Fund Task Force on Televised Presidential Debates (Hrsg.), *With the nation watching* (S. 17–120). Lexington: Lexington.
Morello, J. T. (1988). Visual structuring of the 1976 and 1984 nationally televised presidential debates: Implications. *Central States Speech Journal, 39*(3–4), 233–243.

Morello, J. T. (1991). „Who won?" A critical examination of newspaper editorials evaluating nationally televised presidential debates. *Argumentation & Advocacy, 27*(3), 114–25.

Morello, J. T. (1992). The „look" and language of clash. Visual structuring of arguments in the 1988 Bush-Dukakis debates. *Southern Communication Journal, 57*(3), 205–218.

Morton, R. B., & Williams, K. C. (2010). *Experimental political science and the study of causality. From nature to the lab.* Cambridge: Cambridge University Press.

Mulder, R. D. (1978). The political effects of the Carter-Ford debate. An experimental analysis. *Sociological Focus, 11*, 33–45.

Müller, M. F. (2003). „Der oder ich!" Eine Analyse der Kandidatenduelle im Bundestagswahlkampf 2002. In A. M. Wüst (Hrsg.), *Politbarometer* (S. 295–315). Wiesbaden: VS Verlag.

Mutz, D. C. (2007). Effects of „in-your-face" television discourse on perceptions of a legitimate opposition. *American Political Science Review, 101*, 621–635.

Mutz, D. C. (2015). *In-your-face politics. The consequences of uncivil media.* Princeton: Princeton University Press.

Mutz, D. C., & Reeves, B. (2005). The new videomalaise. Effects of televised incivility on political trust. *American Political Science Review, 99*, 1–15.

Nagel, F. (2012). *Die Wirkung verbaler und nonverbaler Kommunikation in TV-Duellen. Eine Untersuchung am Beispiel von Gerhard Schröder und Angela Merkel.* Wiesbaden: VS Verlag.

Nagel, F., Maurer, M., & Reinemann, C. (2012). Is there a visual dominance in political communication? How verbal, visual, and vocal communication shape viewers' impressions of political candidates. *Journal of Communication, 62*, 833–850.

Nai, A., & Walter, A. (2015a). The war of words. The art of negative campaigning. In A. Nai & A. S. Walter (Hrsg.), *New perspectives on negative campaigning. Why attack politics matters* (S. 1–31). Colchester: ECPR Press.

Nai, A., & Walter, A. (2015b). How negative campaigning impinges on the political game. A literature overview. In A. Nai & A. S. Walter (Hrsg.), *New perspectives on negative campaigning. Why attack politics matters* (S. 235–248). Colchester: ECPR Press.

Navarretta, C., & Paggio, P. (2013). Multimodal behaviour and interlocutor identification in political debates. In I. Poggi, F. D'Errico, L. Vincze, & A. Vinciarelli (Hrsg.), *Multimodal communication in political speech. Shaping minds and social action.* Berlin: Springer.

Newton, J. S., Masters, R. D., McHugo, G. J., & Sullivan, D. G. (1987). Making up our minds. Effects of network coverage on viewers impressions of leaders. *Polity, 20*(2), 226–246.

Nimmo, D., Mansfield, M., & Curry, J. (1978). Persistence and change in candidate images. In G. F. Bishop, R. G. Meadow, & M. Jackson-Beeck (Hrsg.), *The presidential debates. Media, electoral, and policy perspectives* (S. 140–156). New York: Praeger.

Norris, P. (2000). *A virtuous circle. Political communication in postindustrial societies.* Cambridge: Cambridge University Press.

Norris, P. (2002). Campaign communications. In L. LeDuc, R. G. Niemi, & P. Norris (Hrsg.), *Comparing democracies 2. New challenges in the study of elections and voting* (S. 127–147). London: Sage.

Norton, M. I., & Goethals, G. R. (2004). Spin (and pitch) doctors Campaign strategies in televised political debates. *Political Behavior, 26*(3), 227–248.

Nyhuis, D., & Friederich, J. (2017). Begleitung des TV-Duells auf Twitter. In T. Faas, J. Maier, & M. Maier (Hrsg.), *Merkel gegen Steinbrück Analysen zum TV-Duell vor der Bundestagswahl 2013* (S. 157–172). Wiesbaden: Springer VS.

Open Debates. (2012). *Memorandum of understanding.* https://publicintelligence.net/obama-romney-debate-mou/. Zugegriffen: 12. Sept. 2019.

Otto, L., Maier, M., & Glogger, I. (2015). Image- or issue-orientation? How the presentation modality influences the perception of candidates in televised debates. *Politische Psychologie, 4*, 215–234.

Papastefanou, G. (2013). *Reliability and validity of RTR measurement device* (=GESIS Working Papers 2013/27). Mannheim: GESIS.

Patterson, T.E. (2000). *Election 2000. How viewers "see" a presidential debate.* https://shorensteincenter.org/wp-content/uploads/2012/03/vv_debate_paper.pdf. Zugegriffen: 12. Sept. 2019.

Patterson, M. L., Churchill, M. E., Burger, G. K., & Powell, J. L. (1992). Verbal and nonverbal modality effects on impressions of political candidates. Analysis from the 1984 presidential debates. *Communications Monographs, 59*(3), 231–242.

Pattie, C., & Johnston, R. (2011). A tale of sound and fury, signifying something? The impact of the leaders' debates in the 2010 UK general election. *Journal of Elections, Public Opinion and Parties, 21*(2), 147–177.

Pedersen, M. N. (1979). The dynamics of European party systems. Changing patterns of electoral volatility. *European Journal of Political Research, 7*, 1–26.

Petrocik, J. R. (1996). Issue ownership in presidential elections, with a 1980 case study. *American Journal of Political Science, 40*, 825–850.

Pew Research Center (2012). *One-in-ten 'dual-screened' the presidential debate.* http://www.people-press.org/2012/10/11/one-in-ten-dual-screened-the-presidential-debate/. Zugegriffen: 12. Sept 2019.

Pfau, M. (1987). The influence of intraparty debates on candidate preference. *Communication Research, 14*, 687–697.

Pfau, M. (1988). Intra-party political debates and issue learning. *Journal of Applied Communication Research, 16*, 99–112.

Pfau, M., Cho, J., & Chong, K. (2001). Communication forms in U.S. presidential campaigns. Candidate perception and the democratic process/politics. *International Journal of Press, 6*(4), 88–105.

Pfau, M., Houston, J. B., & Semmler, S. M. (2005). Presidential election campaigns and American democracy. The relationship between communication use and normative outcomes. *American Behavioral Scientist, 49*, 48–62.

Plasser, F., & Lengauer, G. (2010). Wahlkampf im TV-Studio. Konfrontation in der Medienarena. In F. Plasser (Hrsg.), *Politik in der Medienarena. Praxis politischer Kommunikation in Österreich* (S. 193–240). Wien: facultas.WUV.

Plasser, F., Ulram, P. A., & Sommer, F. (2003). Kampagnendynamik, Mediahypes und der Einfluss der TV-Konfrontationen 2002. In F. Plasser & P. A. Ulram (Hrsg.), *Wahlverhalten in Bewegung Analysen zur Nationalratswahl 2002* (S. 19–53). Wien: Facultas WUV Verlag.

Posselt, M., & Rieglhofer, M. (1996). *Die Fragesteller der Nation. Die Rolle des Moderators in politischen Fernsehsendungen.* Wien: Wilhelm Braunmüller Verlag.

Posselt, M., & Rieglhofer, M. (2000). Impression-Management. Kandidatendiskussionen im TV 1994, 1995 und 1999. In F. Plasser, P. A. Ulram, & C. Sommer (Hrsg.), *Das österreichische Wahlverhalten* (S. 207–223). Wien: Signum.
Prior, M. (2012). Who watches presidential debates? Measurement problems in campaign effects research. *Public Opinion Quarterly, 76*, 350–363.
Rahn, W. M. (1993). The role of partisan stereotypes in information processing about political candidates. *American Journal of Political Science, 37*, 472–496.
Range, J. (2017). Wissens- und Partizipations-Gaps: Führte das TV-Duell 2013 zu einer politischen und kognitiven Mobilisierung? In T. Faas, J. Maier, & M. Maier (Hrsg.), *Merkel gegen Steinbrück. Analysen zum TV-Duell vor der Bundestagswahl 2013* (S. 75–86). Wiesbaden: Springer VS.
Reinemann, C. (2007). Völlig anderer Ansicht. Die Medienberichterstattung über das TV-Duell. In M. Maurer, C. Reinemann, J. Maier, & M. Maier (Hrsg.), *Schröder gegen Merkel. Wahrnehmung und Wirkung des TV-Duells 2005 im Ost-West-Vergleich* (S. 167–194). Wiesbaden: VS Verlag.
Reinemann, C., & Maurer, M. (2005). Unifying or polarizing? Short-term effects and postdebate consequences of different rhetorical strategies in televised debates. *Journal of Communication, 55*, 775–794.
Reinemann, C., & Maurer, M. (2007a). Kandidatenwahrnehmung in Echtzeit. Anlage und Methoden der TV-Duell-Studie 2005. In M. Maurer, C. Reinemann, J. Maier, & M. Maier (Hrsg.), *Schröder gegen Merkel. Wahrnehmung und Wirkung des TV-Duells 2005 im Ost-West-Vergleich* (S. 19–31). Wiesbaden: VS Verlag.
Reinemann, C., & Maurer, M. (2007b). Populistisch und unkonkret. Die unmittelbare Wahrnehmung des TV-Duells. In M. Maurer, C. Reinemann, J. Maier, & M. Maier (Hrsg.), *Schröder gegen Merkel. Wahrnehmung und Wirkung des TV-Duells 2005 im Ost-West-Vergleich* (S. 53–89). Wiesbaden: VS Verlag.
Reinemann, C., & Maurer, M. (2015). Leichtgläubig und manipulierbar? Die Rezeption persuasiver Wahlkampfbotschaften durch politische Interessierte und Desinteressierte. In T. Faas, K. Arzheimer, & S. Roßteutscher (Hrsg.), *Information – Wahrnehmung – Emotion. Politische Psychologie in der Wahl- und Einstellungsforschung* (S. 239–257). Wiesbaden: VS Verlag.
Reinemann, C., Maier, J., Faas, T., & Maurer, M. (2005). Reliabilität und Validität von RTR-Messungen. Ein Vergleich zweier Studien zur zweiten Fernsehdebatte im Bundestagswahlkampf 2002. *Publizistik, 50*, 56–73.
Resnick, P., Boydstun, A. E., Glazier, R. A., & Pietryka, M. T. (2017). Scalable multidimensional response measurement using a mobile platform. In D. Schill, R. Kirk, & A. E. Jasperson (Hrsg.), *Political communication in real time. Theoretical and applied research approaches* (S. 143–167). New York: Routledge.
Rhea, D. M. (2012). There they go again. The use of humor in presidential debates 1960-2008. *Argumentation & Advocacy, 49*, 115–131.
Rose, D. D. (1979). Citizens' uses of the Ford-Carter debates. *Journal of Politics, 41*, 214–221.
Rössler, P. (2009). Wie Menschen die Wirkungen politischer Medienberichterstattung wahrnehmen – und welche Konsequenzen daraus resultieren. In F. Marcinkowski & B. Pfetsch (Hrsg.), *Politik in der Mediendemokratie* (S. 468–497). Wiesbaden: Verlag für Sozialwissenschaften.

Roßteutscher, S., Faas, T., & Rosar, U. (2016). Bürgerinnen und Wähler im Wandel der Zeit. In S. Roßteutscher, T. Faas, & U. Rosar (Hrsg.), *Bürgerinnen und Bürger im Wandel der Zeit. 25 Jahre Wahl- und Einstellungsforschung in Deutschland* (S. 1–14). Wiesbaden: Springer VS.

Rosumek, L. (2007). *Die Kanzler und die Medien. Acht Porträts von Adenauer bis Merkel.* Frankfurt a. M.: Campus.

Rowland, R. (1986). The substance of the 1980 Carter-Reagan debate. *Southern Speech Communication Journal, 51*, 142–165.

Rzepecka, M. (2017). Analyzing televised presidential general election debates. *Ad Americam, 17*, 197–209.

Saks, J., Compton, J. L., Hopkins, A., & El Damanhoury, K. (2016). Dialed in. Continuous response measures in televised political debate and their effect on viewers. *Journal of Broadcasting & Electronic Media, 60*(2), 231–247.

Scheufele, B. (2016). *Priming*. Baden-Baden: Nomos.

Scheufele, B., Schünemann, J., & Brosius, H. B. (2005). Duell oder Berichterstattung? Die Wirkung der Rezeption des ersten TV-Duells und der Rezeption der Nachberichterstattung im Bundestagswahlkampf 2002. *Publizistik, 50*, 399–421.

Scheufele, D. A., Kim, E., & Brossard, D. (2007). My friend's enemy. How split-screen debate coverage influences evaluation of presidential debates. *Communication Research, 34*(1), 3–24.

Schill, D., & Kirk, R. (2009). Applied dial testing. Using real-time response to improve media coverage of debates. In J. Maier, M. Maier, M. Maurer, C. Reinemann, & V. Meyer (Hrsg.), *Real-time response measurement in the social sciences. Methodological perspectives and applications* (S. 155–173). Frankfurt a. M.: Peter Lang.

Schill, D., & Kirk, R. (2014). Courting the swing voters. „Real time" insights into the 2008 and 2012 U.S. presidential debates. *American Behavioral Scientist, 58*(4), 536–555.

Schmitt-Beck, R., & Partheymüller, J. (2012). Why voters decide late. A simultaneous test of old and new hypotheses at the 2005 and 2009 German federal elections. *German Politics, 21*, 299–316.

Schmitt-Beck, R., Faas, T., & Holst, C. (2006). Der Rolling Cross-Section Survey – Ein Instrument zur Analyse dynamischer Prozesse der Einstellungsentwicklung. Bericht zur ersten deutschen RCS-Studie anlässlich der Bundestagswahl 2005. *ZUMA-Nachrichten, 58*, 13–49.

Schoen, H. (2004a). Der Kanzler, zwei Sommerthemen und ein Foto-Finish. Priming-Effekte bei der Bundestagswahl 2002. In F. Brettschneider, J. van Deth, & E. Roller (Hrsg.), *Die Bundestagswahl 2002. Analysen der Wahlergebnisse und des Wahlkampfs* (S. 23–50). Wiesbaden: VS Verlag.

Schoen, H. (2004b). Winning by priming? campaign strategies, changing determinants of voting intentions, and the outcome of the 2002 German federal election. *German Politics and Society, 22*(3), 65–82.

Schoen, H. (2005). Wahlkampfforschung. In J. W. Falter & H. Schoen (Hrsg.), *Handbuch Wahlforschung* (S. 503–542). Wiesbaden: VS Verlag.

Schroeder, A. (2008). *Presidential debates. Fifty years of high-risk television* (2. Aufl.). New York: Columbia University Press.

Schrott, P. (1990). Wahlkampfdebatten im Fernsehen von 1972 bis 1987. Politikerstrategien und Wählerreaktion. In M. Kaase & H.-D. Klingemann (Hrsg.), *Wahlen und Wähler.*

Analysen aus Anlaß der Bundestagswahl 1987 (S. 647–674). Opladen: Westdeutscher Verlag.

Schrott, P. R., & Lanoue, D. J. (2008). Debates are for losers. *PS: Political Science and Politics, 41*(3), 513–518.

Schrott, P. R., & Lanoue, D. J. (2013). The power and limitations of televised presidential debates. Assessing the real impact of candidate performance on public opinion and vote choice. *Electoral Studies, 32,* 684–692.

Schubert, C. (2019). „Ok, well, first of all, let me say…". Discursive uses of response initiators in US presidential primary debates. *Discourse Studies.* https://doi.org/10.1177/1461445619842734.

Schulte, J., Maier, M., Maier, J., & Faas, T. (2014). *Watching televised debates with other people. The influence of group reception on candidate evaluation.* Paper präsentiert auf der Jahrestagung der European Communication Research and Education Association (ECREA), Lissabon.

Schulz, W. (2015). *Medien und Wahlen.* Wiesbaden: Springer VS.

Schweiger, W. (2007). *Theorien der Mediennutzung. Eine Einführung.* Wiesbaden: VS Verlag.

Sears, D. O., & Chaffee, S. H. (1979). Uses and effects of the 1976 debates. An overview of empirical studies. In S. Kraus (Hrsg.), *The great debates. Carter vs. Ford, 1976* (S. 223–261). Bloomington: Indiana University Press.

Seiter, J. S. (1999). Does communicating nonverbal disagreement during an opponent's speech affect the credibility of the debater in the background? *Psychological Reports, 84,* 855–861.

Seiter, J. S. (2001). Silent derogation and perceptions of deceptiveness. Does communicating nonverbal disbelief during an opponent's speech affect perceptions of debaters' veracity? *Communication Research Reports, 7,* 203–209.

Seiter, J. S., & Weger, H. (2005). Audience perceptions of candidates' appropriateness as a function of nonverbal behaviors displayed during televised political debates. *Journal of Social Psychology, 145*(2), 225–236.

Seiter, J. S., Abraham, J. A., & Nakagama, B. T. (1998). Split-screen versus single-screen formats in televised debates. Does access to an opponent's nonverbal behavior affect viewers' perceptions of a speaker's credibility? *Perceptual and Motor Skills, 86*(2), 491–497.

Seiter, J. S., Kinzer, H. J., & Weger, H. (2006). Background behavior in live debates. The effects of the implicit ad hominem fallacy. *Communication Reports, 19,* 57–69.

Seiter, J. S., Weger, H., Jensen, A., & Kinzer, H. J. (2010). The role of background behavior in televised debates. Does displaying nonverbal agreement and/or disagreement benefit either debater? *Journal of Social Psychology, 150*(3), 278–300.

Shah, D. V., Hanna, A., Bucy, E. P., Lassen, D. S., Van Thomme, J., Bialik, K., Yang, J., & Pevehouse, J. C. W. (2016). Dual screening during presidential debates. Political nonverbals and the volume and valence of online expression. *American Behavioral Scientist, 60,* 1816–1843.

Shaw, D. R. (1999). A study of presidential campaign event effects from 1952 to 1992. *Journal of Politics, 61*(2), 387–422.

Shephard, M., & Johns, R. (2012). A face for radio? How viewers and listeners reacted differently to the third leaders' debate in 2010. *British Journal of Politics and International Relations, 14*, 1–18.

Shields, S. A., & MacDowell, K. A. (1987). "Appropriate" emotion in politics. Judgments of a televised debate. *Journal of Communication, 37*, 78–89.

Sigelman, L., & Sigelman, C. K. (1984). Judgments of the Carter-Reagan debate. The eyes of the beholders. *Public Opinion Quarterly, 48*, 624–628.

Siune, K., & Borre, O. (1975). Setting the agenda for a Danish election. *Journal of Communication, 25*, 65–73.

Skoko, B. (2005). Role of TV debates in presidential campaigns. Croatia's case of 2005. *Politička misao, 42*(5), 97–117.

Sonnenfeld, I. (2011). *Twitter und das Kanzlerduell 2009 – Ereignisorientierte Echtzeitkommunikation als neue Form der politischen Versammlung*. https://regierungsforschung.de/twitter-und-das-kanzlerduell-2009-ereignisorientierte-echtzeitkommunikation-als-neue-form-der-politischen-versammlung/. Zugegriffen: 12. Sept. 2019.

Spiegel (2009). *„Yes, we gähn". Presseschau zum Fernsehduell*. https://www.spiegel.de/politik/deutschland/presseschau-zum-fernsehduell-yes-we-gaehn-a-648742.html. Zugegriffen: 12. Sept. 2019.

Spiegel (2013). *Fakten-Check zum TV-Duell. Wer bei welchen Aussagen geschummelt hat*. http://www.spiegel.de/politik/deutschland/fakten-check-zum-tv-duell-von-merkel-und-steinbrueck-a-919794.html. Zugegriffen: 12. Sept. 2019.

Spiegel (2019a). *Poroschenko stimmt Fernsehdebatte im Olympiastadion zu*. http://www.spiegel.de/politik/ausland/ukraine-petro-poroschenko-stimmt-debatte-im-olympiastadion-zu-a-1261276.html. Zugegriffen: 12. Sept. 2019.

Spiegel (2019b). *Schlammschlacht im Stadion. Poroschenko und Selensky vor der Stichwahl in der Ukraine*. https://www.spiegel.de/politik/ausland/ukraine-petro-poroschenko-und-wolodymyr-selensky-vor-der-stichwahl-a-1263746.html. Zugegriffen: 12. Sept. 2019.

Spieker, A. (2011). Licht ins Dunkel der TV-Duelle. Rhetorische Strategien und ihre Wirkungen im TV-Duell 2009. Eine empirische Analyse mittels Real-Time-Response Measurement. In J. F. Haschke & A. Moser (Hrsg.), *Politik-Deutsch, Deutsch-Politik. Aktuelle Trends und Fachergebnisse* (S. 75–93). Berlin: Frank & Timme.

Spreng, M. (2009). *Das erste TV-Duell – Korsett und Zwangsjacke*. http://www.sprengsatz.de/?p=1976. Zugegriffen: 12. Sept. 2019.

Steeper, F. T. (1978). Public responses to Gerald Ford's statement on eastern Europe in the second debate. In G. F. Bishop, R. G. Meadow, & M. Jackson-Beeck (Hrsg.), *The presidential debates. Media, electoral, and policy perspectives* (S. 81–101). New York: Praeger.

Stewart, P. A. (2012). *Debatable humor. Laughing matters on the 2008 presidential primary campaign*. Lanham: Lexington Books.

Stewart, P. A. (2015). Do the presidential primary debates matter? Measuring candidate speaking time and audience response during the 2012 primaries. *Presidential Studies Quarterly, 45*, 361–381.

Stewart, P. A., & Mosely, J. (2010). Politicians under the microscope. Eye blink rates during the first Bush-Kerry debate. *White House Studies, 9*(4), 373–388.

Stewart, P. A., Eubanks, A. D., Dye, R. G., Eidelman, S., & Wicks, R. H. (2017). Visual presentation style 2: Influences on perceptions of Donald Trump and Hillary Clinton based on visual presentation style during the third 2016 presidential debate. *American Behavioral Scientist, 61*, 545–557.

Stewart, P. A., Eubanks, A. D., Dye, R. G., Gong, Z. H., Bucy, E. P., Wicks, R. H., & Eidelman, S. (2018). Candidate performance and observable audience response Laughter and applause-cheering during the first 2016 Clinton-Trump presidential debate. *Frontiers in Psychology*. https://doi.org/10.3389/fpsyg.2018.01182.

Stewart, P. A., Eubanks, A. D., & Miller, J. (2019). Visual priming and framing of the 2016 GOP and Democratic Party presidential primary debates. *Politics and the Life Sciences, 38*(1), 14–31.

Stokes, D. E. (1966). Some dynamic elements of contests for the presidency. *American Political Science Review, 60*, 19–28.

Stroud, N. J., Stephens, M., & Pye, D. (2011). The influence of debate viewing context on political cynicism and strategic interpretations. *American Behavioral Scientist, 55*, 270–283.

Swanson, L. L., & Swanson, D. L. (1978). The agenda-setting function of the first ford-carter debate. *Communication Monographs, 45*, 347–355.

Tapper, C., & Quandt, T. (2003). Herr Bundeskanzler es geht von Ihrem Zeitkonto ab wenn Sie ungefragt antworten Eine dialoganalytische Untersuchung der Fernsehduelle im Wahlkampf. In C. Holtz-Bacha (Hrsg.), *Die Massenmedien im Wahlkampf. Die Bundestagswahl 2002* (S. 243–263). Wiesbaden: Westdeutscher Verlag.

Tapper, C., & Quandt, T. (2006). „Trotzdem nochmal nachgefragt, Frau Kirchhof…". Eine dialoganalytische Untersuchung des Fernseh-Duells im Wahlkampf 2005. In C. Holtz-Bacha (Hrsg.), *Die Massenmedien im Wahlkampf. Die Bundestagswahl 2005* (S. 246–276). Wiesbaden: VS Verlag.

Tapper, C., & Quandt, T. (2010). „Ich beantworte die Fragen so, wie ich mir das vorgenommen habe…". Eine dialoganalytische Untersuchung des Fernseh-Duells im Wahlkampf 2009. In C. Holtz-Bacha (Hrsg.), *Die Massenmedien im Wahlkampf. Das Wahljahr 2009* (S. 283–312). Wiesbaden: VS Verlag.

Tapper, C., & Quandt, T. (2015). „Frau Bundeskanzlerin, der Herausforderer ist in einer gewissen Dysbalance…". Eine dialoganalytische Untersuchung des TV-Duells im Bundestagswahlkampf 2013. In C. Holtz-Bacha (Hrsg.), *Die Massenmedien im Wahlkampf. Die Bundestagswahl 2013* (S. 121–144). Wiesbaden: Springer VS.

Tapper, C., & Quandt, T. (2019). „Herr Schulz, Sie grätschen in Ihre Schluss-Statements rein…". Eine dialoganalytische Untersuchung des TV-Duells im Bundestagswahlkampf 2017. In C. Holtz-Bacha (Hrsg.), *Die (Massen-)Medien im Wahlkampf. Die Bundestagswahl 2017* (S. 181–207). Wiesbaden: Springer VS.

The Racine Group. (2002). White paper on televised political campaign debates. *Argumentation & Advocacy, 38*, 199–218.

Tiemens, R. K. (1978). Television's portrayal of the 1976 presidential debates. An analysis of visual content. *Communication Monographs, 45*, 362–370.

Trent, S. J., Friedenberg, R. V., & Denton, R. E. (2011). *Political campaign communication. Principles and practices* (7. Aufl.). Lanham: Rowman & Littlefield.

Trilling, D. (2015). Two different debates? Investigating the relationship between a political debate on TV and simultaneous comments on Twitter. *Social Science Computer Review, 33*(3), 259–276.

Tsfati, Y. (2003). Debating the debate. The impact of exposure to debate news coverage and its interaction with exposure to the actual debate. *International Journal of Press/Politics, 8*(3), 70–86.

Vaccari, C., Chadwick, A., & O'Loughlin, B. (2015). Dual screening the political. Media events, social media, and citizen engagement. *Journal of Communication, 65*, 1041–1061.

van Deth, J. W. (2000). Das Leben, nicht die Politik ist wichtig. In O. Niedermayer & B. Westle (Hrsg.), *Demokratie und Partizipation* (S. 115–135). Wiesbaden: VS Verlag.

van Deth, J. W., & Elff, M. (2004). Politicisation, economic development and political interest in Europe. *European Journal of Political Research, 43*, 477–508.

Vancil, D. L., & Pendell, S. D. (1987). The myth of viewer-listener disagreement in the first Kennedy-Nixon debate. *Central States Speech Journal, 38*(1), 16–27.

Vergeer, M., & Franses, H. P. (2016). Live audience responses to live televised election debates. Time series analysis on issue salience and party salience on audience behavior. *Information, Communication & Society, 19*, 1390–1410.

Vogel, I. C., & Otto, L. (2017). Die Bedeutung von Emotionen für die Rezeption der TV-Debatte 2013. In T. Faas, J. Maier, & M. Maier (Hrsg.), *Merkel gegen Steinbrück. Analysen zum TV-Duell vor der Bundestagswahl 2013* (S. 87–103). Wiesbaden: Springer VS.

Vögele, C. (2013). Das TV-Duell Mappus gegen Schmid – die Ausgangslage. In M. Bachl, F. Brettschneider, & S. Ottler (Hrsg.), *Das TV-Duell in Baden-Württemberg 2011. Inhalte, Wahrnehmungen und Wirkungen* (S. 47–55). Wiesbaden: Springer VS.

Vögele, C., & Schmalz, I. (2013). „Bildung, Bildung, und nochmals Bildung." Die Bildungspolitik im TV-Duell. In M. Bachl, F. Brettschneider, & S. Ottler (Hrsg.), *Das TV-Duell in Baden-Württemberg 2011. Inhalte, Wahrnehmungen und Wirkungen* (S. 219–236). Wiesbaden: Springer VS.

Vögele, C., Brettschneider, F., & Bachl, M. (2013). Parteien, Massenmedien, Wähler und TV-Debatten in Landtagswahlkämpfen. In M. Bachl, F. Brettschneider, & S. Ottler (Hrsg.), *Das TV-Duell in Baden-Württemberg 2011. Inhalte, Wahrnehmungen und Wirkungen* (S. 29–46). Wiesbaden: Springer VS.

Wagner, M. (2016). Selective exposure, information utility, and the decision to watch televised debates. *International Journal of Public Opinion Research, 29*, 533–553.

Wagner, A., & Werner, E. (2017). TV debates in media contexts. How and why do TV debates have an effect on learning processes? In H. Schoen, S. Roßteutscher, R. Schmitt-Beck, B. Weßels, & C. Wolf (Hrsg.), *Voters and voting in context. Multiple contexts and the heterogeneous german electorate* (S. 71–89). Oxford: Oxford University Press.

Wald, K. D., & Lupfer, M. B. (1978). The presidential debate as a civics lesson. *Public Opinion Quarterly, 42*, 342–353.

Walter, A. S. (2012). *Negative campaigning in western Europe. Beyond the vote-seeking perspective*. Zutphen: Wöhrmann Print Service.

Walter, A. S. (2013). Women on the battleground. Does gender condition the use of negative campaigning? *Journal of Elections, Public Opinion and Parties, 23*(2), 154–176.

Walter, A. S. (2014a). Choosing the enemy. Attack behavior in a multiparty system. *Party Politics, 20*(3), 311–323.

Walter, A. S. (2014b). Negative campaigning in western Europe. Similar or different? *Political Studies, 62*(S1), 42–60.
Walter, A. S., & van Praag, P. (2014). Van volgzaam en respectvol naar dominant en sturend: De rol van de moderator in het Nederlandse verkiezingsdebat (1963–2010). *Tijdschrift voor Communicatiewetenschap, 42*, 4–21.
Warner, B. R., & McKinney, M. S. (2013). To unite and divide. The polarizing effect of presidential debates. *Communication Studies, 64*, 508–527.
Washington Post. (2019). *Tougher new debate rules could dramatically winnow Democratic presidential field.* https://www.washingtonpost.com/politics/september-debate-rules-could-winnow-2020-democratic-field/2019/05/28/93601076-81a5-11e9-95a9-e2c830afe24f_story.html?noredirect=on&utm_term=.6171fc40f7fb. Zugegriffen: 12. Sept. 2019.
Watts, M. (2002). Watching debates. A focus group analysis of voters. *Campaign & Elections, 44*(Juni 2002), 27–32.
Weaver, D., & Drew, D. (1995). Voter learning in the 1992 presidential election. Did the „nontraditional" media and debates matter? *Journalism and Mass Communication Quarterly, 72*, 7–17.
Weaver, D., & Drew, D. (2001). Voter learning and interest in the 2000 presidential election. Did the media matter? *Journalism and Mass Communication Quarterly, 78*, 787–798.
Weaver, D., Drew, D., & Wu, W. (1998). Voter interest and participation in the 1996 presidential election. Did the debates matter? In T. J. Johnson, C. E. Hays, & S. P. Hays (Hrsg.), *Engaging the Public. How government and the media can reinvigorate American democracy* (S. 87–95). Lanham: Rowman & Littlefield.
Wells, C., Van Thomme, J., Maurer, P., Hanna, A., Pevehouse, J., Shah, D. V., & Bucy, E. (2016). Coproduction or cooptation? Real-time spin and social media response during the 2012 French and US presidential debates. *French Politics, 14*, 206–233.
White, T. H. (1961). *The Making of the President 1960*. New York: Atheneum.
Wicks, R. H. (2007). Does presentation style of presidential debates influence young voters' perceptions of candidates? *American Behavioral Scientist, 50*(9), 1247–1254.
Wicks, R. H., Stewart, P. A., Eubanks, A. D., Eidelman, S., & Dye, R. G. (2017). Visual presentation style 1: A test of visual presentation styles and candidate evaluation during the first 2016 presidential debate. *American Behavioral Scientist, 61*, 533–544.
Wiegand, E., & Wagner, A. (2016). Steinbrück und die SPD – der Effekt des TV-Duells auf die Wahrnehmung von Kongruenz, Kandidatenpräferenz und Wahlabsicht. *Politische Psychologie, 5*, 136–155.
Wolf, B. (2010). *Beurteilung politischer Kandidaten in TV-Duellen. Effekte rezeptionsbegleitender Fremdmeinungen auf Zuschauerurteile*. Baden-Baden: Nomos.
Yawn, M., & Beatty, B. (2000). Debate-induced opinion change: What matters? *American Politics Quarterly, 28*(2), 270–285.
Yawn, M., Ellsworth, K., Beatty, B., & Kahn, K. F. (1998). How a presidential primary debate changed attitudes of audience members. *Political Behavior, 20*(2), 155–181.
Zaller, J. R. (1992). *The nature and origins of mass opinion*. Cambridge: Cambridge University Press.
Zarefsky, D. (1992). Spectator politics and the revival of public argument. *Communication Monographs, 59*(4), 411–414.
Zerback, T. (2014). Die Wähler vor Beginn der heißen Wahlkampfphase – eine Entscheidertypologie. In C. Reinemann, M. Maurer, T. Zerback, & O. Jandura (Hrsg.), *Die*

Spätentscheider. Medieneinflüsse auf kurzfristige Wahlentscheidungen (S. 113–138). Wiesbaden: Springer VS.

Zhu, J.-H., Milavsky, J. R., & Biswas, R. (1994). Do televised debates affect image perception more than issue knowledge? A study of the first 1992 presidential debate. *Human Communication Research, 20,* 302–333.

Ziegler, R., Arnold, F., & Diehl, M. (2007). Communication modality and biased processing. A study on the occasion of the German 2002 election TV debate. *Basic and Applied Social Psychology, 29* (2), 175–184.

The manufacturer's authorised representative in the EU is Springer Nature Customer Service Centre GmbH, Europaplatz 3, 69115 Heidelberg, Germany. If you have any concerns regarding our products, please contact ProductSafety@springernature.com

Printed and bound by CPI Group (UK) Ltd, Croydon, CR0 4YY

23/03/2026

02076666-0004